陳艾妮《幸福工程學院 (Since 1982)》全集
《笑能家教》

父母不可以說的 10 種話

傷害性語言造成的 10 種性格

U0067803

華人世界寫書演講繪畫最多女作家、話家、畫家

陳艾妮 著

僅以《笑能家教》獻給天下勞苦功高的父母們

《笑能家教》的 3 效功能：

1= 讓家教充滿「**笑**」果而非緊張及壓力

2= 讓家教有「**效**」果，孩子有「**能**」力

3= 合理實現美好的「**孝**」道

陳艾妮【幸福工程學院】《效能家教》系列

父母不可以說的 10 種話　傷害性語言造成的 10 種性格
陳艾妮 著　　初版：2022 年 10 月　定價 NT\$380 元

國立中央圖書館出版品預行編目資料

父母不可以說的 10 種話 - 傷害性語言造成的 10 種性格
陳艾妮著 . -- 初版 . 新北市：幸福工程，2022.10
312 面；21×15　公分 . -- (笑能家教)
ISBN 978-986-7800-33-6 (平裝) 定價新台幣 380 元

1.CST: 親職教育 2.CST: 親子溝通 3.CST: 親子關係

作　　者：陳艾妮 Annie Chen
發 行 者：幸福理念行銷有限公司
制　作：幸福理念行銷有限公司 統編：2512-4416
電　話：　0912-44-22-33 (line)
地　址：新北市淡水區鼻頭街 19 號
銀行帳號：陳蓮涓 華南銀行 008 忠孝東路分行 120 20 0036815
郵　購：郵政劃撥賬號：1784-2281　陳蓮涓
E-mail：anniechen112233@gmail.com
字數：89178 字 頁數：328 頁
設計：郭亭彣

總代理 旭昇圖書有限公司
電話：02 22451480(代表號)
傳真：02 2245 1479
郵政劃撥：12935041 旭昇圖書有限公司
地址：新北市中和區中山路二段 352 號 2 樓
E mail：s1686688@ms31.hinet.net
旭昇悅讀網：http:/ubooks.tw/

《效能家教》since 1982

始於 1982 年的《笑能家教》(笑、效、孝)，綜合了社會科學訓練 (包括我的本科社會學及心理學、考古學、歷史、地理……等社會科學)、國學根基及數十年國內國外的商場風雲歷練。本系統為：覺察我們民族性的優點及缺點而整合的一套本土文化的家教系統。百萬字教材教案的《笑能家教》，不是個案的擴大解釋，也不是翻譯書，是有學術架構及臨床案例的累積結果。《笑能家教》以儒釋道法的精神為體，以「幼兒養性、童蒙養正，少年養志」為軸，以深入淺出的文字融合理論及工具方法，力求落地與實用。《笑能家教》旨在幫助 21 世紀的家庭變得歡樂 (笑能)、落實 (效能) 及有孝 (孝能)；同步要終止千年的打罵家教傳統。《笑能家教》志在共同創造有「效」、有「笑」又有「孝」的「3 效」親子關係！

華人世界寫書演講繪畫最多女作家
陳艾妮
寫於 2021 年 11 月 30 日
台灣新北市淡水區《海角 19 號》《艾妮美術館》

《幸福工程》教材閱讀方式

1/ 閱讀時用綠色螢光筆畫出重點,至少重讀複習螢光筆部份 2 次。

2/ 每讀一小章節,覺得讀懂了,就在章節的 口 上打個勾。

3/ 切實填寫 【【作業】,並與人討論分享。

　　1000 公克的知識,不如 1 公克的行動。

　　聽到、讀到、看到,不如做到。

　　世界上沒有教會的,只有學會的。

笑能家教 【總序】

看到這本書這堂課的家長,我要開門見山提出幾個關鍵點及思想建設:

1/ 不要再相信「和孩子做朋友」這句話:這句由國外引進的時髦教養觀念,就是當前家教及社會秩序被破壞的根源。父母不像父母,兒女像朋友,父母時而是生活上包辦包庇的管家佣人金主、時而是小時候的奴才、玩伴、時而是朋友、教師、法官、教官……五倫關係就崩盤了。家教失效後,整個社會承受骨牌效應後遺症,最終是不孝、不忠、不義、不仁、不愛……。

2/ 一定要終止「打罵」教育:「棒頭下出孝子」「不打不成器」這種暴力型、非儒家、非佛家,實為法家式的家教,自以為合理地盛行數千年。我以螳螂擋車的勇氣,呼籲「打罵」絕非教育,分析這種教育塑造的不良性格。「笑能家教」反對引進的「和孩子做朋友」的新式教育,也反對「打罵是為了孩子好」的舊

式教育。

3/ 整個社會在「教」你的孩子：不是只有家長在教養孩子，當代年輕人是被整個社會教育的。由於媒體的發達與負面價值觀的泛濫，我們的兒女從小就不專屬於我們，不管你願意不願意，街上的商店招牌、電視手機裡的消費商品與負面色情資訊、電影裡的演藝人員及劇情、政治人物的言行、不良食品藥物的網購……由物質世界到精神層面，眾多媒體媒介、大環境鋪天蓋地都在一起「教育」你的孩子。當代父母的沮喪，就因為無能為力抗拒這影響力。當代父母必須本領高強，才能預防、保護孩子。

4/「家教」問題就是「婚姻」問題：「婚姻」品質直接影響「家教」效果，兩者互為因果。想要優化家教，先要優化婚姻關係。有幸福的婚姻，家教就容易輕鬆成功。夫妻感情若有問題，家教也會有惡性循環的結果。即，談家教，必須談及婚姻。

結論：

(1) 家教沒有效果，不是一家人的小事，是社會國家的大事，家長要有明確的責任感：教養子女，是要對社會國家負責任的。

(2) 家長得更警覺、更努力、更有意識地建立教養系統來保護你的孩子。

(3) 先解決婚姻問題，讓家教事半功倍。

(4) 找到問題，問題就解決一半。面對本土及外來的家教中有問題之處，提出我的質疑及建言，須要極大的勇氣及口才。由 1982 年我堅持到現在，希望看到《笑能家教》的你，孩子還小，還沒讓錯誤的家教觀念造成《10 種不良的性格 (如附)》。祝大家享受有笑有效又有孝的親子關係。

你該不該看這本書？《家教暴力語言小測試》

暴力不只是動手動腳，動「口」也是暴力。許多「自我感覺良好」的家長聽了我的演講，看了這本書的標題及建議，會反應：「有這麼嚴重嗎？」有的是批評我太小題大做。因此，只好先列出以下的測驗題請家長勾選，就明白自己是否有「語言暴力」。以下羅列的測驗題都是家長「順口而出、大家都在說、根本就覺得沒什麼問題的」……的話，你覺得熟悉嗎？說過嗎？

☐ 不聽話？不聽話就是壞孩子！

☐ 不好好讀書？我再也不愛你了！

☐ 愈來愈不乖、愈大愈壞！

☐ 這麼笨！這種問題也要問！

☐ 我們只希望你快樂就好，分數不重要！

☐ 你真是讓我傷透了心！

☐ 從今天起，你不必再叫我媽了！

☐ 你還敢出門？今天你要是出去，就不必回來了！

☐ 你想氣死我嗎？

☐ 你一定又在騙我！

☐ 你在想什麼，我全知道！

☐ 看你的死樣子，和你的爸爸一個樣！…………

如果你勾選了超過 5 個以上句子，那麼這本書、這堂課就是為你而寫的；

勾選了 10 個以上的人請讀兩遍以上，並認真做作業。

有沒有這種可能？父母說了所有不該說的話，但孩子不但沒有後遺症，反而是「打斷手骨更堅強」還很感激父母的？有沒有這種可能？當然有，如果是這樣，我就要恭喜父母了。但我也要強調，這樣的智慧的小孩，世間難得稀有。而我們大多數都是凡人，不是嗎？父母得碰運氣，看是否生得出這樣不凡的偉人？

【目錄】
父母不可說的 10 種話，傷害性語言造成的
10 種性格 / 陳艾妮

父母不當的語言造成的 10 種不良性格

	1 沈默寡言 拒絕交流	2 沒有自信 膽小羞怯 迷茫	3 壞脾氣 & 霸道	4 沒有主動性 和積極性的 「媽爸寶」	5 厭學、懼學 & 拒學
1	■拒絕溝通的話	■拒絕溝通的話	□拒絕溝通的話	□拒絕溝通的話	□拒絕溝通的話
2	■貼標籤式、否定他存在感的話	□貼標籤式、否定他存在感的話	□貼標籤式、否定他存在感的話	■貼標籤式、否定他存在感的話	■貼標籤式、否定他存在感的話
3	■暴力攻擊的話	■暴力攻擊的話	□暴力攻擊的話	□暴力攻擊的話	■暴力攻擊的話
4	■情緒勒索的話	■情緒勒索的話	□情緒勒索的話	□情緒勒索的話	■情緒勒索的話
5	■讓孩子看不起大人的話	■讓孩子看不起大人的話	■讓孩子看不起大人的話	□讓孩子看不起大人的話	□讓孩子看不起大人的話
6	□創造弱者的話	■創造弱者的話	□創造弱者的話	■創造弱者的話	□創造弱者的話
7	■交換條件的話	□交換條件的話	■交換條件的話	□交換條件的話	■交換條件的話
8	■增加不必要壓力的話	■增加不必要壓力的話	■增加不必要壓力的話	■增加不必要壓力的話	■增加不必要壓力的話
9	■挑撥離間的話	□挑撥離間的話	□挑撥離間的話	■挑撥離間的話	□挑撥離間的話
10	■讓他無所適從的話	■讓他無所適從的話	□讓他無所適從的話	■讓他無所適從的話	□讓他無所適從的話

有■記號的語言就是根源……

當你責備孩子有這些性格特徵時，請別急著生氣，請回顧一下你是否說了這些話？

	6 不感恩 & 不孝順	7 輕視大人 渺視權威	8 鄉愿、小人、 兩面人、奴 才、馬屁精 & 邀功精性 格	9 現實功利	10 嫉妒 & 仇富
1	■拒絕溝通 的話	□拒絕溝通 的話	□拒絕溝通 的話	□拒絕溝通 的話	□拒絕溝通 的話
2	■貼標籤式、 否定他存在 感的話	□貼標籤式、 否定他存在 感的話	□貼標籤式、 否定他存在 感的話	□貼標籤式、 否定他存在 感的話	□貼標籤式、 否定他存在 感的話
3	■暴力攻擊 的話	□暴力攻擊 的話	■暴力攻擊 的話	□暴力攻擊 的話	□暴力攻擊 的話
4	■情緒勒索 的話	□情緒勒索 的話	■情緒勒索 的話	□情緒勒索 的話	■情緒勒索 的話
5	■讓孩子看 不起大人 的話	■讓孩子看 不起大人 的話	□讓孩子看 不起大人 的話	■讓孩子看 不起大人 的話	□讓孩子看 不起大人 的話
6	■創造弱者 的話	□創造弱者 的話	□創造弱者 的話	□創造弱者 的話	■創造弱者 的話
7	■交換條件 的話	■交換條件 的話	■交換條件 的話	■交換條件 的話	■交換條件 的話
8	■增加不必要 壓力的話	■增加不必要 壓力的話	□增加不必要 壓力的話	□增加不必要 壓力的話	□增加不必要 壓力的話
9	□挑撥離間 的話	□挑撥離間 的話	■挑撥離間 的話	□挑撥離間 的話	■挑撥離間 的話
10	■讓他無所 適從的話	□讓他無所 適從的話	■讓他無所 適從的話	□讓他無所 適從的話	■讓他無所 適從的話

【自序】一言過重，千言無用 /
用有笑有效的愛的語言取代傷害性語言 / 陳艾妮

古人有言：「一言過重，千言無用！」「良言一句三冬暖，惡語傷人六月寒」，說話決定人際關係。世上最親密的人際關係，應該就是親子關係。如何保持親子關係親密？很簡單，不必有非常好的口才，只要不說「不該說」的話就好。親子之間的暴力，不是只有肢體暴力，事實上，表情暴力、情緒暴力與語言暴力，和肢體暴力一樣的地傷害孩子。我們應該讓親子之間永遠如「三冬暖」，而不要有「六月寒」的對話，所以《笑（效、孝）能家教》由語言系統開始。在我的口才學院裡，我最重視也最想要開的課程，就是「父母的語言課」：由《笑能家教 - 親子乒乓球》到《父母不該說的 10 種話（傷害性、破壞性、負能量的語言）》，提醒父母不要對孩子說廢話、重話、狠話與絕話，因為這些不經意的暴力式語言，讓愛成為鞭子。要學習說有建設性的「效能語言」，「溝通式語言」和「愛的語言」。愛的最大功能，就是確認「存在感」，即「歸屬感」加上「價值感」。不論是大人還是小孩，都有這種基本需要。愛的感覺從來都不是用說出來、用罵出來的。

如山之愛與恨鐵不成鋼之情，因而說了傷害性的話，本源是求全責善，是因為失望而激化出來的，這是錯誤的期望造成的，它們都有後遺症。心煩意亂或大發脾氣，這就是在示範錯誤的情緒教育。以錯的示範如何教得出對的言行？錯誤的期望帶來孩子的應激反應，比如鎧甲的防衛性反應及惡性循環，會造成彼此不親、子女不成才外，還會造成人人討厭的性格：偽君子、鄉愿、小人、兩

面人、奴才性格、馬屁精、邀功（掠功諉過）精，……這些宮鬥戲裡的角色，都是過去社會的產物，我們能透過家教，擺脫這些可厭的素質。人生路上永遠不缺少「暴擊」，父母不用急著提早在家裡用語言給他們打擊。我們要摒棄《甄嬛傳》宮鬥式的迂迴表達模式，要學習愛的語言。我的母親在世時，常陪著我出去演講，會後很多聽眾都問她是如何教育陳艾妮的？每天跟我說的話是什麼？不認識字只會做旗袍的老媽的回答，讓拿著紙筆想做紀錄的聽眾傻眼：「她小時候？我每天會跟她說的 3 句話？哦，起床啦！吃飯！快去睡覺！」是的，我媽沒給我什麼人生大道理，但，重點是她沒有說複雜錯誤的話。

我的口頭禪是：「千金難買早知道，原來如此沒想到，後悔沒有特效藥」，聰明不是懂得未來 10 年的變化，而是能預知短期未來，知道今天怎麼做，就會決定未來；怎麼說，就會決定彼此的關係。「禍從口出，病從口入」，管好一張嘴，一生才會有平安及幸福。以我這個靠嘴巴吃飯的人而言，深知一句話說對了，與說錯了的後果，因為在演講場合裡說錯一句話，立即會看到數百或上千人的臉色刷了下來、現場的溫度降了 3 度都有可能。因此，我對說話是戒慎恐懼的，親子關係具備血濃於水、孩子通常不會記恨的優勢，但最好還是要控制一下口舌之便，約束一下大人對孩子因為身份而放縱的言語暴力。真話實說，好言相勸，「我不入地獄，誰入地獄」？這是我的苦口婆心，也是我壯膽完成這本書的動力。這本書裡寫的暴力語言，難道我沒有講過？當然也有，但我的警覺性讓我及早控制，這堂課的目的就是要為各位家長預防及節制。被愛包圍的感覺是非常有威力的，這種威力可以支撐孩子一生面對成長、學習、失敗與挫折。這本書不只是親子溝通書，根本就是所有人際關係的溝通書，基本上把父母的角色換成主管、子女的身份換成員工的話，這些說話的問題都是一樣的。

孩子是一張等待人生藍圖的白紙，而父母就是他的繪圖工程師，父母對孩子說的每一句話都是顏料，載舟覆舟，兒女的感受及成長，全看父母怎麼跟孩子說話。停止傷害性的語言，祝大家用愛的語言享受溝通的快樂。

陳艾妮

成稿於 2016 年 9 月 9 日 上海閔行區浦江鎮華僑城

修稿於 2019 年 12 月 3 日 上海久事西郊花園

定稿於 2021 年 11 月 30 日 台灣新北市淡水區《海角 19 號》

發稿於 2022 年 9 月 16 日 (73 歲生日＋二婚訂婚日)

台灣新北市淡水區《海角 19 號》

第 **1** 章

不要說
拒絕溝通的話

1 不要說拒絕溝通的話

「他什麼都不跟我說！」許多父母對自己的孩子最大的困擾是，彼此無話可談，甚至是一開口就起衝突。「我們對他這麼好，無微不至的照顧到這麼大，怎麼越來越沒話說了？」「他是個好孩子，但怎麼說話都是怪怪的、冷冷的？現在的孩子怎麼了？」「有時候好像啞巴一樣，只會眼睛直直呆呆地看著我，怎麼會這樣？」「跟他講話總得不到立即的反應，但是他和同學講話都很流利啊！」「問他，總是嗯嗯啊啊的……」……你的孩子如果什麼事都不跟你說，卻會跟外人說，以後請你不要怪他們。為什麼？因為你從小到大在他的面前說了太多拒絕溝通的話。溝通的橋，你自己七早八早已把它炸掉了。

父母因為忙碌、在不耐煩中不經意說出拒絕溝通的話，會訓練孩子不敢、不願開口說話，因為它們會阻止孩子發言發問。拒絕溝通、訓練孩子不敢表達、不願表達的話，會讓子女不願、不敢、不習慣與你交流想法與感情。其實教養就只不過就是兩個字：「習慣」。如果從小沒有與孩子互動、交流成習慣，到他長大後就不應該批評他很少或不與你們交流，因為這都是家長自己在早期就造成的後果。冰凍三尺，非一日之寒，請停止不當語言，開始有笑、有效、有孝的親子溝通吧。

【拒絕溝通的標準句子】 如果有說過這些句子，就在 口 裡打勾。

口 你問（講）那麼多幹什麼？→ 讓他嚇了一跳，原來：他開口問你
　　或是關懷你、或是好奇、想學……竟然是不對的？

口 我怎麼會知道？→ 你自己破壞了權威的身份及子女對你的崇拜。

口 不知道！不要問我！→ 所以他就不分事情大小、輕重，日後什麼都不問你。

口 你好吵！不要吵！→ 讓他覺得說話或出聲音是不對的。

☐ 有時間再說！真囉嗦！ → 讓他覺得自己的想法是不重要的、多餘的，是對大人的干擾。

☐ 快去做功課！ → 讓他覺得只該靜靜地做功課，不該多說話。

☐ 我在講電話（睡午覺、洗衣服……），你就一直吵一直吵！煩死了！ → 日後他看到你在忙就不會講話，即使他很想跟你講話。事實上，孩子並不是吵，是餓了、想上衛生間或想有心事想跟你講。

☐ 為什麼不管我怎麼罵你都不聽？ → 把無法溝通的責任拋給孩子，讓孩子放棄與你溝通。

☐ 別講了！ → 命令式的主動放棄溝通，孩子別無選擇。

【拒絕溝通的延伸句子】如果有說過這些句子，就在 ☐ 裡打勾。

☐ 我很忙！走開！　☐ 大人說話，小孩別插嘴！

☐ 別講話，不要妨礙我！☐ 你乖，你不要隨便講話。

☐ 整天講話，你煩不煩？閉上你的嘴！☐ 你還小，你不懂就不要亂講話。

☐ 小孩子「有耳沒嘴」、不要亂問問題。☐ 你沒看到我在忙嗎？有事改天再說。

☐ 走走走，不要擋到我的路，不要礙我的眼！

☐ 不要問來問去的好吧！　☐ 我跟你講了 100 次了！我懶得再講了。

☐ 到底要我講幾遍？為什麼老是忘記？

☐ 我累了，明天再說。　☐ 你很奇怪耶？問這種問題幹什麼？

☐ 整天問東問西，我哪知道答案？　☐ 你在講什麼啊？無聊！我聽不懂。

☐ 爸爸很忙，不要吵我！　☐ 去！去！自己去玩玩具，不要囉嗦。

☐ 我希望你離我遠遠的！　☐ 不要讓我看到你！

☐ 你給我安靜一點好不好！叫你安靜一下都不行嗎？☐ 閉嘴，識相點！

☐ 去做你自己的事。自己去玩遊戲。☐ 你怎麼這麼討人厭？

☐ 吵死了，不要煩我，再吵？我的頭都快爆炸了。

□ 你少說話，免得說錯了，爸爸又會打你。□ 我不想再聽你說一個字！

□ 別胡說八道，你懂什麼！□ 大人說話，小孩子插什麼嘴！

□ 小孩子懂什麼！這種事還輪不到你說。□（凶）馬上道歉！

□ 你看！你真煩，我只要一回家就頭痛，都是讓你給吵的。

□ 回家睡覺去！太晚了！□ 不要再說了，反正你都是說謊！

□ 別再問了，爸爸說的絕不會錯！□ 我不需要聽你的解釋！

□（看分數）考得這麼爛，還敢說話？快去做功課！

□ 這種成績單，還有臉來聊天？□ 你竟敢用這種態度跟我講話！

□ 你敢再頂嘴？馬上給我滾出去！□ 除非把作業都做完，不然別來講話。

□ 我跟你說，你再用這種態度的話，我就會……（生氣）！

□ 不聽媽媽說的話？那就全部聽你老師說的好了。

□（孩子想親熱）你的依賴心這麼強，怎麼辦？

□（經常表明不想和他說話之後）你為什麼不說話？為什麼不回答？

□ 在學校時不准讓老師看到你們的牙齒（老師阻止孩子表達、溝通、發問）。

讓「拒絕溝通的語言」出現的原因

口 孩子最早的說話對象是父母，70% 是媽媽！

考驗一下大家：回想一下，孩子的牙牙學語階段，說完整句子、最早說的是什麼話？是對誰說話？就是：「媽媽，我跟妳說……」「爸爸你快來看……」。因為他的世界裡就只有父母，他發現了、想到了任何事物，首先就急著要和父母分享。在家裡孩子經常和誰說話？根據調查，70% 是母親，父親則只有15%，另外15% 是其他家人。幼童的說話對象應該還有兄弟姐妹，但若是獨生子，就沒有對象可說。若沒機會接觸親友的小孩，說話的對象就更集中在母親及父親身上了。所以，父母對幼兒的言語教育，至關重要。既然幼兒的主要說話對象是媽媽，那麼媽媽就一定要把學習親子對話這堂課當做必修課。須知，在幼

兒園裡、學校裡，學生極少有機會經常與老師一對一地對話。讓孩子學會一對一的言語交流，是父母的責任，不是教師的責任。

口 冰凍三尺，非一日之寒：大人很早就把溝通的橋樑炸掉了！

孩子想講話，家長的處理及反應很重要，因為，孩子一生的溝通能力是從話都說不清楚時就開始了。而父母是如何反應的？如果是說了拒絕的甚至是斷然否定的話，那麼，基本上你已「成功」地訓練子女「閉嘴」了。孩子不與大人交流、交心的原因，是大人已經把溝通的橋梁炸掉了。拒絕溝通的話，是大人們早就明確地告訴了孩子不要說話、不要交流。父母怕自己的孩子變成「話嘮」，急切地早早地壓抑了孩子想說話的本能了。「不要說話！我不想和你說話！你不可能跟我好好說話的！」這就是是成人下的「訂單」，小孩子聽到的訊息是：只要用耳朵聽、不要用嘴巴、聽話為上策、多說多錯、不說為妙。在這種言語的指令下，孩子不管是害怕、困惑或是不服，總之，後果就是：他不跟你說話了。

口 「開口恐懼症」：為了講對錯與教育而忘了交流

彼此講話，就是在溝通，而非計較說得對不對。因此，在小孩牙牙學語時忙著糾正發音，在孩子說錯話時罵他或叫他閉嘴不要吵，就造成小孩學習言語的障礙，就是一種封閉溝通的負面訓練。父母一開口就是進行教育或求全責善，就造成孩子害怕與父母溝通。父母對孩子的行為不滿意，就用言語表達自己的不高興，孩子感到交流與溝通夾帶著責難，因此就會產生「開口恐懼症」。現代親子之間溝通時間本來就少，少有機會進行言語交流。許多父母不常在家，孩子沒有交流的對象，欠缺與人溝通的機會與訓練。彼此都沒有太多的交流的場合，甚至，連起衝突的機會都沒有，當代的有些年輕人，不擅長與人溝通，問題嚴重的連吵架都不會。

□ 「娃娃話」與隔代教養的「老人話」

牙牙學語階段，很多大人和孩子說話會變成小孩，講嬰兒話。跟著孩子說娃娃話，大人變小孩，是大人的表達跟著孩子走，沒有給孩子正確的言語示範。孩子說娃娃話是很可愛的，但大人跟著孩子說娃娃話，不代表這就是親子溝通。不如就講大人話，盡早開始讓孩子學習溝通。若孩子交給長輩照顧，老人會只顧著讓孩子吃好穿好，不懂得要給孩子衣服食物外也要給精神食糧。傳統落伍的教養方式不主張與孩子經常的交流，老人家的見識窄及說的是上代的老人話，且習慣一開口就是教訓或管教的話，因而造成孩子欠缺與成人溝通的機會，讓二代三代之間的溝通脫節。

□ 都市生活裡的外人教養

都市生活的緊張，孩子可能一出生就要由外人教養。僱來的阿姨或奶媽照顧小孩，通常只顧著讓孩子健康聽話，多一事不如少一事，不會想到要提供「精神營養或語言對話」。通常阿姨或奶媽的素質不高，自然無法給孩子有質量的交流內容，甚至還會讓孩子學習到粗俗語言及低俗次文化。主人也不會奢望孩子由她們身上得到高品質的教育。這是人性，家長也不會願意看到孩子與奶媽保姆或傭人有親密關係，這無形中也鼓勵了不溝通的成長模式。也就是說，由外人照顧是一種不必溝通、不鼓勵溝通的成長環境。心理學研究，從小由奶媽帶大的人，會有歸屬的焦慮感，因為他有 2 個媽媽的分量及比重在心中糾結，這會影響日後的婚姻及人際關係。

□ 教室訓練孩子不溝通：「不要讓老師看到你們的牙齒！」

我的孩子進了小學後，就由一隻天天嘰嘰喳喳叫的小鳥，變成沈默的羔羊，我問他為什麼，他答不出來。我就說：「你想到之後就告訴我，媽媽很想知道為什麼你現在不愛搭腔？為什麼現在我叫你，你只會點點頭，不會像以前那樣出

聲音回答媽媽？」你知道我等了多久？我等了一年半，在他二年級下半學期時，有一天我們在逛公園，他想到了答案：「媽媽，我現在想到了，我不搭腔，是因為老師告訴我們：『你們一進校園，到離開校門，在教室裡，全班的同學都不准講話，不准讓老師看到你們的牙齒。』所以我就變得不愛講話……」天哪，聽這個讓我氣結的答案，這位老師訓練孩子成為不講話不溝通的方法還真是有效。他讓孩子不但不能說話、不能笑、當然也就不能回答及發問了。天哪！學問、學問、不說不問，哪來的學習啊？我想呼籲天下的老師，別炸掉與學生的溝通之橋。當然，老師要面對數十個學生，那可能一一溝通。我能理解，學生眾多，必須要維護整體安靜及秩序，就只好約束學生的聲音，這種訓練孩子不講話造成不溝通的結果，是不得已的。所以，就只剩回到家裡，讓父母訓練孩子溝通了。

□ 視覺媒體(手機、網路、電視、電影)造成了「不必用到語言」的溝通

視覺媒體侵佔了教養領域，因為眼球時代裡，電視網絡手機的沈默單向溝通已成主流。電視、網絡、手機與人類「溝通」的時間越來越長越多，幾乎一個人與全世界積極溝通時，都靠著手指撥動及刷屏，都是閉著嘴巴，只動著眼睛及手指的。這些活動都讓人不須用到語言。因此，習慣這種沈默溝通的年輕一代，越來越不需要也不習慣與父母對話。

□ 社會人士在和你的孩子溝通

忙碌的父母，已把溝通之橋炸掉的大人，在疏於親子溝通之際，奶媽、視訊媒體之外，還有名人藝人會介入你的家教工程，媒體裡已有許多人立即補位。且看，在電視、網絡上大談婚姻及人生大道理的，有偶像、政治人物、名人、藝人、宗教家、學者，是他們在強勢影響你的孩子。你的孩子不是你在教，是整個社會在教。你不溝通？手機、網路、電視、電影裡的人很熱情地隨時和孩子

溝通……綜合以上，年輕一代與父母家人的「不溝通」，其來有自。「不溝通」的現象，於是一一出現。

「拒絕溝通的語言」出現的後遺症

□ 「交流的渴望」&「愛的匱乏」造成的性格後遺症

小小年紀的孩子，說的話一定是無厘頭與不得體的，為了求得到立即的清靜，若用「閉嘴、別吵」這類拒絕或粗暴的回應來阻止他說話，產生愛的失落感。讓孩子感受到的是：「他們不愛我」「爸爸媽媽不要我了」……你若對其他的孩子好聲好氣的話，他更會認定自己是個被拋棄的孩子。很快地，冰雪聰明、敏感又在乎父母的孩子，就會學乖了，不再纏著爸媽，成為一個冷漠的孩子。父母有自己的心情、體力、婚姻關係、現實經濟、忙碌等問題，投射反應到和孩子的互動上，因而無形中主動拒絕了孩子把心聲提出來的要求，孩子變成一種少講話、不想講話的生物。但是，不管是什麼原因，「交流的渴望」是人的本能，「愛的匱乏」是很痛苦的。越是溝通不良的孩子，就越會強烈地尋求被關注、被理解、被看見、被愛。這些情感需求，若沒有被滿足，就會造成日後的溝通障礙：拒絕溝通，害怕溝通、溝通不良……。一個人一旦有了愛的匱乏、有了內心的空洞，就會有負面的、極端的諸多變相，其中就包括特別愛搗蛋、極為冷漠的兩極化。

□ 拒絕溝通的後遺症：孩子因鬥智、鬥氣或鬥勇而「不回答」

悶不吭聲的孩子，讓父母生氣。請父母別著急反應，想想，一個孩子不回答的原因，可能有許多。

1、他年紀小，真的不懂得該如何回答，他需要一些時間思考才可能做回答。

2、他可能是故意不回答。如果大人經常表明不想和小孩說話，透過大人的表情和言語，孩子已經感覺到了你對他的不耐煩，當然他就會很少跟你講話，很自

然的，會在你問他話時，他也不回答，他也有樣學樣，他已在你身上學會拒絕溝通，他也拒絕和你溝通了。

3、孩子可能明明有答案卻不回答，多半是因為他害怕回答錯了，就會受到不好的評價，甚至被罵被打，他為了自保當然不回答，他的經驗讓他要保護他自己。

4、更聰明的孩子，是在等你出招！他要看你接著怎麼說，再想想該回答哪個答案最安全、最合適、最有利。

5、講不過你，就用「不回答」來對付你，這也是一種弱勢者的武器及精神勝利法。……

親子教育，是人性教育，但關係打結、彼此失去溝通的習慣及安全感時，和婚姻關係一樣，會陷入鬥智鬥氣、甚至是衝突的鬥勇狀況，那時就累了。想要笑能溝通的父母，要給予給孩子考慮的時間，再談訓練孩子回答。

□ 拒絕溝通的後遺症：養成孩子不願、不敢主動解釋的沈默習慣

幼童階段就是吵鬧與犯錯的年齡，難免會和大人、手足、鄰居、同學發生爭執，若老師、小朋友不斷地來告狀，父母因為不耐煩而拒絕聽他解釋，直接安給他罪名，甚至還因此被打錯罵錯……幾次之後，可能他從此就不再解釋、成為一個沈默的孩子了。孩子心想「反正你也不會聽我解釋的」「說了也沒用」「你已經認為總是我的錯，我何必解釋？」……他從小就認為，既然沒有可能被理解，那麼對錯就不重要了，說明解釋也不必要了。與人發生爭執本來就是「社會化」的練習，就是訓練孩子與你溝通的題材，可不要把寶貴的的教育機會變成他沈默的原因了。

□ 拒絕溝通的後遺症：成為一個膽小的、沒主見、 沒信心的人

既然想講話時沒有得到好的回應，說得好或說得壞都得不到恰當的反應，久而久之，他就習慣於不發表意見與想法，讓他顯得是個膽小的、沒主見、沒信心

的人。這孩子長大後，父母再去怪他沒有自信心、表達力、社會競爭力及就業力，實在是不公道的。

口 拒絕溝通的後遺症：產生反社會心理及行為

長期被忽略、被拒絕的孩子感到不被關心或失望之餘，會為了引起大人的注意而做出種種誇張甚至叛逆的行為。這種表面爭強好勝的性格，容易發生與人衝突、對人攻擊的反社會行為。表面上看是沒禮貌，其實可能是對父母親的「漠不關心」表達出潛在的憤怒。這種孩子的反應之道，就是故意說大人一聽就會氣得中風的話，及故意去做肯定父母會介意的「壞事」。一來是要吸引父母的注意，二來就是想氣氣父母，做點事來回擊報復他們。這時若父母還是不理，憤怒與不滿一直疊加，長此以往，難免就會做出「驚天動地」的事了。這一切都是因為「交流的渴望」與「愛的匱乏」，讓孩子志在刺激出父母對他關心而使出的手段。孩子的反應很直接，你不關心我？我就把醜話說的更絕，把壞事做得更誇張！就因為求愛不得，孩子就會恨、報復父母，這不可思議的事常常發生。在家叛逆，出社會就可能出現反社會心理及行為。

口 拒絕溝通的後遺症：異見與創意被打壓

總之，不管是什麼原因，只要父母表現得不耐煩與拒絕溝通，就會扼殺孩子想交流的欲望、創造力和求知慾。父母的不耐煩，其實都是父母自己的原因，但是孩子不知道，以為是針對他的。孩子若以為他的好奇與多問是錯的，那麼，未來的創業家或發明家就被抹殺了。不允許孩子提出「異見」或「意見」，就是打壓創意。小孩的頂嘴行為，不是對家長有意見，而是對世界有看法，對自己的生活另有做法。把頂嘴當做對父母的忤逆？這就是父母的小題大作、自尊太薄弱、自我太膨脹了。如果阻止孩子有不同的思考及表達，把他貼上「任性頂嘴小孩」「叛逆不孝小孩」的標籤，那就是扼殺了孩子獨立發現、思考問題，

不盲目接受既定知識的本能及能力，同時也是炸掉了溝通之橋了。凡事都要理解後才肯聽從命令、才願意接受要求的孩子，常常令人頭痛，但這通常就是聰明的人才，這種孩子才會有更多的創造性和突破精神。教育者應正確引導，讓他成為勤於思考、敢於發表異見、善於提問的人，因為這樣他才會是一個有獨創性的人。不允許孩子提出異見，就是打壓創意！

不要讓「拒絕溝通的語言」出現的心理建設及方法

口 沒機會說話的孤兒 & 猴子

曾有這樣的實驗：把新生猴子放在一個什麼都沒有的空間裡，讓它自己獨自生活，用冰冷的機器餵食，牠聽不到看不到任何東西，冷冰冰獨自地過日子，不知日夜地只有牠自己。結果，沒多久，這些猴子就無疾而死了；而對照組的新生猴子在媽媽的懷抱裡活得好好的。也曾在電視上看過這個報導：孤兒院因為人力不足，沒法一一看顧一個個的孩子，為了避免孩子在活動中製造傷害或意外，結果只好把一定會動來動去的嬰幼兒都綁在小床上。嬰童個個都想掙脫綁繩的畫面，讓我看得熱淚盈眶，至今不能忘。我相信這個畫面是非常早期的，類似情況應該已不再出現。還有另一個研究報導：在孤兒院裡，小床靠近門口的孩子比較活潑，因為每天保姆一進門，他們會得到較多的關愛以及聽到最直接的聲音及較多的視線畫面。保姆總是來去匆匆，所以在最裡面角落裡小床上的孩子，得到的關注及互動就最少。這些很少有人、甚至沒有人跟他講話的孩子，各方面的表現都比較差，個性內向不合群，學習及運動能力都落後。由此可見，童年時代是否有人跟他說話、與他積極互動交流……對一個人的一生會造成重大影響。

口 孩子本來就會說無厘頭的話

我們要避開會炸掉溝通之橋的陷阱。孩子的世界是童真的，他們是還不屬於現

實社會的生物，所以他所說的話通常會是當下他自己最感興趣的、基本上是無厘頭的、大人覺得沒興趣的。我們聽到這類言語時不要立即打壓他們，比如：「媽媽，太陽離我們有多遠？」「爸爸，我要和你結婚。」「爺爺好醜喔。」「我家的錢都放在那個抽屜裡。」「為什麼？……為什麼？……」「我喜歡大便。」「爆炸了，爆炸了！」「不要送東西給他！他是壞人。」……什麼是兒童？就是會說不合邏輯、不適當的話的小人兒。幼童對五光十色的世界本就十分好奇，更是會不斷地問各種荒唐的問題。如果我們的回應是：「問這個幹嘛？我怎麼會知道！亂講話！別廢話！快去做功課！……」的話，膽子小的孩子從此就成為沈默的人了。先與他對話打球，再慢慢講究對錯，這樣才不會炸了溝通之橋。

口 親子溝通無關對與錯

爾愛其羊，我愛其禮！你在乎的是他說的話是否合理，但重點在親子持續交流與交心，而非講得對不對。感情好的大人在對話中糾正孩子的錯誤，會比較容易成功，會被接受。若溝通的感覺不佳，一點點的相左都會引起大反彈。如果已經養成不講話、不交流、不解釋的習慣，並且親子的感情不好或很淡的話，任何關心及教養，都很難被接受。這時候，父母氣得跳腳或掄起拳頭去打他，他也不會與你溝通的。別在乎對與錯，要重視持續打「乒乓球」。

口 不要打壓孩子說重複的話

在熱烈學說話的關鍵階段，小孩無意義無厘頭的話會重複說，說得讓大人受不了。我的孩子小時曾一直重複說這3個字：「爆炸了！爆炸了！爆炸了！」……一般的家長會阻止他，覺得他有病。但我沒有阻止他，只是適時回應他：「哦！什麼東西爆炸了？哦，為什麼一直在爆炸呢？你覺得一直爆炸好不好呢？」……他並不明白「爆炸了」對別人而言不是一句好話，可他當時最感興趣的的句子就是「爆炸了」啊。結果，他的「爆炸了」在家裡持續說、說了5天，接下來

就完全不說了。如果我很誇張又嚴厲地阻止他說,他就可能就會對「爆炸了」這3個字產生恐懼,或有不適當的反應,或是不敢在我面前講他最想講的話了。只要他的「爆炸了」得到了徹底的發洩,到後來就完全沒興趣再去說它了。當然,他很快又找到了其它的話,比如「死翹翹了!大便了!……」來重複說,這些話當然也是不得體,但重點是讓他暢所欲言講他最想講的話,同時告訴他在家裡說這些話不礙事,但不可以在外面說,告訴他「死翹翹了!大便了!」別人聽了會反感。在這段時間裡,盡量不要帶他去公共場合,以免引起誤會。或是出門時就約法三章,講明什麼可以說,什麼不可以說。若不教而殺之,他一說話就被打壓,就是炸掉溝通之橋。

□ 父母不必「答應」「同意」只要「回應」就行!

正常的孩子應該每天都有許多的想法和心聲要對父母訴說,因為他希望父母跟自己一同探索有趣的世界,而父母的「回應」就是一種接受與鼓勵。孩子一開口,我們並不需要馬上「答應」,只要「回應」,這就是在鼓勵及訓練孩子自己想辦法再接再勵、創造再交流的習慣。別讓孩子在渴望和大人說話的過程中,以為多說話及常發出問題是「不乖」「不對」「愚蠢」的行為;小小世界裡,需要可依靠、可信任的人能針對在他成長過程中發現的種種疑難和困惑與他互動。他不須要你給他標準答案,更不期待因此被訓話,他只是想有你接他的「球」,聽他說話。不管孩子的言行多麼無理,都要沈得住氣處理:「現在在馬路上,車子多,危險,不能講話。」「爸爸在等我們回家煮飯……我們回家再講。」當下只要處理回應,而不是不回答或喝斥。再次強調,我們不必「答應」,只要「回應」就行。

□ 最重要的觀念修正:「頂嘴」其實就是溝通!

《親子溝通乒乓球》最重要課程之一是:「頂嘴」其實就是溝通。孩子會頂嘴,

是爸媽最頭痛的一件事，但是在 21 世紀，對人和世界有批判性的見解，已經被認知是優點而不是缺點，甚至是成才、成功的必要的條件。所有的創業家都是想到了不同的新事物，認為「夢想要說出來，因為萬一實現了怎麼辦？」他們都是先想到了，說出來了，跟著我做出來了。若一個人連「想」都不「想」，「說」都沒有「說」，那後面的一切都談不上了。所以，小小年紀的孩子，敢和大人唱反調、敢 PK，代表他有想法、說法、做法，值得鼓勵。最重要的觀念修正：頂嘴就是溝通！對孩子的無理取鬧或不禮貌應該立即制止，但這不包括否定他說話的內容、本能、權利及欲望。無理取鬧與失禮需要有效的當下管理，而後者需要家長有耐心地接受他所表達的一切。……父母常說的錯誤語言，多達 10 種，你都說過了嗎？懇請家長別再說錯誤的、有傷害性的、拒絕溝通的、打壓孩子想表達的話語，做完「複習」與「作業」，請開始有建設性的語言《親子乒乓球》，享受有笑有效又有孝的親子對話。

【複習】我對孩子曾說過的拒絕溝通的話

我的另一半對孩子曾說過的拒絕溝通的話

1/

2/

3/

【作業】這一堂課我學到的、將改變的是：

1/

2/

3/

第 **2** 章

不要說貼標籤式、否定他存在感的話

2 不要說貼標籤式、否定他存在感的話

少數家長會用嫌惡、不耐煩、否定的句子否定親子的身份或關係，剝奪他的存在感；否定孩子的能力及動機；嚴重的甚至會用侮辱、人身攻擊、栽贓、誣賴、污蔑、羞辱……這類武斷的負面句子來否定孩子；甚至取笑他的生理殘疾或特徵，來提醒他在生理上及行為上無法改善及逃避的缺陷。這類否定的「貼標籤」語言，會讓子女喪失身份、感情、自信心與能力的確認，會讓他喪失存在感。這種存在感的不確定性，會讓孩子一生帶著迷茫感，許多人的人生無目標及無鬥志，皆因此而來。

天下父母心都是：望子成龍成鳳！要讓孩子贏在起跑點，會傾全家的力量去栽培孩子，總給他最多的關愛及最好的教育。但是結果是父母有困惑：「不知他為何這麼膽小沒自信？」「我們天天照著新式教法讚美他、鼓勵他，但他反而越來越退縮了。」「我們對他這麼好，為他付出這麼多，為什麼孩子並不是很領情，甚至不明白大人的苦心？」「他是個聽話的好孩子，但總覺得和我們不親，這讓我們感到遺憾，卻不知道為什麼會這樣呢？」「明明從小就給他各種好教育，希望他能有大發展，但是他的個性卻是很畏縮，讓我們很操心。」………以上描述的各種現象，其實都只是他對自己的身份及能力的不確認，及感情的失落，而源頭往往就是因為父母衝口而出的、負面的「貼標籤」。

至於正面語言的貼標籤，也就是大力的欣賞、讚美、表揚……其實也有後遺症，這些會在「不要濫用讚美」課程裡有詳細的探討。在此之前，我們先要去除負面否定句。冰凍三尺，非一日之寒！想知道為什麼會這樣嗎？想知道是你在他小時候說的哪些話造成後來親子之間的冷漠或他的無能嗎？

【否定存在感的標準句子】

你是否曾說過以下這些句子？若有，就在 口 裡打勾！

口 哎呀！早知道就不生你了！→否定了他的存在價值、身份、感情及能力。

口 真不知道怎麼會生出你這樣的孩子。→否定了他的存在與價值。

口 你是從垃圾桶裡撿回來的，你相信嗎？呵呵呵…… →否定了雙方的血緣、關係與身份。

口 你真是傷透了我的心！→否定了孩子對父母的愛、付出、努力，除了否定了彼此的感情與關係，更直接地否定了他的能力。

口 你真笨啊！→否定了他的能力。

口 笨蛋，沒用的東西！將來肯定是敗家子。→在他小小年紀就幫他貼上了沈重的標籤，預言了他的失敗。

口 衣服怎麼會扎？不可能的，不要亂抓亂抓，是你亂抓才癢的。→否定他的生理及心理感覺，並讓他覺得不舒服是自己造成的。

口 哭什麼哭？有什麼好難過的？→ 否定了他的心理真實感受。

口 都幾歲了，還不會穿衣服？真丟人。→ 否定了他的學習進度，並覺得對不起父母。

口 我跟你就是沒話說！→否定了他的表達欲望。

口 你戴了深度眼鏡，以後怎麼找對象？→把眼鏡醜化並塑造壓力，否定了他戴眼鏡的需求。

【否定存在感的延伸句子】

1 ★以下是否定彼此身份、關係及傷害他的感覺及存在感的句子。

□ 真不知道怎麼會生出你這樣的孩子！□ 你是我養的嗎？這麼調皮任性！

□ 你是從馬路邊（郵筒、醫院門口…）撿回來的，不信你問 ××，呵呵呵……

□ 你被人丟在門口，我們把你領養回來的。哈哈哈。

□（跟別人說）我先生一直在懷疑這個孩子是不是在醫院裡抱錯了。

□（在孩子的背後說）每個人都說他長得根本不像我們的孩子，大概是在醫院抱

　　錯了吧！□ 我的朋友都說我的孩子怎麼長得跟我差這麼大？

□ 本來是不想生你的，誰知道… □ 起先我是不想生孩子的。

□ 原本就沒打算生你，是因為……才……。

□ 原先我是很討厭小孩子的（我根本就不想生你的）。

□ 看看你這德行，真不知道你是誰生的？我真不想承認是我生的。

□ 我恨不得沒生你！□ 像你這種小孩不是我的孩子。

□ 我家才沒有你這樣的孩子！□ 你真是個來討債的！

□ 你怎麼這麼不聽話？真希望當初我沒生你。

□ 我倒了八輩子的楣才會生出你這個孩子！

□ 你一出生你爸就被剋死了，你還想氣死我、把我剋死嗎？

□ 我們都是福薄命薄的人，要認命啊。

□（與人閒談）當時人人看我的肚子都說會生個兒子，沒想到……

□ 我生你的時候，醫生原先說是兒子，結果生下來還是個女兒（接下來可能再

　　加上：婆婆當場就離開產房，都不管我坐月子）……

□ 以為總會生個兒子，沒想到，（指著孩子）還是個女兒！

□ 怎麼會近視眼這麼深？我們全家族都沒有人戴眼鏡啊？

□ 生了個這個樣的孩子，別人說是祖上缺德，我也無奈啊！

□ 哭？就知道哭！哭有什麼用？要哭，就回房去哭，不要哭給我看。

☐ 冷？不可能的，我們都不覺得冷，你為什麼會冷？

☐ 你的同學都沒有說難，你說很難？真丟人。

2 ★以下是嫌惡、不耐煩、否定他的句子。情緒性且並非是真相的句子，但心靈脆弱、小心思的孩子會把它們當真。

☐ 你做事都不用大腦！ ☐ 你是我所見過的小孩中，最不會替別人著想的！

☐ 你不乖？你討打！ ☐ 再這樣我就不要你了。 ☐ 你是來討債的嗎？

☐ 你是不是很討人厭？ ☐ 我很討厭你！ ☐ 煩死了，我看到你就煩！

☐ 滾開！你就是這麼煩人。 ☐ 你不知道我不想看到你嗎？

☐ 哎呀，真的不想再看到你！ ☐ 你真煩！你真是討人厭啊！

☐ 你再不聽話就把你送給別人！ ☐ 你如果一定要出去，那就不要回來好了。

☐ 你再跟那些亂七八糟的人來往，就一輩子待在外面。

☐ 你滾！想去哪裡就去哪裡。

☐ 你不馬上停止，媽媽就再也不理、不愛你、不要你了！

☐ 我反正已經決定不管你了，隨便你怎麼樣。

☐ 算了算了，我懶得再理你！ ☐ ……你這孩子，不要也罷！

☐ 你真讓人討厭啊，你的同學老師都這麼說你！

☐ 不要問我，自己去想想，我怎麼知道是怎麼回事？

☐ 又幹嘛了？你每次叫我都沒好事。 ☐ 我真是傷心啊……你這個孩子啊！

☐ 我有兩個孩子，一個很可愛，另外一個不可愛。

☐ 整天帶你這個小孩，我都快發瘋了！ ☐ 這麼愛哭，難怪老師不喜歡你。

☐ 男孩子，哭什麼！你是男孩子嗎？我看你是個女孩子。

☐ 某某這麼用功，你竟然批評他？你還看不起人家？

☐ 把你的東西都拿走，我不想看到你的人和東西。

3 ★以下是否定孩子的能力及動機的句子。

□ 你為什麼這樣笨？實在沒有用！□ 這麼簡單的都不會，實在太笨了！

□ 都已經三歲了，還不會自己吃飯？□ 別人都自己睡了，你還要抱抱才睡？

□ 唉呀，你肯定不會做，我來做！□ 走開，走開，別把廚房搞亂了。

□ 我看你這個孩子是完了。 □ 我看這輩子你是沒戲唱了。

□ 別以為我不知道，你今天這麼用功，肯定是你在學校裡做了壞事。

□ 沒想到你這麼差勁！□ 唉，我的孩子怎麼會這樣呢？

□ 你這個笨孩子，真想不到你會笨到這個程度！

□ 我看我們這輩子沒指望了！□ 你這麼不聽話，看你將來會有出息嗎？

□ 憑你？考上第一志願，怎麼可能？ □ 真是個沒用的孩子！

□ 我說得這麼清楚你還不懂，你腦子少幾根筋啊？□ 你什麼時候才不尿床？

□ 再不好好念書以後只有做工人的份！□ 文憑時代，不讀書你能做什麼？

□ 你會主動做功課的話，那就是太陽從西邊出來啦！

□ 別以為這回考得到 80 分就是你能幹，這是你本來就應該做到的。

□ 你為什麼只考 90 分？如果再用功點，不是可以考 100 分嗎？

□ 我看你這輩子是沒什麼前途（希望）了。 □ 唉！你這孩子是完蛋了！

□ 這樣的小事，你也不會嗎？

□ 態度這麼壞，成績這麼差，你為什麼這麼不孝順？

□ 你的同學都會舉手發言，為什麼你就不會舉手呢？

□ 你怎麼就這麼膽小呢？真把我們家的臉都丟光了。

□ 別人在一年級的時候就會看家了，你為什麼不會？

□ 你這個孩子值不值得我誇獎？值得嗎？ □ 想當 ××？那就不必讀書了！

□ 沒出息！長大想當個 ××？你不能想像樣點的職業嗎？那還浪費錢上學幹
   嘛？

□ 該做的我都已經做到了，你還不行，就是你的錯了！

□ 這些畫難看死了！是你畫的？太陽怎麼會是綠色的？

□ 畫畫老師說你畫得很好？這個能當飯吃嗎？

□ 別再搞七捻三地做一堆亂七八糟的事了，快把功課念好一點吧。

□ 你想當歌星？那太陽從西邊出來了！ □ 為什麼你都不考慮到父母呢？

□ 你只會做表面功夫。□ 你在我面前死氣沈沈的，別的地方就生龍活虎的！

4 ★以下是對孩子武斷直接貼標籤的句子。

□ 你真是貪得無厭！ □ 你就是這麼無理取鬧。□ 你太不像話了！

□ 你真是個愛哭鬼！ □ 這麼懶！真是懶鬼。 □ 你真是個膽小鬼！

□ 你怎麼這麼壞啊？ □ 你從小就是個胖子。□ 你這個近視眼的書呆子！

□ 連國文都讀不好，世界上有這麼笨的人嗎？（一面說一樣嘆氣）

□ 看看你，真是沒救了！□ 你哪天一回家就主動做功課嗎？沒可能！

□ 將來你一定是個流氓（敗家子、賭鬼、窮光蛋……）

□ 丟人啊！全家人的臉都被你丟光了呀。

□ 你要是不喜歡念書，今天就講清楚，明兒就甭上學了！

□ 最近越來越不聽話了！你是不是愈長大就愈不聽話？

□ 你已經長大了，從此以後就應該聽你的了，是吧？

□ 我們這麼愛你，對你這麼好！你難道一點感覺都沒有嗎？

□ 好不容易把你養大，沒想到養了個沒良心的孩子。

□ 只知道光站在那裡，也不懂得打個招呼，像個啞巴！

□ （看著孩子）現在的孩子都不懂得打招呼！

□ 就是不會叫人，這樣會被人笑話，說我們沒家教！

□ 你真是！慢吞吞的，烏龜來投胎的嗎？

5 ★以下是否定他說話內容的句子（間接的否定了他的人）。

□ 你老是胡說八道，別說廢話了。

□ 功課做好了沒，我沒時間聽你講亂七八糟的話。

□ 你一開口，就把你爸爸氣得快中風，你還是別講話吧。

□ 為什麼你總是說讓你媽生氣的話？ □ 你聲音很大哦？

□ 你說的話沒人聽得懂。 □ 笑死人了，你說得什麼歪理？

□ 你理由再多也沒有用，我不會理你的。

6 ★以下是取笑他、提醒他在生理上無法改善及逃避的缺陷及問題（等於全盤否定了他這個人的特質，而這些通常是父母賦予他的）。

□ 要知道你天生就是個××(色盲……)，你還能怎樣？

□ 吃這麼多，我養了一個飯桶啊！ □ 你能不能不要老是彎腰駝背？

□ 你除了會吃飯以外，你還會啥？我們家都被你吃窮了！

□ 你要知道自己長得什麼樣，還不去努力！

□ 啊，你長得這樣，將來誰會和你結婚啊？

□ 我們要努力存錢，將來才能把你嫁出去，呵呵呵！

□ 整天無精打采的，有誰會看上你？

□ 你怎麼總是沒精神的樣子？□ 哎，沒辦法，基因問題……生了才知道。

□ 你雖然很聽話，但可惜天生……□ 啊，沒辦法，你生來就是這樣……

□ 可以把眼睛睜大一點嗎？別讓別人說我生了個睜眼瞎子。

□ 你有色盲，所以不要上街過紅綠燈。□ 你怎麼搞的？把自己搞得那麼醜？

□ 你胖得像頭豬似的！ □ 啊，你真是隻醜小鴨啊，什麼時候才會變天鵝啊？

讓「否定存在感的語言」出現的原因

口 父母因為期望而出現粗暴語言

想想，以上父母隨口就說出來的句子，若是向自己的同事、朋友、客戶說出來的話，對方肯定當場翻臉。哈，誰敢？但父母竟然對自己最親、最愛、最在乎的人把關懷的話，說成了粗暴的負面語言，結果嚴重地影響孩子的存在感。這

些求全責善的暴力語言，往往是一下子、一桿子、因為一些小事（幼童能有什麼大事？）就否定了彼此的身份，順道又否定了彼此的感情及孩子的能力。注意，是開始有所期望，才造成問題。讓我們回想一下，在孩子的嬰兒期時，什麼都不會，全要靠大人照顧的那個階段吧，通常嬰兒會得到大人們的全盤肯定，會得到「好可愛」「最漂亮」「好聰明的樣子」「真像我的孩子」「眼睛像媽媽，鼻子像爸爸。」……但等到他開始有所表現、有行為動能力、父母對他有所期望之後，他的苦日子就開始了。因為，求好心切、恨鐵不成鋼的大人，就開始出現否定他的語言暴力，讓小小年紀的孩子產生了困惑及困頓。

口 孩子只不過是想要得到一份「存在感」！

「沒自信」「恐懼症」的弱者或「冷漠堅硬的憤青」的出現，都只是因為他們的正常存在感被破壞了。人生的一切追求，無非就是為了一份存在感。「真不知道怎麼會生出你這樣的孩子？」這一句話否定了彼此的關係，讓孩子狐疑：自己到底是不是爸媽的小孩？父母這樣說是不是代表他們要的是另一個孩子而他是多餘的？「你真是傷透了我的心」這種話否定彼此的親密感情，因為你明白告訴了他，他沒有帶給你歡樂而是痛苦，他感覺自己是個不夠格的孩子，是個對不起父母的罪人。「你真笨啊！」這句話否定了孩子的能力，而他才不過 5 歲，只不過沒做好一件小事，做了沒有讓大人滿意的的事，結果就得到這樣鐵口直斷的評價，當然會讓他在自己在世界中的「存在」產生了焦慮。小小語言造成大大影響，務必要小心。「男孩子，哭什麼！這麼愛哭，難怪老師不喜歡你。」孩子哭是正常的，但「男孩子可哭」及「老師不喜歡他」的兩件事，等於同時否定了他的兩個身份，動搖了他的兩個存在感。存在感決定一個人面對世界的態度，被世界肯定的人，就有了方向與方法；覺得自己在這個世界裡不知是個什麼的人，一定沒有鬥志及規範，他可能會失志、墮落。小孩的世界就是他的家庭。我們看到被全世界嫌棄的人，只要父母還肯定他，他就不會去死；

相反的，有名有權的人若得不到親密關係的肯定，因此去自殺的例子多不勝數。

口 能力越差的孩子越需要存在感

面對能力越差的孩子，越要讓他感覺父母是和他在一起的，你們是一家人，你沒有嫌棄他、你不會想辦法要擺脫他、你沒有試著要把他撇開的意圖。學習，就是榜樣與習慣，就是模仿與運用。你在他小時候挑他的毛病，等他長大後，他也會跟你作對，把向你學到的批判否定的語言再奉還給你。所以，不要否定幼稚孩子的表現，不要駁斥我們不理解的想法和做法，不要斷然拒絕他荒唐的願望，不要嘲笑他的品味及本質，不要貶低他的好笑主張，不要污蔑他的人格，不要懷疑他的渺小經歷。我們都要承認：我們都經過幼稚、天真、可愛的這種過程，幼稚小孩的表現及言談內容是什麼不重要，重要的是他需要一個穩定的存在感！父母給的存在感。

口 言者無心，聽者有意：小心孩子會當真

父母就是孩子的天，就是國王和王后，父母說的話就是聖旨，句句都是重量級的、有份量的，你所說的，孩子都會認真的。父母輕意就對孩子表示現出嫌棄或放棄，或是「不要你了，出去」的訊息，肯定會造成孩子的焦慮，因為他的一切都要靠你。食衣住行溫飽要靠你，去學校繳學費要靠你，回到家裡能否得到好臉色及掌聲要靠你，父母說的每一句話都是聖旨，他們都會當真（若小孩完全不把父母的語言話當真，那更可怕）。要非常懂事又聰明的孩子，才可能會聽懂父母這些話只是「爸媽累了」「情緒在氣頭上」「求好心切」的情緒話，但一般的孩子、心眼小的孩子就過不了這個坑了。即使是聰明的孩子聽懂這些話只是爸媽的氣話，但坦白說，小小年紀能做到被否定或被羞辱了還能坦然繼續正常生活與釋懷嗎？這得要多麼大的的胸懷啊？這是聖賢的境界啊！我曾經看到過，一個心胸寬大的小孩，在被父母否定、被罵後，沒有表現出受到打擊且

保持微笑時，竟被他的父母指為他在「嬉皮笑臉、沒有廉恥心……」。啊，我真是無言啊。

□ 身份暴力主導家庭尊卑

家人關係應該是美好的，不該變成「身份暴力」加「語言暴力」。比如：「我是你爸，我不准你出去，你就不可以出去。」「你是做老婆的，就一定要每天煮三餐。」「做男人就得養家！」「你是家中獨子，你一定要好好的讀書，將來才能考進好學校，才對得起我們。」「別老是做壞榜樣。」「你是姐姐，就應該為家庭犧牲。」「做媳婦的，本來就該辭職回家照顧生病的公公。」……家人身份關係的語言暴力，讓愛成為鞭子，它創造了「高壓式、批判式、強制性」的親子關係、親人關係。愛會傷人，家庭會傷人，就因為有人運用身份施展暴力。身份暴力主導家庭尊卑，傳統社會是如此，現代社會還是如此。

出現「否定存在感的語言」的後遺症

□ 「精神性孤兒」心態：害怕被拋棄的沒自信弱者

孩子最怕被拋棄，被嫌棄，造成「精神性孤兒」心態。正常的人都會想要成為一個能幹的人，但這種心意若一再地受到大人強勢的否定及干擾，會有什麼樣的後果？長期性地聽到身份、感情、能力被否定的語言的孩子，一面深深愛著父母、一面得不到父母的肯定，就變成沒自信、對父母也沒信賴感的人，結果是：膽小焦慮無自信。「你真笨！」「你一點也不像我」……對還沒有形成成熟心理防衛機制的小孩而言，這樣的話，就等於是判了他死刑，讓他心靈深處產生巨大的恐懼和不安。不管是開玩笑地說，還是在氣頭上說，經常讓孩子聽到被拋棄的威脅，會造成孩子心中的隱憂。這種否定情形發生許多次之後，他會養成一股潛在焦慮，心中一直害怕不知道什麼時候會失去父母？會被丟棄？最糟的是，徹底服膺了父母否定句的孩子，同意自己是個很差勁、地位不穩定、

隨時沒人會愛、大人照顧他是迫不得已的、無用的人，這樣的孩子當然無法具備自立及獨立性格，會成為一個非常膽小、極為焦慮或纏人依賴別人的弱者。從小被否定的小孩，通常會：沒有自信、順從、膽小、經常焦慮不安、不敢正常大聲說話而顯得沒出息、沒主張、沒作為、即使開口說話也是弱聲細語。他會很少說話、很少與別人分享自己的問題與想法、很少與人互動、遇到熟人很羞怯、遇到陌生人時很膽怯、更嚴重的是會有「社交恐懼症」，害怕接觸新的人事物，他們欠缺敢於踏出家門一步的勇氣，一輩子都可能很膽小。久而久之，他也會無法接受別人的分享，成為「無感」，冷漠至「無情」的人。

口貶損只會讓孩子更沒自信

想讓孩子沒信心？哦，那只要讓孩子看不起他自己就好。而且「有效」方法有很多，其中最有用的一招就是不斷地向他傳達「貶損訊息」，只要動不動就批判他就好！而且用武斷的批評是最有效的。比如：「你做事都不用大腦。」「你很調皮、真任性。」「你是我所見過的小孩中，最不會替別人著想的。」「你真是笨到不行了。」……經常性的貶損孩子，能成功地讓孩子看不起他自己。而讓他沒信心的有效方法就是對他嘲笑、羞辱、對他表達幸災樂禍。會問我「為什麼我的孩子沒有自信」的家長，回想一下你是否對孩子長期說否定的話了？求好心切，才會說：「你怎麼這麼笨？」不斷重複的言詞否定，就是在毀滅孩子的自信，會讓他越來越沒信心、成為表現越來越差、在面對事情時越來越恐懼的弱者。其實你只是抱怨他生活中的一些缺點、你感到不耐煩的只是一些生活小事，但他聽到的訊息是「我是個一無是處、父母覺得我是個讓他負擔的人。」「我會動不動就得罪人，惹人生氣。」……這樣的孩子，會越來越沒有作為，只求少做少錯苟且過日子。弱勢孩子另一種更糟的後遺症是，變成更高度依賴父母的評價、成為一個急於取悅討好大人、沒有信心的人，他日後在社會上就可能會變成一個拍馬屁的小人及跟班小人物、或是對榮譽及獎賞非常渴望、到

了甚至不擇手段的地步的人。還有，習於被重話否定的孩子，會在被緊迫盯人的狀態下有很好的表現，但是他的心情是不穩定、被動、不快樂的。而且會在沒有父母監控、督促、陪伴時，就完全失控走樣。

□ 我也否定你：「故意表現不親或不孝」的小孩

有家長問我：「我的孩子為什麼跟我好像是仇人？」「為什麼孩子和我很疏離？」「明明把孩子當寶貝，他卻跟自己不黏不親、不領情，不明白大人的苦心親？」因為他不確定跟你的關係，或不確定他想要跟你有哪樣的關係。關係不穩定不明確、沒有存在感的孩子天天在猜測父母將如何對待自己，為了面子他可能選擇不在乎父母、故意地與大人表現不親。感覺父母愛自己、肯定自己身份的孩子，就算被罵一罵、打一打也不會有事，不會有太大的創傷。這是人的本能，被否定的人的自保心態是：我也否定你。就像談戀愛與婚變一樣，有些人怕對方先甩掉他，所以就先下手為強，搶先說要分手。孩子也有尊嚴及面子情結，他會用堅強及冷漠來表達自己的失望與傷口。當代孩子如果不孝，就因為沒有了禮教的壓迫，他表現出的是自己的真正感受：不想愛父母，因為關係受到了破壞。為什麼家有二胎可能成為問題？因為有另一個孩子出生，老大可能就會以錯誤的方式努力尋找他的歸屬感和價值感，更可能會認定父母有了老二就不愛老大。無論是懷疑先生有小三的大老婆，還是認定父母偏心的孩子，之所以整天東猜西猜，都是存在感問題。

□ 要證明父母說錯了而成「冷漠堅硬的憤青」

個性強的孩子若不是對父母很冷漠，就是表現得格外堅強固執。這 2 種反應，反差很大，表面不同，背後原因相同：父母用否定身份關係的語言造成的。從小否定的話聽多了，若不是同意自己是個很差勁的人而成為沒自信的弱者，就會是想證明自己不是父母口中的那個弱小無能的人而假裝強勢。他要證明父母

說錯了，因而變成強勢僵硬又冷漠、疏遠關係的「冷漠堅硬的憤青」，因為人總要想點辦法來表達自己潛在的憤怒。兩種「精神性的孤兒」心態，一種是被消磨掉信心，一種是虛張聲勢，兩者源頭都一樣。如果一個孩子做了他認為理所當然、或是正確的事，卻被嚴重責備或否定，他就會累積心中的潛在憤怒。不管是大人還是小孩，經常被直接駁斥自己的想法和做法、存在感及地位、人格及能力？任誰都會憤怒的。不信的話，你天天去罵、去否定你的同事、老闆或客戶，看他會不會愛你？會不會給你訂單？會才怪！有些過份的家長，還會狐假虎威，假借第三者的權威、比如借用老師來批評他：「你的老師也是這樣說你的哦！」或是「你的同學都看不起你！」在家裡父母是天，到了學校老師就是天，這種說話隨便的家長帶給孩子的多層壓力，由家裡到家外鋪天蓋地給孩子壓力，也是讓孩子無法承受的。

口 「逃離被愛」：暴力語言讓愛成為鞭與傷痛

有些父母教養時說重話，以為這就是關愛，但老是說「你讓我們很操心」的話，就是在否定他的能力。批評他的行為，等於是批評他的人。家庭是每個人的城堡，在自己的城堡裡被否定，叫他如何睡得好？吃得好？語言暴力，讓愛成為鞭子，而且是被自己最愛的人執鞭的，這叫人情何以堪。否定語言，讓愛成為傷痛。被否定能力是外傷，被否定感情是內傷。內傷及外傷，都讓孩子很怕被你愛。傳統家教裡的錯誤語言，在現代社會已行不通了，已無法被孩子接受了。暴力語言是鞭子，孩子會想逃離這種愛的壓力。不管是弱勢的不自信，還是強勢的冷漠或對抗，結果都是「逃離被愛」。當一個小孩不確定「自己是誰」「是否被父母喜愛」，覺得「自己的存在是個麻煩或累贅」時，還能怎麼辦？怎會表現出自信？為什麼孩子選擇疏離，與父母期待的親密反其道而行、甚至越行越遠？當孩子很怕被你愛、想要逃脫「被愛的壓力」時，如何能表現得討人喜歡？每當被「愛」時就是責備，他心中的 OS 是：「你去愛哥哥（妹妹）好了，

不要來愛我。」或是「那你去愛你欣賞的別人家的孩子好了。」於是，他選擇不要被你愛，也不要愛你，但事實上你們彼此都是相愛的。經常面對負面語言，子女會對父母無條件的愛有疑惑、甚至是害怕被愛。孩子會這樣想：他們很愛我，所以很擔心我；那麼，如果他們不要這麼愛我，我就不會這麼讓他們操心，就不會被修理得這麼慘，就不會被罵得體無完膚；既然如此，我就希望你們乾脆不要愛我好了。為了達到這個期望，他們就會故意不接受、拒絕父母的好意，用此來逃脫父母的付出，因為他們想要解脫「被愛的壓力」。一個愛你但一見面就批評你的人，就是許多人寧願離婚，但願不被愛的原因。

□ 真實感覺（敏感）被否定的孩子會失去真實的認知

孩子說，衣服讓他覺得扎（或是肚子痛了、手疼了），而大人說：衣服怎麼會扎？不但否定他的生理感覺，讓他很困惑之之外，還怪他亂抓。孩子心裡的難受（生氣或悲傷）表現出來後卻反而被罵：「小孩子，有什麼好傷心的？」真實的感受經常被否定，這樣的孩子日後會對自己的真實感覺感到困惑。心理或生理難受時，即使生病了、遇到困難了也不敢、不願意告訴父母或別人。因為他預期得不到安慰支持，為了不遭到攻擊與否定，那還是保持沉默來得安全。人的一生，都是活在自我的感覺裡，從小感覺被否定的孩子，會失去真實的自我認知，他會成為迷茫、膽小、虛無的人。心理學測驗，一直對一個人說同樣的話，說久了，他就會改變原來的主張，會去改信別人說的話。若是好幾個人持續說同樣的話，他的認知就會被快速左右，改變會更快。這就是法庭上許多證人的口供最後被證實是被誤導、被引導而不正確的原因。「敏感」是好的，是必要與重要的求生技能，當前我們的家教，應該要強調、培養「敏感」，而不是要孩子「聽話無感」、被打了罵了還乖乖順順的、遲鈍的、甚至是沒有了羞恥感的人。不要否定的孩子真實的感受，因為「敏感」是生存的必要，是非常重要的能力，不該被打壓。

□ 阻止了孩子「尋求權力與榮耀」的信心

你是否聽過這樣炫耀的父母：「我的孩子全聽我的，因為他很怕我。」但教育不應讓人害怕，會痛的不會是愛，打人罵人嚇人的家長，不要再以「愛」為名進行暴力了。做任何事都會招來羞辱和痛苦，孩子就認定自己再努力也沒有用，所以不該再努力。沒有再試再錯再修正的動力。一旦產生了「我不夠好」的信念，就只會將大量的精力用在反叛或逃避行為上。孩子和大人一樣，都會想「尋求權力與榮耀」，經常被否定，動輒得咎，暴力言語若成功阻止了他，讓他感到自己的能力不足，認定自己什麼事情也做不好，會讓他喪失尋求能力、榮耀及權力的信心及動機，這就是一種非常孤獨與令人悲傷的狀態。

□ 「否定」不會帶來「肯定」：適應不良及啃老

許多家長解釋：是因為孩子真的很差勁，所以才不得已去否定他。事實上，否定不會帶來肯定，只會讓否定的事更強化，甚至會產生「否定產生否定」，讓孩子否定父母。越是條件不好的孩子，就越需要最基本的存在位置，他才能做一個身心健康、平凡過一生的凡人，而社會上大多數的人也不過是這樣的平凡人啊。被否定而有存在焦慮及恐懼感的孩子，到了學校，總覺得「大家都討厭我」「鄰居都用奇怪的眼神看我」「班上那些同學就是想欺負我」「老師都偏心」……他在學校及社會上的適應不良與敵意滿滿，始於童年父母的否定語言。家中若有這樣的孩子，家長可能要疲於奔命於處理他在學校裡發生的問題；日後，這個孩子因為沒有能力及意願到社會上拼博，因而宅在家裡成為啃老族時，父母就嘗到始料未及的苦果了。

不讓「傷害性語言」出現的方法

□ 自信與強壯的源頭：讓孩子喜歡自己吧！

人的本能：希望擁有明確又喜悅的存在感。也就是，希望別人對自己的存在有

所關注並且是善意喜悅的。你、我、他都希望有人喜歡我們，不是嗎？如果不能所有人都喜歡自己的話，至少我們需要把自己生出來的人能喜歡自己，這是最大也是最基本的需求。根據調查，東方的孩子有很高的比例回答「討厭自己」？他們的心聲：「爸媽每天都說我是個讓人討厭的小孩，我怎麼會喜歡自己？」「我到學校什麼都做不好，回家又被媽媽責罵。」不用講太多次，只要說一次「你真讓人討厭啊！」用心的孩子就記上了。與此同時，我們又希望他做個自信的人，怎麼可能呢？一個成績不好、表現不被表揚的孩子也能快樂過日子，因為他不因為分數而討厭自己，他接受自己。而父母呢？通常不能！這很不應該，身為孩子的創造者，父母應該愛自己「製作」出來的「作品」，不管孩子的表現如何。想要孩子自信與強壯？要先讓孩子喜歡自己，不要用言語否定他。

口「接納自己」的人才會快樂

一個快樂的人，首先必須是「接納自己」，喜歡自己，父母就是幫助孩子做到這件事的工程師。人要喜歡自己的最簡單途徑，就是透過父母及家人的無條件接納。所謂的接納及喜歡，是包括優點及缺點。千萬不要輕易否定小孩，不要在他還那麼小的時候，就給他貼上標籤，打壓他的慾望和夢想。如果他得到的訊息，不是被肯定存在、被喜歡，如果他的大部份經驗是被討厭的，久而久之，他就失去了喜歡自己的能力，同時也失去了喜歡別人的能力。因為，他沒有體驗、演練過被喜歡、去喜歡的感受。父母若希望子女能喜歡父母、反饋長輩、孝順爹娘、親近家長，就必須先喜歡他，讓他喜歡自己。爸媽先喜歡真實的孩子，孩子會喜歡真實的爸媽，進而會喜歡現實中的自己。

口 孩子是聖人：能回頭去愛否定自己的人

父母用一時氣話否定了孩子之後，通常等會又會補償孩子，給予加倍的愛心，

而血濃於水的親兒一定會回頭擁抱家長，且盡釋前嫌，這是兒女偉大的地方。回頭愛否定自己的人，是很難做到的事！但大部分的孩子都做到了，孩子都是聖人。而沒有回頭另行表現真愛的家長，繼續說出否定語言的話，最後一定會讓孩子認定自己是個討厭鬼及失敗者，接著，有點骨氣的孩子在嫌棄自己的同時，也會討厭父母。這就是有樣學樣的投射作用，很正常。千辛萬苦拉拔孩子成長的父母，因此得不到孩子的感情回饋。想要讓孩子喜歡父母，父母就要讓他喜歡他自己？父母先喜歡小孩，他才有能力喜歡人。

口 不要以大人的期望及標準為子女貼標籤

世界上最可怕的事，就是偏見，著名的小說「傲慢與偏見」清楚指出兩者的關係。為何會為子女貼標籤？因為子女不符合自己的期望，但世界上沒有人剛好就長成別人的期望的樣子的。用「成人主義」及「大人標準」來要求孩子。「你怎麼從來不⋯⋯？」「你什麼時候才能⋯⋯？」「為什麼你總教不會？」「我得告訴你多少次？」⋯這類用語，通常是我們在辦公室裡不敢直接對員工或同事說的，但我們卻大咧咧地經常對我們最愛的孩子說。家長由偏見產生偏差教養，情緒失控的家長，會說出讓孩子失望、害怕的話，也就是蓋棺論定、攻擊式的話。越厲害越努力的家長，越容易讓孩子害怕與你親密。

口 不要天女散花式的貼標籤

貼標籤，大部份都是負面的，許多人這輩子學到的負面的名詞，都來自於自己的父母。幫人貼標籤的高手往往一箭雙鵰，一次打翻一船人：「我天天要你爸爸提醒你做作業，爸爸有沒有做到？你有沒有做到？你們都讓我煩死了。」這樣的說法，一次批評了兩個人、貼了兩個人的標籤。「叫你吃青菜，都不吃，和你們的爸爸（弟弟⋯⋯）一個樣子。」一次貼了3個人的標籤，這是天女散花式的貼標籤。「我嫁到你們家，沒有被你家的人正眼看過，我真是後悔！」「我

知道你大伯看不起我們，你這做爸爸的什麼也不說，兒子還不識相跑到他們家去玩？」這下子，是一次掃到全家族的天女散花！

口 人人都有毛病：不要輕易為孩子貼上醫學病名的標籤

學習障礙？感覺失調？我認為人人都有學習障礙及感覺失調，只是程度不同，學得不好的項目不同。有些看起來的病症，其實是不良行為、個性特徵，而並非特殊生理問題。名人如愛迪生等，患有注意力缺乏症，而他發明了電、留聲機，留下了 1000 多種發明。如果沒有電的發明，這個世界會是完全不同的世界。世界需要有各種毛病的人！人人都有優點及天賦。我們不如專注在優點及天賦上，在沒有確診真的有病前，不要急著給他貼上病名。我的孩子小學時代奇胖，家中焦急的長輩要我帶他去看內科，認為他有肥胖症，但我沒有這麼做。等到一進中學，他就突然拔高拉瘦，成為一個大帥哥。我們要因材施教，也要因才等待他自己的時間表。我曾寫了一本紀錄孩子嬰童期的成長的《不要忘記他的可愛》的繪本書，結果出版社硬要我加上一些科學內容，比如幾個月應長多高、多重的數據，他們想把一本溫馨的書，變成教科書。幾歲就應該認得幾個字？長多高？這也是一種貼標籤，因為這樣就是不容許不同的成長進度。比如：孩子戴了深度眼鏡，是不得已，不要在為他配了昂貴的眼鏡後，又用言語否定他的近視眼而製造壓力。有人天生千里眼，有人新生就視障，他們的父母都應該接受孩子的狀況，因為是自己把孩子生成這樣的。世界需要有各種毛病的人，世界是由各種有毛病的人組成的！

口 西式分類法也是貼標籤

我很不喜歡西式的分類法，習於把人區分成幾種星座，幾種性格、幾種顏色，幾種動物……人的一生是變幻多端的，是不斷成長的。我這一生，身材、性格、面相、價值觀都有多次改變。複雜的人有好幾種星座的特徵，會在不同的年齡

及狀況下出現不同的行為。所以，我不認同在孩子小小年紀時就下標籤，把孩子分類成這幾種：「容易相處的」和「難相處的」孩子；「快熱」及「慢熱」的孩子。想想看，是不是我們就是和某些人處得非常好，但就是和某些人處得不好？那要如何判定我是個「容易相處的」還是「難相處的」的人？你是不是有些朋友一見面就一拍即合，但和有些人認識多年也沒法親近？有些人連家人及愛人都處不好，可是在外面是個風評人緣好的人。性格是好是壞，因人而異、隨環境、時間、年紀而改變，且重要性可大可小的。如果我是個公司大老闆，那麼我是「容易相處的」或「難相處的」、「快熱」或「慢熱」就影響很大了；若我只是個倉庫管理員，那麼這件事就沒那麼重要了。關於星座，我聽到最離譜的一次，就是來找我諮商的一位媽媽說：「我兒子是『×× 星座』的，所以和我就是不合。」我聽了，為之語結，不知該如何回應，若星座能解釋並解決所有問題，那世上就不須要教育及諮商了。每個人的一生都有無限可能，父母一貼標籤，就把他定型了。

□ 負面標籤易成為自我實現的預言

如果一個孩子相信自己擁有穩定的人際關係，他就會覺得自己是重要的，有價值的，這會決定他如何回應世界，決定是自尊自重，還是自暴自棄；是友愛同學還是對抗長輩老師。愛的感覺、正面標籤能創造歸屬感和價值感。父母隨口說的「聰明」「可愛」讓孩子開心，而「倔強」「笨拙」「沒腦子」「害羞」等形容詞，讓孩子難過。被貼上「愛哭鬼」「搗蛋王」「過動兒」或「麻煩鬼」標籤的孩子較容易成為「愛哭鬼」「搗蛋王」「過動兒」或「麻煩鬼」，因為你天天提醒他是這樣的人。正面的標籤未必會實現，因為有時候需要努力才能實現，而負面標籤容易實現，因為只要無作為、接受現狀就實現了。

□ 也不要為父母貼標籤：親子不是「量」的規劃，是「質」的感受

不該為孩子貼標籤，也不要為父母貼標籤。我不認同西式的親子關係要制定有數字的時間表，比如：要有「計劃好的陪伴時間」才是合格的父母，比如規定「在 2－6 歲之間，孩子需要保證每天至少有……的特別陪伴時光」「在 6－12 歲期間，保障每周要半小時」……有一家玩具公司的廣告詞說「每天父母一定要和孩子用某某玩具一起玩 15 分鐘」，這種制式的、規定性的、精准量化的西式家教，讓自然的親子關係成為實驗室的關係。事實上，親子關係是一輩子的事，10 分鐘、15 分鐘怎麼夠？再說，親子即使沒講話，在一個家裡就是在相處；媽媽洗碗，爸爸買玩具回家，都是一種相處；孩子到遠地讀書，即使相隔 1000 里，心還是在一起。父母及老師要花時間和孩子講話，這很好，但規定一定要怎麼講及講幾分鐘？就不合理了。父母親有教與養孩子的義務，但沒有陪孩子玩的義務。如果父母為了養家活口，忙得沒時間陪孩子玩，這個父母沒有罪。父母應該讓孩子們懂得，父母要先解決大人的、現實的問題，讓孩子知道他們能期待也能要求和大人的陪伴時光，但不可強制規定父母。「爸爸回家吃晚飯」這個社會活動，就是把不回家吃飯的父親貼了標籤。不回家吃晚飯的父親，可能是在遠地工作，可能是為了家庭收入在兼差，可能是在進行他自己的娛樂，而這都是父親的權利，因為做父親只是他的人生角色之一而已。孩子的歸屬感和價值感，來自「質」的感受而不是「量」的規定，不來自父母按照專家訂出來的數字。我認為，和孩子在一起快樂很好，但是，和孩子在一起受苦更好，而和孩子在一起成就一件事最好，和孩子在一起什麼事也沒做就是一起生活最最好（因為每個人都自在）。和孩子的相處，「質」的定義也不同，大家以為是要帶他吃大餐，孩子卻可能只要父母聽他吹牛。

口 謹慎取名字及綽號：不要取笑孩子的天生條件（外表、性格）

貼標籤包括取負面綽號及取笑他的特質。比如：「你怎麼搞的？就是長不大、長不高？」「已經長得這麼醜了，還把自己搞得那麼胖？」……取笑孩子天生的、自己遺傳給他的缺點、外表及性格，取笑自己創造的「產品」？這真是太差勁了。正面批評他與生具來、無法克服的弱點或完全做不到的事，竟被許多父母當成笑話來講。人人有不同的性格，較敏感脆弱、已認定你偏心或一直被你打罵的孩子，就會把這些玩笑話當真而深受其傷。而最差勁的父母是為孩子取一個不雅的小名或外號，比如：阿呆、大胖、扁頭、餓鬼、肥豬、不長肉的、長頸鹿、癩痢頭、二愣子、傻瓜蛋……。要謹慎取孩子的名字及綽號，別讓他感到被自己人否定。很多人長大後會換名字或取筆名、藝名，就表示他不喜歡父母給他的名字，因為每個人天天都要用到的名字，對他而言是非常重要的。隨便給了不雅、不宜、不當的名字或綽號，對他的自我認知也是一個很大的負面影響。取名，不可不慎，叫孩子綽號，更不可隨便。給孩子取個祝福他一生的名字，這也是家教教養的一個很好的方式。

口 別急著做「預言家」

父母急著要教育孩子，往往就用了負面的句子來批評孩子。它們共同的特徵就是較武斷，甚至帶有預言性，好像父母能通靈般，能斷言孩子的未來：「我看你是不行了。」「再不聽話就不要你了」則是預言自己的行動，兩者都會嚇到孩子。而事實上 2 者都不會發生，預言家說了等於白說。我們不該為孩子貼標籤，也不要為父母貼標籤，別再說「父母很忙所以他的子女就一定會不成材、不幸福」「單親家庭小孩通常教不好」「沒父母的孩子一定會變壞。」要知道，有成就的人，來自各種不同的家庭。

口 別讓拒絕變成嫌棄、排斥或否定

《笑能家教》主張要刻意地對孩子說「不」，目的在給他「挫折訓練」。但是要注意，當我們在拒絕他的時候，不要顯得是在嫌棄他、排斥他。口區別「責備」與「批判貶損」，「責備」是必要的家教，它與「批判貶損」不同何在？在於，批判貶損是武斷的說他的缺點，說完了就說完了，不管後果會如何，也不給解決方案。而責備是不同的，在說孩子的缺點的同時，附帶有大人的期望及接續的指導，是有效的教誨與管教。父母並不嫌棄孩子，但會說出不承認孩子的身份地位及能力、否定的氣話。事實上說了這些破壞性、傷害性、負能量的話之後，日後根本就不會發生話裡的事，但是小小年紀的孩子心中已經形成了最大的恐懼，那就是：父母不愛他或不要他，或是隨時準備拋棄他。即使父母根本就捨不得這樣做，但是小孩怎麼會知道呢？何況確實有許多父母還在用重重的打罵對待小孩，所以，孩子確實會真的擔心自己會被拋棄。別讓「拒絕、挫折訓練」讓孩子誤會成嫌棄、排斥或否定。

口 挫折訓練：適當使用父母的直接「否決權」

讓我們來談談「否定」與「拒絕」在教養過程會產生的問題。對於孩子無理的要求，當然要拒絕。正常的管教，是和氣喜悅明確地立即「拒絕」，而不是以凶惡的表情毫不容情地說：「絕不答應！」因為後者就是打擊與否定，同時也失去了訓練孩子平和地接受「被拒絕」的大好機會。父母當然必須有直接的「否決權」，但應該有何時何事可以使用「否決權」的法則，不應為極小的事經常地用到它。

口 父母開玩笑要適度：別讓孩子誤會是領養的及你偏心

另外一種是不經意間開的玩笑，我經常聽到大人這麼粗糙地隨口開兒女的玩笑：「你是從垃圾桶裡 (馬路邊、郵筒旁邊、醫院門口、……) 撿回來的。」「你

是被人丟在門口的。」「你是阿姨生的，她嫌你太醜才讓我們領養你，哈哈哈。」……幼小的心裡怎麼應對這種話？有信心的孩子知道是開玩笑，但你能確認小孩是在幾歲的時候，就能懂得什麼是「開玩笑」呢？而沒信心的孩子的想法就多了。若他本來就內向，他會變得自卑；若他多疑，他會質疑所有大人對他的好；若你打罵他，或出現手足偏心狀況時，他會往自己果真「不是親生」的方向去想。這種玩笑在他小的時候可能不會有太大的問題，因為他聽不懂，他最多小小難過一陣子而已。但若家庭關係有矛盾或衝突，他就會想得不一樣了。如果平時就有偏心的現象，那麼開玩笑都會被當成真。等到孩子成年之後，童年開的玩笑就可能有嚴重的負面影響。多少不孝的兒女，在爭財產及棄養時，所持的常見理由之一，就是「父母從小就偏心，讓他喜歡的誰，就讓誰去養他吧！」隨便開的玩笑，會讓誤會與偏心坐實，讓負作用擴大。……這麼多五花八門的否定式語言真是洋洋灑灑，它們真是嚇到了我，相信也會嚇到平日說話隨便的家長吧？……父母常說的錯誤語言，多達 10 種，你都說過了嗎？懇請家長別再說錯誤的、有傷害性的、拒絕溝通的、打壓孩子想表達的話語，做完「複習」與「作業」，請開始有建設性的語言《親子乒乓球》，享受有笑有效又有孝的親子對話。

【複習】我知道否定的句子分為下列幾種，而且知道它們的後遺症是：

否定句子的類型	後遺症
1/	2/
3/	4/
5/	6/

【作業】這一堂課我學到的、將改變的是：

1/

2/

3/

第 **3** 章
不要說
暴力攻擊的話

3 不要說暴力攻擊的話

「真是搞不懂現在的孩子，想和他好好講個話都很難，動不動就起衝突！」「奇怪，我這麼愛他，他卻好像很怕我，對我冷冷的，難道我對他還不夠好嗎？」「我的孩子為什麼會一直說謊？」「我看了就氣，我的孩子就像個小貓一樣，問他話不回答，罵他也沒反應，打他也不知道跑，搞得我不知該怎麼辦？」「我從小就培養他要有勇氣，但他表現的是倔強，這是怎麼回事？」「我的孩子更糟糕，和我一講話不超過 3 句就一定吵起來，小小年紀就這麼叛逆？」………冰凍三尺，非一日之寒！這都是重話、絕話、狠話式的暴力語言，比如權威、命令、夾雜著恐嚇、威脅、攻擊、質疑、諷刺、幸災樂禍的話所致。孩子會喜歡嗎？正常人都不會想和語帶壓力的人說話的。父母若看到孩子有自己不喜歡的性格，家教語言都有蛛絲馬跡。

天下父母都愛孩子，但求好心切之下，情急之下，會以高壓、權威的身份，出現暴力式的語言。比如：運用質疑、恐嚇、威脅、攻擊的話，把「暴力教養」合理化；示範了「以暴制暴」；以指揮、強迫與命令來讓孩子習慣於被權威控制；向孩子以他還不理解、不知如何回答的質疑、質問、挑戰的句子讓他迷惑；以恐嚇、發怒、下通牒、激將法與威脅的句子來羞辱或攻擊小孩；把處罰變成恐怖的攻擊，結果讓子女對父母產生恐懼、叛逆、冷漠、不真誠（說謊）或敵視的情緒。不良的性格：鄉愿、小人、兩面人、奴才、馬屁精、邀功精性格……由何處而來？都由家教而來。老生常談：「棒頭下出孝子」「玉不琢不成器」，但用負面語言來雕琢孩子，過程是痛苦的，結果是糟糕的。我曾見過一個才 4

歲的小孩，他只要說錯一句話，他的媽媽就很凶地教訓他，而無論他怎麼回答都不能讓媽媽滿意，結果就小小年紀學會了以不講話來回應，並且以同樣凶的眼神直直瞪著媽媽。而媽媽因為他的不回答及這麼差的態度而更生氣，就揚起手追問他：「到底聽懂了沒有？你到底什麼意思？」場面變得非常詭異，孩子還這麼小，暴力表情及語言為害如此大。

說真的，寫完這一章，我看到自己累積一生的經歷，整理出的暴力語言，我把自己都不寒而慄、嚇到了，原來言語如刀是真的。想想，這不只是親子之間的負面語言，它們不也是所有成人世界人際關係裡的恐怖語言嗎？這一章談的是整個社會的語言問題。在最後校稿時，很想把這一章整個刪掉，因為太負面了。但經過深思熟慮，還是決定留下它：既然要把家教的錯誤語言講清楚，就要講到最徹底。我鼓勵自己：我不入地獄，誰入地獄？得罪大家的事由我來做吧。覺得我誇張其詞了嗎？請看看以下的分析。

【暴力攻擊的標準句子】

你是否曾說過以下這些句子？若有，就在 □ 裡打勾！

□ 你是個壞小孩、壞哥哥！→貼負面標籤（侮辱、人身攻擊、誣賴、污蔑、羞辱）

□ 你再不聽話，我就打到你聽話！→ 暴力。

□ 別人打了你，你怎麼不打回去？→以暴制暴，把暴力合理化。

□ 我是你爸，我就可以打你。→ 權威的身份暴力，特徵是不解釋理由、急燥或面帶怒容、也不具體指導孩子接下來該怎麼做的句子，這樣會養成日後膽小又習慣被權威控制的人。

□ 你敢打人？看我打你、打到你還敢不敢再打人！→ 攻擊、以暴制暴。

□ 我叫你去你就去。→ 權威。

□ 站住！不許動！→命令。

□　你再這樣？我就……你敢不聽話？我早就想修理你了，看我怎麼對付你。→恐嚇、威脅。

□　跪下！看我饒不饒你？（拿起家法）→在進行肢體暴力時，讓語言暴力＋情緒暴力＋精神暴力同時上場，把原本合理的「處罰」變成非常恐怖的「暴行」，展示的是「以暴制暴」的錯誤示範。暴力威脅讓會孩子想辦法說謊來逃避打罵的災難。

□　我在這裡！你到底有沒有看到我在這裡？你瞎了嗎？→如果他剛好視力不良，「瞎」就成了他的恐懼。

□　你沒看到我在生氣嗎？我心裡在冒火！我的心臟病快發了，還不小心點？→他越來越怕你會生氣，你運用情緒來控制他。

□　你下次再考不及格，我就打死你→所以孩子會塗改試卷及成績單。

□　如果你再不聽話，就把你送給別人，看誰還會想養你。→驚嚇、下通牒、孤立、否定、威脅、恐嚇、下通牒與威脅，具有強烈的否定及孤立情感的效果，把原本合理的處罰變成恐怖的事，讓孩子一犯錯就先嚇破膽。

□　你會聽話？可能嗎？→貼標籤、質問、恐嚇、預言、通靈、栽贓、侮辱、人身攻擊、誣賴、栽贓、污蔑、羞辱……。

□　你能行嗎？可能嗎？→質疑。

□　我再也不管你了，隨你的便好了。→放棄他、拋棄他、驚嚇他、威脅不要他，讓他成為害怕被拋棄的膽小鬼。

□　我不喜歡口　原諒你？你只說一句原諒你，就可以算了嗎？→不原諒、得理不饒人、否定。

□　你真是××養的。→髒話。

□　（孩子說）你再打我（媽媽），我就去投訴你！讓警察來抓你！→孩子成功學會了以暴制暴了。

□　不聽話不孝順的人會被打入十八層地獄。→用外界的力量、比如警察或鬼神

來恐嚇小孩的話，灌輸恐怖印象來控制孩子的行為，並讓他成為膽小及迷信的人。

【暴力攻擊的延伸句子】

1 ★以下是把「暴力教養」合理化的句子

□ 媽媽 (爸爸) 是因為疼你才罵你打你的。

□ 「棒頭下出孝子」「玉不琢不成器」，所以今天我要打你。

□ 罵你打你怎麼了？我都是為你好，所以我就是要打你。 □ 你以為我不敢打你？

□ 你是怎麼啦？我罵你、打你了，你就生氣嗎？ □ 我不可以打你罵你嗎？

□ (一面打一面說) 你再哭的話我就再繼續打。 □ 打你的時候不准用手擋著。

□ 你哭得越大聲，我就打你更用力！ □ 我打你，是因為我是為你好！

□ 正因為我愛你，所以我現在要打你屁股。 □ 我說打 10 下，就是 10 下！

□ 不必講理由，我說要打就是要打！你爸攔著也沒用！

□ 今天非好好打你一頓不可！□ 我是你爸 (你媽 / 你爺 / 你叔……)，我就可以打你！

□ 不要嬉皮笑臉！再笑我就再打你 20 板。 □ 你是我養的，我想怎樣就怎樣。

□ (對著想當和事佬的外人) 有你的事嗎？我打我的小孩，關你什麼事？你閃一邊去。

□ 他打了你，你怎麼不打回去？ □ 他不講理，你還講什麼理啊？他不仁，你就不義。

□ (不聽孩子的解釋) 誰打你，你就打誰？打不贏，你就不要回家！

2 ★以下是權威、指揮、強迫、恐嚇與命令的句子

□ (非常大聲，讓整個餐廳的人都聽到) 坐下！□ 我說不行就是不行！

□ 馬上把鍋子和盤子收起來！□ 現在，就是現在，給我跪下！

□ 快點，動作快一點！（急燥或很凶的表情）□ 聽～到～沒？

□ 喂！我叫你啦！□ 現在給我滾出去，我不要你這種孩子。

□ 住嘴，聽我說就好，你閉嘴！□ 我是你老子，我就是不准你接這個電話。

□ 沒得商量，我說了算。□ 我是你老子，就得聽我的，不然你出去自己過好了。

□ 你竟敢連我的話都不聽？ □ 別囉嗦！你去找些別的東西玩！

□ 不要講話！□ 不要到處亂跑！

□ 不可以，不可以，住手。叫你住手就住手！□ 現在就把這裡收拾乾淨！

□ 不許在牆上畫畫！就是不可以！我說不行就是不行！

□ 過來，叫你過來就過來！ □ 不許再把窗戶打開，這是最後一次警告你。

□ 不准出去就是不准！□ 你都爬到我頭上了，找打嗎？

□ 不行就不行！早就講過了的！（但以前並沒有約定或講好啊。）

□ 不想去上學？我綁也會把你綁到學校去。□ 現在沒有錢，以後也沒有錢給你
　　買。

□ 欠揍嗎？還不趕快給我去作功課！□ 你給我站住！不然我就……

□ 站住，你就給我待在那裡，不許動！□ 跪在這裡直到我叫你起來。

□ 坐在這裡，等我半個小時回來之前都不許動。□ 住嘴！你怎麼就是不聽話。

□ 今天晚上不給你吃飯，為什麼？你心裡知道為什麼？還要我說？

□ 你給我老實一點！□ 你敢再頂嘴？馬上給我滾出去！

□ 真煩啊！安靜一下！叫你安靜十分鐘你會死啊？

□ 你早就該這樣了，這本來就是你該做的事。

3 ★以下是武斷地貼負面標籤的句子

□ 又是你做的吧！ □ 你真是太笨了！ □ 怎麼這麼不懂事！

□ 你真是個笨蛋（懶鬼、混蛋、人渣、死人、豬、烏龜、朽木、娘娘腔、男人
　　婆……）。

□ 你真是豆腐腦喔，長大了怎麼辦哦。 □ 你為什麼老是愛撒謊？

□ 作孽啊，我怎麼生出你這種孩子？ □ 你懶得要死，就只是個累贅！

□ 如果你想做一個不講理的人的話，那你就一個人玩好了。 □ 為什麼你這麼壞？

□ 你是個壞小孩、壞哥哥(姐姐)！ □ 你爸爸就是個廢物，你和你爸爸一個樣！

□ 我們家有兩個小華(他的名字)，一個是我不喜歡的壞小華，一個是我喜歡的好小華。

□ 你就是這麼差勁，就是不用功，為什麼隔壁的 ××× 每次都考 90 分以上？

□ 讓你花錢去補習了，還是不及格，真給我們丟臉啊！

□ 快點吃，不要總是慢吞吞的。你是烏龜來投胎的嗎？ □ 你真膽小，哪像個男孩子？

□ 一點男子氣概都沒有(一點兒都不像個女孩)。 □ 你竟然咬哥哥？真壞！

□ 膽子也太小了，這有什麼好怕的？你是前世幹了什麼壞事？

□ 一看你就沒多大的出息，將來…… □ 就知道玩，一提學習就沒精神，就裝病。

□ 笨蛋，沒用的東西！ □ 這孩子的八字算過的，這輩子沒可能發達的。

□ 你怎麼從小老是不乖？你就只會整天煩人。

□ 看看看！就只知道看電視(打遊戲)，完全不關心作業。

□ 你真讓人討厭啊，你的同學老師都這麼說你！□ 為什麼又說謊？你害我丟臉知道不？

□ 怎麼連這麼簡單的問題也回答不出來？你真是我見過最笨的人了。

□ 你可真笨，是誰給了你這樣的豬腦袋？□ 沒有哪個孩子像你這樣讓人操心的。

□ 你給你的學校丟了臉，全家的臉也被你丟光了，祖上缺德！你叫我們以後怎麼做人。

□ 你幾歲了，真丟人，還尿褲子。□ 快去把我的報紙和鞋子拿來，你這個懶鬼！

□ 我說的你都不信、你還有理由啊？□ 你為什麼就是不聽我的話？每次講話你都不聽。

□ 什麼都不會，就是會頂嘴。□ 你怎麼這麼不聽話？□ 你怎麼穿得像不良少年？

□ 你是耳朵有毛病嗎？（同時拉捏孩子的耳朵）□ 簡直像猴子一樣，一刻也坐不住。

□ 你簡直比老牛還慢！□ 你真沒出息！□ 你真是無可救藥！□ 別胡說八道。

□ 還不承認自己錯了？你還敢狡辯？□ 你看，又賭氣了。到底想說什麼，快說！

□ 你還嘴硬？□ 明知道自己錯了，還敢狡辯！□ 跟你說你不聽？那就算了。

□ 我對你很生氣，你想要活活氣死我嗎？□ 我會被你氣死！（尖叫）

□ 哭什麼哭？為什麼哭個不停呢？家裡走倒霉運都是被你哭的。

□ 你這是什麼態度，說話這麼大聲？（自己很大聲）□ 你的意思是我罵錯了你？

□ 這是你對父母的態度嗎？（自己的凶惡態度就和孩子的態度一樣）

□ 老師哪有可能會錯罵你？肯定是你錯。□ 不用說，一定是你不對，你必須認錯。

□ 大家都說××是個好孩子，一定是你不對。□ 你怎麼就不明白我的苦心呢？

□ 連拿個杯子都拿不好！我說過多少次要你小心！你就是不小心。

□ 沒出息！長大想當出××？那你還浪費我的錢去上學幹嘛？

4 ★以下是質疑、預言、通靈式、栽贓、否定……的句子。

□ 你真是不學自通啊！你真行啊？□ 叫你洗個碗你不高興，就故意打破，對吧？

☐ 你爸的電腦壞了，是不是你玩壞的？一定是！☐ 一定是你做的，別想否認。

☐ 還知道要回來啊？你心裡還有這個家嗎？☐ 不錯嘛，一出去就玩一整天。

☐ 不可以和男生說話，否則妳會懷孕！☐ 你這個野孩子不是我的小孩！

☐ 哎呀，你看！你真笨，家裡的東西全都給你弄壞了。 ☐ 你又在騙人了。

☐ 誰吃了餅乾？一定是你！說！☐ 東西丟哪裡？你不可能不知道，快想出來。

☐ 你是故意把它弄丟的，對吧？你明知那個是花了很多錢買的。

☐ 你就是故意丟了它來氣我的，對吧？☐ 你怎麼這麼不聽話呢？從小就這樣。

☐ 你這麼大了，我為你操心這麼多年，你是不是要我死了才懂得珍惜？

☐ 吃完東西髒盤子堆得像小山一樣，你家有傭人嗎？

☐ 吃完飯你們個個就把筷子一摺就走了，我是你們的老媽子嗎？

☐ 你腦子裡到底在想什麼？永遠都是這麼迷糊？☐ 你的房間為什麼總是這麼亂？

☐ 你什麼時候才做功課？你到底玩遊戲要多久？☐ 你在想什麼，媽媽都知道。

☐ 以後你說什麼我都不會相信了！☐ 就當我沒有你這個孩子！

☐ 以後都隨便你，你高興怎樣就怎樣，我再也不管你啦！

☐ 我永遠不原諒你！☐ 你以為我不知道？你有什麼心思我還不知道？

☐ 別以為我不知道你的壞腦子在想什麼。☐ 你一定交了男(女)朋友成績才會這麼差。

☐ 你就是想早點出去玩。 ☐ 你的每個老師都是這樣說你的！

☐ 看你的成績一天比一天退步，這麼下去怎麼得了！我看遲早是會被學校趕出來的。

☐ 你的老師都一定會不喜歡你。☐ 老師會錯罵你了嗎？不可能的。

☐ 別玩了，你會把房間弄髒的。 ☐ 我看你這輩子完了。

少騙我，又去看電影了是不是？跟誰去看的？你說。

☐ 看你天天睡懶覺，我肯定你這次考試還是會失敗。

☐ 書不讀，交朋友第一？看電影跑第一？將來你就等著做乞丐吧。

☐ 我看你遲早會進監獄，你就在那兒過一輩子好了。

☐ 不用解釋，就是你，總是你在領頭闖禍。☐ 你跟他約會，是準備要未婚生子囉？

☐ 老師說的一定對，一定是你不對。☐ 你為什麼就是不能和同學好好相處？

☐ 為什麼你做事總是半途而廢？☐ 為什麼你的反應這麼慢？

☐ 你看見誰動過這個餅乾盒子？有沒有？是不是你？你老實說，是你拿了去吃？

☐ 你能嗎？開什麼玩笑？☐ 如果你能的話，太陽從西邊出來了，對吧？

5 ★以下是發怒、恐嚇、下通牒、激將法與威脅的句子

☐ 王小明！！（大聲）我今天不得不講你了。☐ 算了，我以後什麼都不跟你說了。

☐ 小孩子不許這樣說話，如果我再聽到你這樣說話的話，我就……

☐ 不要碰！你不想活了啊！☐ 你學習再不認真，就給我小心一點！我會……

☐ 等著看，你會跌倒的，到時候摔斷腿我也不管你。☐ 你有種就繼續在外面野吧！

☐ 跪下，我數1、2、3！☐ 我開始數了！1、2、3！

☐ 快道歉，我數到3、2、1！你小心你的皮！

☐ 我很生氣，你看到沒？我氣得不得了，我氣壞了！

☐ 你沒看到嗎？我心裡在冒火。還不小心點？☐ 我今天已經把鞭子帶回來了！

☐ 我已經打電話告訴爸爸了，等他回家看他怎麼收拾你。

☐ 看著我，我們好好地談，不要避開我的眼神。（很凶的樣子）

☐ 你欠揍嗎？皮癢了吧？好久沒有「竹筍炒肉絲」了吧？

☐ 再吵的話，這輩子你就休想再吃到漢堡了。☐ 不用功讀書，就不讓你吃飯！

□ 考得這麼糟糕，以後不給你零用錢了！趕快進房去念書！

□ 再吵我就再也不講故事給你聽了。□ 我明天就打電話跟老師說你在家裡幹的好事。

□ 我教不動你！我準備送你去警察局，把你關起來，讓別人來教你。

□ 我等會……看你會不會後悔……□ 我警告你，我等下生氣你就要倒大楣了。

□ 限你 3 分鐘做完，否則…… □ 如果你再這樣做一次，我就……

□ 別讓我再看見你……不然……. □ 如果你再這樣做（說）一次，我就……

□ 再發生這樣的事情，我就對你不客氣了。□ 有本事你就再做一次……。

□ 再不聽話，就把你送給別人。□ 限你三分鐘做完（寫完、吃完），否則……

□ 再不聽話的話，就不要你囉。□ 你再人來瘋！客人走了，就等著……

□ 如果你不把垃圾倒掉（房間整理好、向爸爸道歉……），就別想吃飯。

□ 你再這樣讓你媽媽生氣，她如果又氣到住院你負責嗎？

□ 你如果沒辦法好好上學，就只好把你轉學到鄉下去了。

□ 你不聽話，我就揍你；你想反抗爸爸嗎？□ 不聽話？有種你以後你就靠自己。

□ 你真丟人，在學校還尿褲子，以後你就不要去上學好了。

□ 如果你再偷錢，我就把錢黏到你臉上，讓你去學校給大家看。

□ 看你這麼愛看手機，真想把你的眼睛挖掉，看你還看不看！

□ 由現在開始，別想再玩遊戲，媽媽會把遊戲機賣掉。□ 不吃？以後你就自己煮。

□ 你敢頂嘴？我明天登報和你斷絕關係。 □ 等你爸爸回來看他怎麼收拾你。

□ 小心哪天我火大了，就砸碎（丟掉）手機（電視機 /ipad)，看你還能看不！

□ 你是欠揍，對吧？很久沒被打了，是吧？□ 甚麼？你敢說我說得不對？

□ 你敢再頂嘴？馬上給我滾回你的屋裡去！□ 要是再這樣說話，我就罰你跪 2 小時。

□ 像你這樣的孩子，送人也沒人會要。□ 你這麼不認真，我真想扁你！

□ 我這麼用心教你，看來是白教了。 □ 有什麼好怕的？叫你看看爺爺的遺體
　　不行嗎？

□ 你五點就得要回來，不然你就別回來。 □ 你今天又晚回來，把棍子拿來……

□ 叫你不要去你一定要去，如果你敢出去，就不要回這個家！

□ 再發生這樣的事情，我就對你不客氣了。 □ 你再試試看，看我會對你怎樣？

□ 你給我試試看、給我小心點。 □ 如果你又去打同學，你就乾脆不要去上學
　　了。

□ 你要是再這樣和我說話，我就把你送給別人家去養。

□ 如果你再不認真讀書，就別想我再給你零用錢了。 □ 你不收好玩具今天就別
　　想吃飯。

□ 如果你再把食物扔到地上，以後你就別吃飯了。我說到做到！

□ 看我怎麼收拾你這個壞孩子。 □ 走，我帶你去找老師下跪去。

□ 昨天考卷的賬還沒跟你算，你以為我忘了？ □ 你這一年都別想看卡通影片。

□ 如果不把碗盤放回原位，並且馬上離開廚房的話，你會後悔的。

□ 去死吧、乾脆跳樓算了！ □ 你自生自滅好了！ □ 想離家出走？現在就給我
　　滾。

□ 你以為奶奶在家我就不會扁你！等奶奶回老家後，猜猜我會怎麼樣？

□ 隨你怎樣吧！看等下你爸爸回來怎麼對付你！ □ 不認錯，我就不認你這個兒
　　子！

□ 我要和你斷絕親子關係！ □ 小心，你已經進入我的黑名單了！

□ 我沒忘記昨天的事，我是等週末你爸回來時讓他和我一起來收拾你。

□ 今天我饒了你，我記上你一筆，讓你欠著，下次你再犯就來算總賬。

□ 不要靠過來，我再也不要抱你了。 □ 我不會原諒你，我說到做到。

□ 這是我最後一次警告你！ □ 不許再蹺！這是最後一次警告你！

□ 去睡地板，不准你睡床了。 □ 你總不會是想被退學吧？

□ 你不怕留級嗎？我看你就是想要被學校趕出來。□ 快一點，沒聽到啊！你是聾子嗎？

□ 趕快過來，你是沒有腳是不是？□ 搞得這麼髒這麼臭，你是住在垃圾堆裡的嗎？

□ 你是吃我的奶長大的孩子嗎？如果是，個性怎麼會是這樣？

6 ★以下是驚嚇他、威脅不要他的句子。

□ 我再也不管你了，隨你的便好了。□ 我不喜歡你了。

□ 你再這樣我不喜歡你了、我和爸爸都不要你了。□ 我總有一天會把你送人。

□ 電插頭有電，叫你不要踫你不聽，來來，你的手來觸電一下好了。

□ 你如果不聽話，我就要把你賣了去做乞丐。□ 你敢去？看我會不會把你的腿打斷？

□ 你再不用功，將來等著當乞丐。□ 不要亂跑，外面壞人很多，會把你抓去當乞丐。

□ 再不乖，媽媽就把你賣給別人，讓你去做工人。□ 已經這麼胖了，還吃這麼多？

□ 你再不吃飯，就會餓死；不吃青菜，就會病死。

□ 吃了這麼多你還吃？不怕會胖死嗎？□ 你是餓鬼投胎嗎？這麼會吃都被你吃窮了。

□ 繼續玩遊戲好了，你等著將來就會沒飯吃。□ 就算你尿在身上我也不會幫你換褲子。

□ 我都不管了，統統不管了，隨你愛哭就哭。哭不停也隨你。

□ 不許哭，再哭我會更使勁揍你。（彎著腰凶狠狠地說）

□ 哭什麼哭？為什麼哭個不停呢？再哭以後就再也不帶你出去玩了。

□ 這麼愛哭？再哭就打斷你的腿。□ 你愛哭就哭，我不管你了。

□ 真想把你扔到河裡去。□ 叫你不要靠近河（溝）你不聽，那你就再靠近一點好了。

□ 河上沒有蓋子，你就跳下去吧。□ 我叫你不理我，是不是想讓我把你耳朵捏下來？

□ 你如果不馬上跟我回家，我就把你丟在這裡。□ 不聽話，我死給你看，你試試看！

□ 如果賴著不走的話，媽媽就要修理你了。□ 你敢再出去一步，我就打斷你的狗腿！

□ 你再說一句假話，看我不撕了你的嘴！□ 你下次再考不及格，我就打死你。

□ 看我饒不饒你？（拿起棍子）□ 你再欺侮同學的話，我保證剝你的皮。

□ 你說吧，你高興怎麼辦就怎麼辦！□ 你還敢再說謊，我就用針縫起你的嘴。

□ 再說謊就把你舌頭剪掉，爸爸，幫我把剪刀拿來。

□ 不要以為我拿你沒辦法，（掄起拳頭）你以為吃定了我嗎？

□ 如果我不管你了，我看你以後怎麼辦。□ 不乖？我就把你送給別人，怕不怕？

7 ★用外界的力量、比如警察或鬼神來恐嚇小孩的話。

□ 不聽話不孝順的人會被打入十八層地獄。□ 警察來了、警察聽見你哭會把你抓走。

□ 你再這麼不乖，我叫警察來抓你。□ 你再這樣我就把你交給警察！

□ 不把藥吃下去，我讓醫生給你打針。□ 再吵的話，叫護士來給你多打幾針。

□ 你再哭，我叫老虎來把你抓走。□ 再哭，虎姑婆和大野狼會來找你喔！

□ 如果你不馬上睡覺，鬼會來把你捉去。□ 睡覺，不然我叫鬼來抓你。

□ 你真是個膽小鬼，虎姑婆最喜歡吃膽小鬼的手指頭了。

□ 你說謊？給雷公公聽見了要響雷劈死你的。□ 再哭，大野狼會來吃掉你喔！

□ 我就是沒有去拜拜求籤才出車禍，你別不信邪。□ 如果你不乖，××就會

懲罰你。

□ 我帶你去許願，不然你一定考不上好學校。□ 帶護身符，不然你會有血光之
災。

□ 舉頭三尺有神明，你做任何壞事神明都會告訴我。

8 ★以下是得理不饒人的句子。

□ 原諒你？你說一句原諒你，就可以算了嗎？ □ 別以為我忘了你幹的好事。

□ 我一輩子也不原諒你。□ 你媽媽要是知道了你幹的好事，她死都不瞑目啊。

□ 你再說理由也沒有用，反正我是後悔生了你這個孩子。

□ 家裡出了個你，列祖列宗都要哭啊。□ 又晚回來，昨天的考卷的帳還沒跟
你算。

□ 房間還沒整理好，你以為我忘了上個星期你打同學的事？還有……

□ 你幹了這麼多的好事，你真是要把我氣瘋嗎？

9 ★以下是身份暴力的句子。

□ 我是你爸（媽），你就要聽我的話。□ 當哥哥的，年紀大，就應該讓弟弟。

□ 你是哥哥（姐姐），就是要讓弟弟（妹妹）。□ 你是弟弟（妹妹），就是要聽
哥哥（姐姐）的。□ 男孩子（女孩子）不可以這麼懦弱（大膽）！□ 你是當
哥哥（爸、媽……）的，怎麼還……

10 ★以下是髒話的句子。

□ 他 × 的！你是要氣死我嗎？□ 你真是狗 × 養的。□ 和你爸一樣的 × 樣。

□ 你為什麼這麼小就左一句他 × 的，右一句……？

讓「暴力攻擊的語言」出現的原因

口 忽視「愛」而過度重視「教」

父母對兒女的源頭，是「愛」而不是「教」，但是不管是傳統的「打罵教育」還是新式的「愛的教育」，都過度的重視「教」的這一塊。問題因而產生，許多父母不知不覺之間用了「管」「打」「罵」「嚇」……等等立即有效的教育方法，而非「愛」，也就是用「打教」「言教」「罵教」「誘教」多於「愛教」「身教」與「境教」。立即見效的暴力：打與罵會泛濫成災成習慣，也會把彼此的負面情緒及行為都激發出來。會痛的不會是愛，打人罵人的家長，不要再騙自己了，不要再以「愛」為名進行暴力教養。大人很會「說教」，四書五經裡都是大道理，但是空洞的說教在現代已沒有強制的效果了。許多家長訓練幼童把三字經或家訓倒背如流，但父母自己沒有用到這些經典的精神。對孩子沒有愛的語言，善的示範，那就是自相矛盾了。有「愛」而「教」，教育易成功；過度重視「教」，「愛」的功能就不見了。

口 因為管教無力，所以用鬼神來控制小孩

這是最基本的醫學常識：恐嚇會給人帶來許多傷害，精神壓力、內心衝突興奮和抑制失去平衡。恐懼讓大腦皮質對皮下中樞的調節能力降低，造成自律神經和內分泌失調、內臟功能紊亂，進而誘發消化系統的疾病，對成人是如此，對兒童更是如此，同時更會有礙孩子塑造良好的個人品德。我們用童話、傳說來嚇孩子還不夠，還請出鬼、神來控制小孩。宗教是美好的，從來都不是用來嚇人的，但有些父母用不當信仰中的鬼神來恐嚇孩子，接著形成條件反射，讓他對同類事物產生懼怕感。怕鬼、甚至怕人的觀念就造成迷信、膽小、怯懦、軟弱的個性，這種性格會跟著他一生，讓他需要花很長的時間才能糾正過來。為什麼用鬼用恐懼感來控制小孩？就因為自己知道，自己的管教無方無效無力。

這種強加的恐懼，也是一種暴力。一個人的一生，只要奉公守法，不應活在恐懼世界中。

「暴力攻擊的語言」的後遺症

口 暴力語言逼「孩子說謊」：想逃避責罰及討好大人

先來談父母痛恨的「孩子說謊」。太多父母的困擾就是：孩子愛說謊。但不知，孩子說謊都是大人教出、學會、逼成的。原因之一，就是狼爸虎媽說話太狠了：「你下次再考不及格，我就打死你！」「看我饒不饒你？（拿起棍子）」此時只要是正常的動物一定會立即逃走、都會想辦法說謊來逃避災難，何況是靠你吃飯、渴望你愛他的小孩，所以，說謊就成為一條必走的路了。暴力教育一定會造成孩子說謊，攻擊式的語言暴力及家教讓無計可施的小孩說謊。如果說真話會被打被罵，誰會自動自願說真話？恐嚇與威脅感的教養，塑造會說謊的兩面人或奴才。

口 不說真話是大教出來的

孩子的說謊行為往往是大人「教」與「鼓勵」出來的，大人訓練小孩說謊的原因是孩說真話就被責罰，「兩面人」就源自於小時候學會的「不能說真話」。兩面說話，不說一樣的話，很快地就會造成行為也是兩面的。因此，有些孩子在學校很勤快，但在家裡做小皇帝小皇后、不肯幫忙做家事；有的孩子在學校對老師同學都很守禮，但回到家裡卻像霸王暴君，甚至對父母不孝、刻薄、出言不遜甚至辱罵毆打家長，這都是因為他學會了「在不同人的面前應該有不同態度」所致。人前一套背後一套，再加上挑撥離間的話，就讓成人世界的不良習慣過早地影響孩子了。讓孩子被周圍的負面元素影響，使他使用過於成熟的態度去看待世界，小大人般地用大人的思維去思考事情、衡量輕重，這讓孩子失去童真，也讓他在語言世界裡困惑不已。

口 「謊言」是一種生存之道

孩子會塗改改卷及成績單，會騙你他的錢是被搶走的……都是因為怕你處罰，而不是他天生就愛說謊。孩子一看爸媽聽到 100 分第 1 名就眼睛發亮，他就說自己考上 100 分得第 1 名，目的是為了博得你的愛及肯定。一定是見過的事才會做，沒見過的事就學不會。如果在日常生活裡，父母常常誇大其詞、刻意說謊，那，這也是在教孩子說謊。科學實驗，2 歲的小孩有一半會說恐，3 歲的 80% 會說謊。不受重視的孩子會說謊；不被尊重的孩子會說謊；焦慮恐懼的孩子會說謊……他們的「說謊」只是一種生存之道。兩面人，是暴力言語養成的。重點是要讓他們知道，說實話不會被懲罰。人生在世，我們要盡可能的做個不說謊的人，我至今都在努力，但根本就做不到，沒有人能做到 100% 說真話。我們要盡可能的做個不說謊的人，無論是員工還是孩子，我不會主動訓練他們說謊，但我知道世上沒有完全不說謊的人。所真的有人說了，也別小題大做。

口 說謊的孩子是「有所作為」的人

如果假話可以讓爸媽高興、可以暫時逃過一劫，可以拖一段時間，可以不受皮肉之苦，那麼我認為，一個說謊的孩子是聰明的孩子，因為他是在解決問題。他很清楚，自己是終究考不出好成績、無法讓父母滿意的，那麼，說謊至少是一種善意的行為，總比什麼都不說不做，就呆呆地待在那兒隨便大人處置來得「有所作為」吧。說謊的孩子，我認為是強者，不管他的動機有多錯，說的謊有多離譜，至少他是一個想辦法解決問題、面對問題有所對應的人。是夾帶恐嚇與威脅感的教養，創造了說謊的孩子。如果說了實話，講了自己犯的錯，不會被收拾的話，誰不會願意講真話呢？各位家長，請不要教孩子說謊，由不說錯誤語言開始。

口 「說謊」是「渴望」與「想像力」

大人重視什麼，孩子就會強調什麼、表現什麼，所以很多小孩從小就有「分數情結」。多年前，有一次坐火車去外地演講，剛上幼兒園的女兒碰到鄰座一個新認識的小男孩居然說：「我在學校裡每科都考 100 分。」「我都是考第 1 名。」那個小男孩也隨即很認真地說：「我也是耶！我在學校也都是通通考 100 分。」聽得我笑不可止，因為，才讀幼兒園的他們，根本還沒有碰到考試，哪有機會考 100 分？最多只是圖畫作品被老師打 1 到 5 個蘋果的成績，但小小年紀的他們居然已有了如此深的「分數情結」。但當時我沒有說破，我沒有責備她胡說及說謊，也沒提醒她怎麼可能每科都考 100 分？我只是立即捉住機會教育並提醒孩子：「100 分很棒！但是沒有考到 100 分也很好，只要有努力就很好。」他們煞有其事地這麼說，他們是在說謊嗎？並不是，他們只是說出共同的夢想及希望，而這正是成人價值觀的反射，那就是爸媽會很高興的 100 分。後來，我又自省自思，是不是我平時講話有加強語氣對 100 分肯定？以致使孩子在耳濡目染之下，為了討好父母而講這些不真實的事情呢？孩子說漂亮、誇張的話，其實是在追求大人的肯定及討好大人。「說謊」，可能是出自於強烈的「渴望」與「想像力」。

口 大人的酸葡萄心理，孩子的無知與脫離現實

聰明的小孩，懂了「以分數為榮的成人心理」會投其所好：說謊。無怪乎，有人說，小孩子的甜言蜜語，有時候是大人的酸葡萄心理造成的。除了故意說謊外，「大說謊家」只是因為無知與脫離現實。比如，有一次讀到一篇文章「我從小喜歡種樹」，一位中學生在這篇文章中寫到：「我爬到大樹上去採西瓜。」西瓜長在地上，不在樹上，他憑空想像，是因為缺乏真實生活經歷，這只是無知、天真、想像力而無關謊言。要區別「想像力」和「說謊」之分，前者是優點，後者才是大人要糾正的行為。

口 威脅語言讓他害怕「被拋棄」

想要讓孩子變成膽小鬼？那就經常地說些嚇他的話就行了。許多家長愛用威脅、恐嚇，因為它們是讓孩子立即「變乖」的絕佳法寶，但後果卻使孩子產生性格問題，因為他的不安及恐懼會逐漸累積。太多次我在百貨公司、商場裡看到父母打罵不肯離開玩具部的小孩。生氣的家長假裝要丟下孩子不管，自顧自地往前走，丟下一句話：「你不聽話，所以我不要你了。」「我就把你丟在這裡。」「你就不用回家了。」「你自己一個人就留在這裡好了。」……對還沒有形成成熟的心理防衛機制的小孩而言，這會產生巨大的恐懼和不安。大眾面前體驗被拋棄的可怕及羞辱，在眾目睽睽下被看笑話的場景，讓他出現自卑兼暴烈的人格，終生會跟隨著他。孩子會信以為真，擔心自己被拋棄的恐懼讓他成了一個沒有安全感的人，帶著這股隱憂，他一直害怕不知道什麼時候會失去父母，於是，長大後會變得沒有獨立性、非常纏人或依賴別人，成為一個喜歡「掛在別人褲腰帶上」的人。所以，不管是開玩笑地說，還是在生氣頭上，都不要說要拋棄孩子的話。

口 「以暴制暴」的教育養出膽小或殘暴的人

告訴他「人打你你就打回去」「不能吃虧」「人善被人欺」，是一種因噎廢食的錯誤教養。沒有要善待他人，智取壞人的善良教育，反而培養沒有善良心的孩子，讓他處於「防備」世界，隨時「備戰」的狀態中，這樣讓孩子更容易與人起衝突，等於在培養孩子的暴力及犯罪人格。沒有愛心的人，不會愛護身邊的小雞小鴨、小貓小狗、花草魚蟲，對生命不會有憐惜愛護之心，不會尊重自己及別人的生命；這就是為什麼許多小小年紀的孩子會去虐殺小動物的原因，這種行為的源頭都是父母造成的。須知遭逢過武力的人，人生就會陷入黑暗。在高壓之下成長，會養成陰暗及戰鬥的心理，日後就無法產生理性、同情心、愛心與耐心，成為一種不健全的性格。須知，「懼怕」「屈服」不等於「信服」

「服從」與「受教」。習於被罵被打的人有可能變成 2 種人：一種是徹底被打敗的弱者膽小者，一種是報復到別人身上的殘暴者，複製暴力讓別人怕他的人。

□ 「以暴力要孩子停止暴力」的矛盾

若要孩子從小不吃虧不受害，應該教他的是如何防身、預防、化解，而不是「以暴制暴」，這樣才能更好地保護他自己。如果孩子在外打架，回到家父母也打他，就是一種惡性循環。表面是反對暴力，實為肯定暴力。以暴力要孩子停止暴力，本身就是一種矛盾，且會讓孩子不尊重這樣「不自重」的父母。「你不聽話，我就揍你。」「你想反抗爸爸？」「你竟敢用這種態度跟我講話？」…孩子對大人會沒大沒小，不三不四，甚至叛逆沒禮貌，通常是父母沒有值得他尊重之處。「沒有規矩，不成方圓」，教育應當有規矩，但不表示就只能從嚴就屬才能執行。怪孩子大聲無禮的家庭裡，我們會看到的是大人也是如此吆喝的，真是「不是一家人不進一家門」啊。父母想要得到權威與尊重，就要自重與道理先行，不能以暴制暴，讓暴力升級。

□ 會怕的不是愛：病態父母強調「孩子怕我」

最病態的父母是強調「孩子很怕我」，這是誤把「恐懼感」當教養工具了。凡是宣稱「全家人都聽我的。」「我的孩子很聽話，我的管教很成功。」「我的孩子很怕我，我眉毛一挑他就動都不敢動了。」……並引以為榮的家長，都是「反教育」及「反愛心」的人，都是失敗的、不負責的父母。他的孩子驚恐地活在家庭裡，日後會成了怕世界的人。我曾雇用過一個女員工，她見到中年男性客戶就會發抖，原來她從小就被她的爸爸殘酷打罵，把她嚇破膽了。太多的父母責怪孩子沒能力、膽小：「不敢自己去上廁所」「找不到工作」「不敢去追女朋友」……為什麼會這樣？因為父母教會了他「怕」。當他想要表達或有所作為時，會先想過「我這麼說、這麼做，爸媽（別人）會不會罵我、打我？不

讓我吃飯？不愛我、不要我了？」這樣的孩子怎麼可能會有能力、有承擔、有衝勁呢？他不但會「三思而言」，甚至是「三思而不言也不行」，因為反正是：多說多錯多被罵，多做就討打，不如什麼也不說也不做。膽小沒有作為，但求沒有人會注意到他、因而不會有人來打罵他的「隱形人」般的小人物。有高學歷的人無作為、沒方向與目標，經不起一點點小挫折就宅在家裡或精神崩潰，這種膽小鬼與啃老族都是父母培養出來的。

口 慎用恐嚇教育：虎姑婆與小紅帽的故事

為了省事而胡亂用嚇唬孩子的方法來約束小孩，它製造恐懼，是一種無形的暴力，它能讓人自動屈服，做個乖孩子。。，最常聽到的就是：「再不聽話，就把你送給別人。」「再這樣，叫警察來抓你。」「再吵的話，叫醫生來給你打針。」「做壞事，就會下 18 層地獄。下油鍋、上刀山，剪舌頭……」……但做壞事的人這麼多還繼續活著啊？但害怕的種子已種下。自古就有恐嚇教育，東方人有虎姑婆的故事，西方人有小紅帽的故事。虎姑婆與大野狼都是很好用的管教工具。「你要是再哭，大野狼會來咬走你喔！」「虎姑婆在等著吃你的手指頭哦！」於是，我們就成功地養出了噤若寒蟬、一到晚上就變得很害怕、不敢自己一個人去衛生間或睡覺的孩子了。如果你希望養出膽小鬼，那就善用鬼故事吧。最好在月黑風高的夜晚講狐狸精、殭屍、吸血鬼、林投姐、虎姑婆、九命貓……就能讓孩子懼怕鬼、幽靈以及黑暗，這會立即見效，一輩子有效。孩子不敢一個人睡覺，或在夢中夢到鬼怪哭叫時，大人再說「我知道你怕鬼，別怕，有我呢。」「你不敢自己一個人去廁所，沒事，我都陪著你。」……你說你要陪他，但你能陪他陪到多大呢？陪到幾歲呢？你不能陪他時怎麼辦呢？有些大人用戴護身符、念咒語讓孩子感到安全感。於是，孩子在沒有戴護身符或忘了戴保佑手環時，就不敢出門了，或是出門後就惶惶不安了，因為他的父母已經把他催眠了：沒有護身符在身，就會發生意外。孩子的恐懼，是大人教會的。恐嚇教

育，長期下來，造成的是孩子的怯懦膽小。「你再哭，老虎就來把你抓走。」
再加上一句否定句：「你真沒出息。」「你怎麼這麼膽小？丟死人了。」恐嚇、
威脅再加上否定壓力更大。

口 恐嚇教養讓孩子越來越害怕

「黑有什麼好怕的？」「沒必要害怕鬼。」「我家的孩子應該天不怕、地不怕
的。」「好孩子都是勇敢的。」「怕鬼？真是太可笑了。」「有什麼好怕的？
世界上根本就沒有鬼！」「你再不敢自己去廁所，我就把你關到外面去。看你
要不要自己去廁所。」「睡覺就要關燈，床下又沒有鬼（本來他怕鬼在衣櫥，現
在連床都怕了）。」「你如果乖乖聽話，就不會有鬼；如果你不聽話，鬼就會來
抓你（我就把你一個人丟在這裡）。」……你越講他越怕，總覺得鬼（可怕的事）
會突然出現。晚上不敢一個人出門，不敢獨自一個人待在房間裡，不敢單獨睡
覺，總認為鬼就躲在床下、櫥子裡。在幼兒園連上廁所都一定要有老師陪才敢
去的孩子，八成是父母驚嚇成功的結果。若沒有人陪同如廁，他就一直忍著，
甚至尿褲和尿床，爸媽若又說：「你再尿床，鬼就上床來找你。」哇，越說越
恐怖！接著，逼他獨自去洗手間，如果怎麼打罵逼誘還是不敢，就告訴他「你
是男生，要做男子漢。」「你要堅強！」「再不去我就打你。」小小的他不明
白什麼是堅強，只會更害怕：怕有鬼，更怕父母叫鬼來抓他。……恐嚇加暗示，
父母創造了越來越怕「鬼」怕「黑」怕「獨處」、越來越「怕」、連怕什麼都
說不清的小孩。

口 恐嚇教養讓孩子害怕父母、及「害怕」這件事

如果大人不准他害怕，讓他怕上加怕！而這，更可怕！膽小的孩子被強迫要勇
敢、在表現害怕的時候，會被父母老師同學嘲笑，會使孩子覺得更加害怕了。
他怕鬼和黑。強調不該怕、不要怕、不必怕，會帶來「此地無銀三百兩」的更

大恐懼。結果，孩子會害怕「害怕」這件事本身，以致於在真的沒什麼可怕的時候也害怕了。驚弓之鳥，都是被父母嚇出來的。古今中外，世界上沒有任何一個人成功地抓到過一隻「鬼」，但我們把具體的鬼的形態安置在孩子的腦子裡是不智的做法。向孩子解釋世界上根本就沒有鬼，也是沒有用的，因為恐懼的因子一旦種下了，就只會茁長而不會消失，因為孩子是充滿了想像力的物種。父母用逼他獨處、把他關在黑屋子裡的方法來克服孩子的恐懼，往往適得其反渲染和誇大了鬼的力量。隨著年齡增長，有些孩子會逐漸消除恐懼，但有些孩子卻「病情」加重，害怕的程度會變成「恐懼症」而影響他的正常生活。由怕鬼開始，他怕恐嚇他的父母，接著就會怕人、怕事……怕世界。

□ 小心激將法 & 恐嚇的反效果：暗示強化行為

越強調的事就越壯大，爸媽說「如果你下一次再做……我就…」說多了，等於是強化、鼓勵他重複做這件事，讓這件事進入潛意識。小孩子的理解程度低，有可能會把意思翻釋成：「媽媽希望我再做一次，要不然她會失望。」如果你用下通牒的方式管教他：「不許再踢！這是最後一次，我最後一次警告你！」不讓他踢？氣盛的孩子，可能一聽到你這麼說，就硬是去踢了。有些家長愛用激將法，用得好時效果會很好；但濫用或使用過度，親子教養就變成條件反射及鬥智。如果遇到固執的孩子（有時候一個稚齡的孩子就很固執），聽到下通牒式的話，他為了爭面子爭口氣，就會真的按照你的指令去做了。有骨氣的人，一旦做了決定，無論誰都很難改變他，小孩也不例外。在恐嚇威脅下，孩子的本能反應：「誰叫他那麼凶？他叫我閉嘴？如果我馬上就閉嘴，那我不就是他說的膽小鬼了嗎？」恐嚇的反效果是強化了孩子的行為，有些孩子就會真的照你說的去做，或是硬是故意去做他知道你會更生氣的事。叫我滾出去？我就出去！要我不必回來？那我就不回來！……太多次太多次，有些離家出走的孩子都是這樣在激將之下、被逼出走的。叫他不用回家了，他可能會說：「我早就

不想回這個家了。」一旦孩子不回來了，就輪到父母焦急地四處尋找了。

口 激將法：孩子記得的是最刺激的話

是的，小孩會感覺到父母對「那件禁止他去做的事」很重視，他就懂得了用這件事來吸引大人的關注最快。這是簡單的心理作用：凡是你抗拒的東西，就會變得更強大。一件被禁止去做的事通常都是具有吸引力的事，在他聽到「如果」及「下一次再做」的暗示或指令後，他會採取行動。有一個家長聽了我的課，告訴我他教訓小孩的真實結果：「我訓了孩子足足半個小時，中間只講了一句『如果你有本事，就再做一次，看我怎麼收拾你！』事後我問他，爸爸今天講的話，你記得最清楚的是哪一句話？沒想到孩子的回答就是：『如果你有本事，就再做一次，看我怎麼收拾你！』。」這位父親甚為震撼，竟然孩子記得的不是他說的道理，而是他氣頭上說的最刺激的話。這說明了，父母想用激將法或恐嚇法，可能會產生的反效果。那就是，反而暗示了、強化了父母不想要的行為。孩子記得的不是你的道理而是最刺激的話。最糟的是，暴力語言會導致暴力行為。若衝突場面一上演，有其子必有其父或其母（想想孩子這種個性是向誰學來的呢？），有一方衝上來，接著會有人動手或動腳。親子會有這類場面？八成是有人說了下通牒式的語句，最刺激的話、激將法成功地激怒了彼此。

口 大人被看輕：偽君子、鄉愿、小人、兩面人、奴才、馬屁精性格……被養成

恐嚇之後，「狼來了」若沒執行，父母說的狠話重話絕話並沒有真的付諸實施，或是不執行的「下通牒」，讓孩子從此把你說的話當不痛不癢的空氣，更會讓孩子看不起你，且認為你的重話都是空的。恐嚇、壓力、暴力教育，會養成「偽君子、鄉愿、小人、兩面人、奴才、馬屁精性格……」這是說話隨便的家長始料未及的。不良的性格不只是宮鬥戲裡有，商場人間處處都有，全因這種既慈

愛又暴力的家教言語,再加上行之千年的「打罵教育」所致。小心,「一言過重,千言無用」「只為新仇忘舊恩」是人性,對孩子好 100 次,有一次對他不好,他就記住了,計較了。我輔導過的案例:一次不讓他去旅行,半年不跟媽媽講話;就打了一次,就 1 年不理父親;父母給了哥哥的沒有給他,就不跟全家講話。「一言過重,千言無用」,別因小失大。暴力語言養成各種不良性格的同時,親子關係的受損首當其衝。

不讓「暴力攻擊的語言」出現的方法

口 杜絕「把語言暴力合理化」的奇怪思維

為什麼孩子會覺得大人不愛他?為什麼子女會叛逆?因為,大人們將壓抑、疲倦與失望帶回家裡,對孩子往往口出不耐煩、諷刺、恐嚇、放棄的重話絕話,孩子就信以為真了。以重重的絕話來阻止子女的行為時,往往自己也會驚嚇到自己:為何自己竟會用這種語言暴力來「愛」孩子?試想,若大人都無法克制衝動而口出惡言,孩子怎麼學習去克制呢?不管是恐嚇、威脅還是諷刺,都是暴力。這都是無效、反效果、非常好笑的、已經行不通的、本身就矛盾教養法。這樣的父母的思路是很奇怪的:看我怎麼樣先把你搞得非常難過或害怕;看我罵你能否罵到你羞愧到不想做人;看我打你打到你還敢不敢再打人;你是怎麼啦?我罵你、打你了,你就生氣嗎?不准生氣!我是你爸,我不可以打你罵你嗎?……奇怪吧。想要開始有效溝通,要先杜絕「把語言暴力合理化」的習慣。

口 控制你的舌頭:不要對最親的人說最重的話

你的暴力語言,天真可愛的孩子聽不懂的話,就等於白講;若聽懂了的話,就更糟了,他當真後就破壞了彼此的感情與信任。父母付出千恩萬愛時,要守住你的舌頭,不要逞口舌之快。別因恨鐵不成鋼,反而使自己成為「鐵口直斷」、

「鐵齒」的人。在我整理這本書的稿子時，真是備感納悶，我們對老闆、親戚、客戶、同事、朋友、同學、鄰居、路人、服務員都不敢講的話，卻常常「大方」地對最愛的家人衝口而出。對沒有深仇大恨的親人，卻能開口說最重的話。父母是子女的天空與屋頂，父母的「鐵口直斷」，會使子女自覺一無是處，毫無希望甚至從此更一蹶不振，連自暴自棄、自傷自殘都有可能，因為他最親最愛的父母都已經對他蓋棺論定、全盤否定他了，他哪還有力氣對外面的世界產生鬥志、上進心及改進的力量呢？用言語刀刃刺穿他的信心，那他還有什麼努力及向善的理由及動機呢？

口 在先進文明社會裡罵人會被判刑

真令人納悶，我們對同事、朋友都不敢講的話，卻常常「大方」地「送」給最愛的家人。父母可以說：「你的數學要加油了。」或「算術不好，要不要去補習加強？」但可惜的是往往緊跟上一句重話：「你怎麼笨得像豬？」「我真是後悔生了你。」在許多重視人權的文明國家裡，罵人是會被判刑的。比如我們常掛在嘴上不以為意的「三字經」、「國罵」、「尊稱別人的家長」……等等，包括我們覺得不怎麼為意的「你長得像豬」都已有罰款判例。罵人語言在傳統家庭裡根本不算暴力，但在現代，小心，「一言過重，千言無用」，你會養出不快樂、不孝、不服的孩子。

口 選擇和平模式，不要激發暴力反彈

一個孩子用手去摸電腦，大人大喊：「我警告過你，不准碰電腦！你該死！」當下打了他的小手，小手被打後，可能反彈地狠狠地砸壞了鍵盤。大人的暴力教養，強化了孩子的暴力學習與「應戰」的本能模式。暴力的小孩是在下戰書，大人不應該應戰對戰。多少父母說，是因為孩子不乖，才罵才打。但以暴制暴，以暴教暴，只會更暴！沒有人期望這些後遺症的發生，唯有不再使用暴力語言

與行為。暴力語言讓孩子感受不到好意，卻聽到、學到了以重話及絕話來解決問題的不良方法。要孩子堅強，但同時要教育孩子具有同情心、關心、體貼、愛護、善待他人，具有人情味，這樣世界才會更友善。不管能不能做到，但家長至少應該教導孩子先用平和的方式來解決爭端，而不是立即訴諸武力。

□ 真正的勇氣是「懂得害怕」：暴力相向沒有好結果

不要把敢不敢與人打架，看做孩子有沒有競爭意識。在卡通影片「獅子王」裡小獅王問老獅王「什麼是勇氣？」答案是：「懂得害怕就是勇氣。」家長若因為自己的經驗是負面的，所以教育孩子以眼還眼，以牙還牙就不宜。父母自己的吃虧經驗，讓孩子不能吃虧，這是負面經驗擴大通用。傳統的「秀才遇見兵，也就變強盜」的思維，讓父母教孩子「別人打你，你就打別人；別人不講理，你就不講理；別人偷你自行車，你就偷別人自行車；別人做壞事，你就做壞事……」最終把孩子培養成違法犯罪的人。世上無數的殺戮，都是以牙還牙、冤冤相報、沒完沒了的結果。暴力相向沒有好結果，殺戮後遺症，太可怕了。二次世界大戰後，因為創傷症候群，歐美回歸故鄉的軍人共有8萬人自殺，因為，「以暴制暴」會導致更黑暗的世界。商場的競爭，國際的戰爭不可免，至少我們該讓家庭裡沒有暴力。

□ 被看破的權威：「身份暴力」已經不靈了

古代五倫的「君君臣臣父父子子」時代，早已經是過去式啦！「我是你老子 / 媽媽 / 長輩」所以「我可以」、「你應該」、「你一定要」、「你必須」……這就是身份暴力。但是有些「今之古人」的父母還不知道，還以為孩子是自己的財產，可以任意打罵、可以做主買賣。在古代不用說「我打你是為你好！」就能明正言順、照著三餐暴打孩子 (或妻子)，整個村子沒有人覺得有什麼不對，因為祭出「家法」來管教小輩是約定俗成的傳統，也是封建社會鞏固管理的既定

做法。而現在，整個社會已進步到法治文明教育，已有法律來規範，若再說「正因為我愛你（我是你爸媽），所以我現在要鞭打你」已行不通、也很好笑了。把打罵合理化的教育法，若不是讓孩子成為屈服的弱者，就是讓他叛逆遠離父母，因為世上沒有一個人在自由意志下是喜歡被打被罵的。從小被打被罵，竟然還能對對方說「爸媽我好愛你」「我會孝順你、養你終老」的人，若不是人格扭曲有病、尊嚴已徹底被摧毀，就是人格已昇華到聖人的境界，甚至能唾面自乾、被打了左臉還自動送上右臉的偉人。能孝順曾長期暴打自己的父母，是古代人的無奈及社會壓力造成的。在古代，皇帝、大官、員外可以錯殺、錯打、錯罵任何人，可現在一切都走法律了。是的，感謝啊，身份暴力已經不靈了，父母們少了一個自以為很有用的工具。孩子已看破你的權威，覺悟吧，跟上時代吧。

□ 身份決定對錯的時代已去：權威來自雙方認同的價值

用「身份暴力」的方式來管教小孩，讓孩子關注的不是對錯，讓他誤以為他必須做的原因，是彼此的身份或位差，而不是這些事都是本來就應該要做的事。「當哥哥的，年紀大，應該讓弟弟。」「我是你爹，你就得養我。」……五倫時代的規範，現代孩子不一定會同意。人際關係，自古以來就是身份關係的學問。運用得當是利器，運用不當是傷人的武器。以身份出發的強制性管教，表示著人與人之間沒有什麼道理可講，沒有是非對錯可言，只要有等級、尊卑、強弱、身份、窮富之差，就得聽從，就像皇帝對臣民、太監及嬪妃一樣，這就是禮教能殺人的原因。只要你是低階弱者，你就總是不對。而只要你是強者高階，是家長是官員，你就都是對的。活在這種身份暴力中、從小必須接受指令的孩子，為了發洩不滿，他會在學校裡以學長或幫主的身份去欺壓低年級、體型比自己弱的同學或是虐待小動物，這都是身份暴力培養出來的反彈行為。所以，對家長存有懷恨心的孩子，長大後會把以往積壓的不滿，全部發洩回家長身上，成為叛逆不道的不孝子。不講道理，沒有商量，動不動就抬出「家長」

身份或體力來壓服孩子，是最笨的父母才會做的事情，因為現在已經沒有封建社會的系統來為你鞏固權威地位了。時代已經不同了，權威只有來自雙方認同的價值而非「身份」。教育沒有任何捷徑，只有不斷地強調和反覆的方法及耐心；父母遇到孩子不聽話時，用怒火及暴力進行管教不再有傳統社會的壓制力。現代社會的信息量大、懂得法治觀念的孩子一定會反彈。

口 暴力教養塑造暴君或小綿羊

暴力教養當場很有效，但很快會失效。經常面對暴力的孩子，只要小小犯錯，孩子就預料又會受到語言暴力或皮肉之痛，心中的憂慮一定會加重，讓孩子表現得更軟弱，若再加上諷刺、挖苦的「小菜」及出手毒打的「大菜」，必定會讓孩子發展出令人堪憂的性格及做出更多不理智的行為。不要用規定、命令、指揮的口吻進行管教，因為家庭不是軍隊、公司與工廠，家庭是感情組織、血緣組織、教育空間。強壓著孩子按自己的命令行事，一旦激起了叛逆心，就走上了疏離的不歸路。叛逆之心如春風吹野草，只會越來越長大。有了叛逆心後，之後你說的是對是錯，都會完全被拒絕接受。有一次看到商店裡一個被暴打的小孩，看著把他打了之後又遠遠走開的大人，他乾脆把褲子脫下來躺到地上嘶叫哭喊，他的心中想著什麼呢？「你讓我沒面子，我讓你更沒面子。」我曾輔導過一個案例，經常被老師打屁股打得紅腫的一個幼兒園孩子，有一天開始，他拒絕穿褲子上學了。丟掉了自尊的人，就不會自愛自尊自重、更談不到去尊重他人，行為不理性，情緒不穩、難講道理的人，往往是家教讓他很小的時候就失去了做人的立足根本：自尊自重。面對暴力，正常的人就該會反感、不滿，甚至產生反抗情緒，這種反應才正常。若沒這種反應，才是不正常。另一種可能，在高壓及恐懼之下，久而久之對種種不良壓力有了適應能力，他習慣承受攻擊且不反擊，成了小綿羊，結果一生受制於權威及身份。孩子放棄了尊嚴與反抗本能，沒有了羞恥心，成了一個不顧尊嚴。不管是小綿羊，還是樹立高牆的堅硬、

冷漠或胡鬧的小暴君，兩者都不是家長會喜歡養出的孩子。

□ 教育不應犧牲任何一方的尊嚴：微笑的管教及受教

暴力，就是不給對方尊嚴，同時也顯現了自己沒尊嚴。有效的教養，必定要有愛，但真正的愛一定包含彼此保留尊嚴。我不說「給」對方尊嚴，而是說「保留」，因為尊嚴是每個人本來就有的，並不是任何人「給」的。傳統父母有尊嚴孩子沒有，有些當代父母低姿態的而孩子有尊嚴，不如雙方都保持尊嚴。父母尊重孩子的孩子的方式，是訓練孩子自己尊重自己。教育更不應犧牲任何一方的尊嚴，沒有了尊嚴，就沒有教育可言。沒有尊嚴及選擇的服從，就是奴性的開始。我們既然討厭奴才性格、太監性格、兩面性格，雙方就要以充滿著愛的感覺，在尊嚴不受損之下，父母有效的管教，孩子心悅誠服的受教才是美好的。

□ 暴力教養 12 歲以後就會失效

對 12 歲以下的孩子，打罵很有效果，但它是反教育，它是假效不是真效，是短效不是長效。拿著雞毛當令箭、小題大做、善用打罵招式的父母，很快地會在孩子 12 歲（甚至更早）以後就發現此招不靈了。平時小事就大做文章，在大錯出現時，你的打罵無法升級而不痛不癢，使日後的管教失效。等到他長大了，氣壯了，他就會不理你了，那時你罵得再大聲也會沒有用。大聲喊叫、厲聲責罵或長篇大論地說教，做了很久了，請問有用嗎？既然沒有用，就應立即停止重複這種管教方式。就像你生病了吃藥，但已知此藥無效，你還應該繼續吃嗎？不應該。通常身份暴力在 12 歲後就會不靈，因為孩子對外面的世界有了比較，看到真正的權威人士及讓他心悅誠服的人，當然會看穿家裡只憑「身份」而行霸權的人的實際「身份」而不再屈服。

口 恐嚇教養帶來恐懼而非行為的改變

犯了錯的孩子怯怯地問：「媽媽，今天晚上還講故事嗎？」大人狠心地說：「不講！以後都不會講！誰讓你不聽話。」「感冒一直沒好，以後看你還敢不敢不吃藥？」這樣的處罰太沈重了，威脅感太強了，因為它不但讓孩子聽不到故事、生病好不了之外，還得到了父母非常討厭他、不再愛他的可怕訊息，而這都讓他感到恐懼。教養的目的是養出有勇氣的下一代，濫用威脅與不實的恐嚇，只會養出因恐懼而屈服的奴才與庸才。恐嚇的話，通常是預言要使用暴力或剝奪快樂，即使沒有執行，也是一種精神暴力。威脅著晚上要打他、以後不愛他，等於是由說了這句話之後的時間都在精神上折磨著他。用權威及恐嚇來強迫孩子服從，會使孩子長期處於恐慌憂慮之中，他會從小無法表達自己，只懂唯唯諾諾，不懂自在與快樂，沒法自信自強。夾帶恐嚇與威脅的處罰，帶來的是恐懼而非行為的改變。處罰不應夾帶恐嚇與威脅感，處罰應該是光榮及歡樂的事，但要達到這種境界，須要《笑能家教》的新觀念及新方法。

口 不要讓孩子看破你的「狼來了」。

如果你不會真的去執行你恐嚇他的內容，你就不應該說：「你要是不把飯吃完，一整天就不許走出屋子半步。」若真的希望孩子把飯吃完，應該要想出讓他吃完飯的方法，而不是用與吃飯無關的限制行動自由，將兩者聯結在一起。說了好幾次：「如果你不乖，警察會把你捉去關。」「如果你不乖，我就要把你送別人。」「不聽話就叫醫生把你的牙齒都拔掉。」……結果，孩子發現你只是又一次的「狼來了」。狼來了！卻沒有來，孩子就把你說的話當耳邊風。嚷著「你總是衣服亂放！鞋子亂丟！房間總是這麼亂！」其實只是製造重複噪音。很多父母很困惑，為什麼孩子雖然經過好幾次警告，仍然繼續做那件事？原因之一是：威脅孩子也許當下會成功，但是孩子發現你並沒有執行你恐嚇的內容，用久了孩子就得到「你都是講假話的」，「我無所謂」、「我不怕」的反制行

為。自尊心強的孩子會不怕一犯再犯,因為他想要表示出他不怕事,不怕大人。孩子心知父母是在乎他的,心想「我真的這樣做了,他又能對我怎麼樣?誰怕誰?」若以前已經有過許多次的「狼來了」的例子,說了下通牒的話又沒實現,甚至反而是倒過來低姿態做補償,讓孩子反而識破父母的無可奈何,這樣只不過是又削弱了父母的尊嚴及威信,更讓他覺得他可以為所欲為,不會有什麼壞結果的。效能管教,應該是加上你對他的期望與行動,比如「家裡太亂了,這個週末我們都要做大掃除,你先來把衣服收好」。除非每次都會產生具體行動,不然不要說「狼來了」的話。要說:「房間總是這麼亂,你在周末要把整理好。」

□ 不要製造自保的刺蝟或攻擊的鬥魚

要主動讓孩子知道他該做什麼,他能做什麼,能怎麼做,只要有做就鼓勵而非批判。最糟的父母,是不但沒有這樣做,反而忙著為他沒做、被誤會的事先貼標籤再批評。沒有犯錯,不管是人身攻擊還是語言譏刺恐嚇,都會讓人成為自保心、防衛性非常重的刺蝟。傷人用語,外人都很難接受,何況是等待著你關愛的孩子。凡人受到攻擊時,必定會有所反應與反擊,這是基本人性。要預防個性強的孩子在過重的批判、攻擊、否定語言之下,在已被隔斷了情感交流的狀況下,會埋下報復的幻想。且聽聽多少孩子說:「我要快點長大,我要去很遠的地方,我要去爸媽找不到我的地方。」「我之所以要考大學,不是為了讀書,是為了可以離開家鄉。」「我就是要去沒有父母再管得到我的地方。」……,刺蝟在相處時滿身都是刺,可以不相處時他會選擇到很遠的地方,與父母保持距離。

□ 別讓孩子成為攻擊性的鬥魚

個性強烈的孩子,會成為攻擊性的鬥魚!請少用「只要你敢再做一次……;別讓我再看見你做……;有本事你就再做一次……。」的重話,因為有自尊心的

孩子會故意再犯一次，以便向他自己和他人證明「他沒有錯」，「他不怕事」。對父母的權威有試探心的孩子，往往讓父母精疲力竭，因為他精力旺盛，他會想：「我真的再這樣做了，父母又能對我怎麼樣？」父母果真打罵了他，他就學習忍受，因而削弱了親子感情；父母若並沒有實踐恐嚇的事，他發現父母是一對空喊的「狼」，心目中就削弱了對父母的威信感；長期被父母恐嚇、威脅、斥責、貶低、羞辱、打罵、諷刺、取笑……的孩子，被父母引導到對立的角度且削弱了情感及信賴。膽小鬼、自保的刺蝟或攻擊的鬥魚，都不是好性格。

口　別講孩子聽不懂的「迂迴的話」

小孩子對什麼是對、什麼是錯還不懂，所以往往不能清楚自己做的事錯在哪裡，如果家長還用迂迴的反話來說他，他無法辨別是真是假？何為對或錯？等到他聽多了，逐漸能從家長的神態、語氣中察覺出某些話並不是真話好話、而是諷刺、譏笑的意思時，他會因為發現父母的不懷好意、沒有善意而覺得困惑、失落與沮喪。我們一定要這麼理解，天下原本沒有「為了氣父母而故意表現不好」的孩子，他會表現不好，就因為他沒法表現得好。等到錯誤的教導發生後，才可能會有「為了氣父母，而故意做父母一定會生氣的事」的現象。「我在哪裡工作，你就偏要在哪裡玩耍，存心就是要氣我。」「你就是和你爸（媽）是一國的！」「我『永遠』不愛你了。」「你看，隔壁的哥哥成績這麼好，你為什麼這麼笨？」只因他成績不好，不能等同於他不用功。最糟糕的父母親，還要加上一句小孩根本聽不懂的「沒出息」。什麼是「出息」？他根本就不懂。「不要碰！你不想活了啊！」他聽得懂「不要碰」但聽不懂「不要活」，後者讓他無法理解與「不碰」的連結。「不要碰」是小事，但是「不要活」是大事，孩子面對大事感到大壓力，就對小事無法顧及了。迂迴的話讓孩子困惑，就談不上教養了。

□ 別講孩子聽不懂的「學術名詞」

小小年紀不能理解、根本聽不懂的心理分析與專業名詞，。也是一種貼標籤。
比如：「你是『過動兒』就對了」「你只是希望引起我的注意罷了。」「你就
是知道我最在乎什麼，所以潛意識故意惹我生氣，對吧。」……或是講非常高
深的「你的個性就是妳媽媽童年經歷的反射！」「你是口腔期沒滿足吧？」「你
是不是抑鬱了？」「你的個性就是你爸爸家的家族遺傳」「我不希望你有戀母
情結。」「你就是愛『投射』你的想法。」……小孩不懂什麼是「永遠」及專
業名詞，只懂得你對他生氣的樣子，代表了你不再愛他了。小孩就是小孩，只
是渴望吃喝玩樂及被愛，只是對世界充滿興趣想學習會犯錯，他們沒有那麼成
熟複雜，。不要把他們當做懂得你自己複雜內心世界的大人或學者，研究心理
學讓父母更了解親子關係，但不要用專有名詞讓孩子困惑。

□ 不要用否定式的質疑來質問孩子

用難以理解的句子來質疑孩子，沒有好效果，只會有反效果。「你會變乖？變
聰明？怎麼可能？」「你到底在搞什麼鬼？」……父母用否定式的質疑問句，
基本上並不是真正的發問，而是一種發洩與處罰，是在轉個彎提出抱怨與指責，
更不是教導，只會讓孩子不知所措，搞不清父母的意思到底是肯定還是否定。
在沒有問清楚原因、也沒有針對行為提出可以解決的方法之下，隨口就發出的
質疑的句子，造成孩子的困惑。一般正常的問句，小孩都不見得能回答了，何
況是高深的質問句？等聽到的次數多了，孩子知道這也是否定句時，就再也不
會去認真思考並做出反應了，因為，這也和貼標籤一樣，想解釋也不會被接受
的，很快地孩子就會放棄解釋或求助。用難以理解的話來質疑孩子，也是一種
攻擊。

口 對他說質疑的語言，不如教他如何改變

「為什麼你做事總是半途而廢？」「為什麼你的反應這麼慢？」……你沒有教他如何做事不半途而廢，沒有想辦法讓他反應變快，那麼，請問這種質問有意義嗎？不要用問話來質問他，比如：「你看見誰動過這個糖罐子？有沒有？是不是你？還是別人？你老實說，有沒有自己去拿了糖吃？」比如，面色凶狠的問：「你老實說，你是不是拿了糖吃？」孩子還小，不管是不是他拿的，質問的壓力會讓他為了避免被打被罵，就會本能地立即否認，等於是被「逼迫」著去撒謊：有吃也不敢承認有。若他真的沒有吃糖，那就會再加上一分被侮辱的冤屈感。從小經常被質問的孩子會不敢說實話及面對真相和真理。問話要屬於真正的問話，比如和氣地問：「你覺得這件事應該怎麼做？」「你計劃什麼時候要去做功課？」「你知不知道糖是誰吃了的？」……而不是用問話來質問他、挑戰他。從小經常被質問的孩子，會不敢說實話及面對真相和真理。

口 不要取笑、扼殺孩子對這個世界的興趣

這是價值連城的一句話：「興趣是最好的老師！」但是，在不當的語言氛圍下，原本的興趣會被打壓，甚至會成為負擔及有罪惡感。沒有一個人是生來對什麼都沒有興趣的，當孩子還在摸索學習中，想要突破自己的限制時，總會有許多力有不及的時候。孩子對某種學習有興趣，但不代表他一學就會上手。若你急著貼標籤，一句「做這個將來有飯吃嗎？」「你會找不到工作的。」「你到底想幹什麼？」「學這個有什麼用？」……這就會像一把刀一般，砍斷了他繼續學習的興趣，他就可能就更畏縮了。心急的大人常忘了孩子還是個孩子，沒法依大人的水平去理解及學習事情。不要取笑、扼殺孩子對這個世界的興趣！

口 不要說「得理不饒人的話」與「髒話」

最糟糕的就是出口成髒的家長，親身示範了最不好的語言。國罵或髒話是最要

不得的，應該從家教中徹底消失。還有，管教時不要用過嚴的架勢及語言，小小年紀的孩子根本不會做出多嚴重的事，實在不必上演宮廷戲或「包公傳」裡那樣的三堂會審場景。沒有人希望我們的下一代還有「奴才恕罪」、「小人求饒」的心態，所以不要小題大作。為人父母，不要得理不饒人。若沒理也不饒人，這樣的家長就太不寬厚了。我看過大人堅持不原諒小孩小小差錯的場景：一個鄰居媽媽在樓下中庭用筆重重的去打孩子的頭，只因為孩子拿筆的角度沒有按照媽媽講的角度，不管鄰居的人來人往，這實在是太小題大做了。小小事情何必這麼不饒人？這個被打的小女孩到了高中得了抑鬱症，不知是否與從小媽媽「小事不饒人」的家教有關？

口 家教就是雙方的「情緒管理」演練場

進步的動力源自興趣與自信心，而自信心的來源是自己學習成功的經驗、做了自我成就的事；而興趣來自於本能。兩者能存在的重要條件，就是有支持他自我成就及他的興趣的愉快環境。父母在管教時，要先克制自己的一張嘴，把它控制在安全範圍內。進行責備是必要的！我百分百支持責備、處罰，只是堅決反對體罰及辱罵。進行責備時，要避免使用製造怨恨和憤恨的字眼；要心平氣和地告訴孩子自己的感受及對他的期望，事實證明，平靜的態度要比攻擊的字眼有效得多。父母先示範情緒失控，那麼孩子學會的也是失控。大人示範暴力，孩子學到的就是暴力。先是在父母面前失控，繼而會在公開場合失控，比如動手破壞東西、撒野亂折騰、在客人面前瞎胡鬧攪亂場面，或是誇張沒大沒小地打斷大人的談話、去打罵客人的小孩……。沒有禮貌，沒有規矩，沒有教養，都讓父母當場丟臉而感到難堪的這些行為，都是冰凍三尺的結果。家教，就是雙方的情緒管理演練，父母自己要先修好這門功課。

口 表情及口氣決定教導是否暴力

教導孩子，往往就在當下！但大人要說合理的教導句子。有時父母會說指令：「快點，動作快一點！」「不可以過去那邊！」「現在給我過來！」「快點過馬路！」……這很正常與平常。但重點在於大人的表情及口氣，若是和顏悅色地說「快點吃，要吃光光！」那就是關愛；但若是帶著急躁的口氣及凶狠的表情說「你馬上給我通通吃完！」那就變成了命令式、暴力式、指揮式的管教。若我們的孩子習慣了這種權威式的教導，那麼他這一生就會習於做一個被指揮的奴才，而很難突破成為領導者及有創意的人。不解釋理由、急躁或面帶怒容、也不具體說接下來可以怎麼做的權威式命令、指揮的句子，讓膽小的孩子會嚇破膽，讓一般的孩子感到無奈，讓個性強的孩子感到心中的不平而陽奉陰違。

口 終止打罵孩子的千年傳統：用感情、用道理、用 6 個步驟
取代語言暴力

幸福能幹的孩子怎麼會是打出來的？罵出來的？恐嚇出來的？當然不是。最好的教育是「看」懂的，最高明的教育是什麼都不說，但孩子領會了。你說的越少越好，因為用環境、身體語言來轉移孩子的行為是最快的。因感情而感動，讓道理來說話，用方法來規範，比吹鬍子瞪眼睛、動手動腳用恐嚇、用各種暴力語言或動作對待孩子來得更有力、更有利，更有效。不講道理，沒有商量，動不動就抬出「家長」的頭銜及手腳強勢來壓服孩子，是最笨、最無能的父母才會做的事情，因為現在已經沒有封建社會的系統來為你鞏固封建家長的地位與身份了。暴力管教法遲早失效，教育沒有任何捷徑，只有運用有「笑」又有「效」的方法，加上不斷地的反複耐心（因為孩子就是會不斷地犯錯）。孩子不聽話、做錯事、惹大人生氣是常有的、正常的事，家長自己要先克制情緒，平靜下來後運用理性訴求。用和藹的語氣把道理講給孩子聽，才能使孩子意識到自己的錯誤在哪裡。父母要控制住自己的嘴，不再口出重話與絕話，家庭是人

生避風港，不應該出現「語言暴力」。「不打不成器」的千年主張，就是最典型的身份暴力。我終生致力的一個目標就是：要終止打罵孩子的千年傳統。打罵行為，不只是動手打到送醫院才叫「暴力」，用情緒及語言施展的「暴力」對孩子的傷害，比肢體暴力有過之而無不及。

口 暴力語言總複習

讓我們再次複習一下，要警覺這些順口而出的話，都是暴力語言：

☐ 站住！不許動！→命令

☐ 如果你再不聽話，看我怎麼對付你！→ 恐嚇

☐ 如果你再不聽話，就把你送給別人！→ 威脅。

☐ 你敢不聽話？我早就想修理你了。→ 攻擊。

☐ 你會聽話？可能嗎？→栽贓、人身攻擊、誣賴、污蔑、羞辱。

☐ 你要是會自動做功課，那真是太陽從西邊出來了。→諷刺

☐ 我早就告訴你了，看吧！活該！→ 幸災樂禍

☐ 你這個 ×× 養的幹的好事，看我今天怎麼收拾你。→髒話＋得理不饒人。

現在你可能會困惑：「不說重話，又不打小孩？那該如何管小孩？」有這方面需求的家長，首先停止傷害性語言，其次，請到有建設性的《笑能教養》的篇章去學習，因為只要善用關注、責備這些有效的工具及方法，就可取代錯誤語言。，管教孩子的行為管理有 6 個步驟，沒有可能撐桿而過、一句話一棒子就打罵出個理想孩子。父母常說的錯誤語言，多達 10 種，你都說過了嗎？請務必做完「複習 & 作業」，除弊重於興利，以後切記：錯誤語言不要再說了，趕快學習簡單的「乒乓球」課程。學習有笑有效又有孝的親子對話，祝你們輕鬆地把兒女養成有笑有效有孝、對國家有貢獻的人才。

【複習】我知道暴力的句子分為下列幾種，而且知道它們的後遺症是：

否定句子的類型　　　　　　　後遺症

1/

2/

3/

4/

5/

6/

7/

8/

9/

10/

【作業】這一堂課我學到的、將改變的是：

1/

2/

3/

4/

第 **4** 章

不要說
情緒勒索的話

4 不要說情緒勒索的話

帶著眼淚或生氣的表情，製造讓孩子覺得自己不夠好的感覺，這是一種捆綁、窒息及束縛孩子的管教把戲；藉邀功、搶功來爭取同情與回報；強調犧牲、付出及光宗耀祖的期望來製造孩子的罪惡感及壓力；把婚姻問題或迷信嫁接給孩子讓孩子來負責；運用自己的情緒與健康（生氣、生病的痛苦）來控制孩子的情緒（讓他負罪、害怕）……這類情緒勒索的操作，會讓子女感到無奈、害怕與受脅迫而恐懼，接著會本能地討厭或逃避父母。鄉愿、小人、兩面人、奴才性格……的養成，原因之一就是聽多了這類情緒勒索的話。

「我多麼想和他談心，想把這一路走來吃過的苦和孩子分享，但為什麼他沒興趣聽我說呢？」「有時候我真想說他，說他太沒良心了！」「我總覺得孩子和我不親？為什麼？」「不知為什麼，我跟孩子說話的時候，他就像個刺蝟一樣，總是用防備的眼神看著我，怎麼回事？」「我最火大的就是，每次想好好和他說話，他的表情都是冷冷的，我越說他就表情越硬。」「我很愛我的的孩子，為他付出一切，但不知為何他並不喜歡聽我講話，也不想跟我說話，感覺他總是在躲著我？」………這樣的家長困擾，至少聽過上百次。冰凍三尺，非一日之寒！這是因為情緒勒索的話說多了。情緒勒索的話，與邀功訴苦的話很類似：先是說提到自己的付出或犧牲，先爭取同情與感動，進而要求孩子的感恩與回饋，要求的內容包括行為的順從與物質的回報，結果，親子關係變成債主與債務人的關係，當然孩子就想逃避與你對話。這堂課，列出了強調犧牲、付出、賞識及光宗耀祖的期望，用隱藏起來的不滿與匱乏，製造孩子的罪惡感及壓力的各種句子，讓人看了驚心，請由今天起不再讓它們出現在家長的嘴巴裡。冰

凍三尺，非一日之寒，請停止不當語言，開始有笑、有效、有孝的親子溝通吧。

【情緒勒索的標準句子】

你是否曾說過以下這些句子？若有，就在 口 裡打勾！

☐ 你看，我們一切都是為了你好啊！→所以你應該感謝、接受和反饋。

☐ 若不是因為你，我們家現在也不會這樣。→ 要孩子負責家庭的處境。

☐ 你看看你的同學，有誰有你這麼好的生活？快去做功課。→以好處換行為。

☐ 你為什麼不聽我的話？也不想想我們這一路是怎麼走過來的啊？→用訴苦抱
　怨來要求聽話與順從。

☐ 我為你吃的苦還不夠嗎？我真想死給你看！哇啊……（大哭）→用危險的後果
　做要挾。

☐ 啊呀，疼死我了，我整天腰痛得站都站不起來。若不是當年生你
　而開刀……→以算舊帳的方式來提醒對方要順從，每當要孩子就範時，就強
　調身上留下的病痛，所以，孩子就得快點好好讀書（聽話、做家事、把工資
　全拿回家……）。

☐ 說不學就不學？你知道我付了多少的錢？→ 狀似邀功也像抱怨，用自己的痛
　苦及犧牲來爭取同情，同時想造成他的罪惡感來換取他的聽話。

☐ 我買給你的這個衣服漂亮吧？很貴的！（隔了幾秒鐘）這次成績會進步吧？→
　表示應該用成績來回報買衣服的付出。

☐ 你爸（媽）老是不在家，將來你要孝順誰？→邀功表揚自己的付出多，暗示子
　女將來要回饋自己。

☐ 你看誰家有我們家這麼多的玩具？而且還都是外國貨！→ 做我的兒女多好
　命，以後要孝順我。

☐ 你爸一生的最大遺憾就是沒有當上醫生，你怎麼可以不填醫學院的
　志願呢？→用大人的遺憾換取孩子的代為圓夢。

□ 你是三代單傳，你不能出事啊！→製造生存危機感後，就可以規定不准出去玩，要玩就在家裡玩。

□ 我們老了不會要你照顧的，你放心儘管顧好自己就好。→明示子女不必反饋，直接培養了不孝的子女。

【情緒勒索的延伸句子】

1 ★以下是藉邀功、搶功來爭取同情與回報的句子

□ 我們所做的一切都是為了你！所以你應該……□ 別忘了我這麼做不是為我，是為你。

□ 你可不要以為你念書是為了我們，這一切都是為了你自己！

□ 我這麼管你，全都是為你好啊！難道這樣我也錯了嗎？

□ 你要想想你爸爸為了你受了多少的苦呀，你一定要出人頭地。（沒做功課時就會說這一句）□ 我可是排隊排好久、拜託別人才幫你報上名的……你還不好好學嗎？

□ 什麼？鋼琴課不想學了？說不學就不學？你知道學費是多少？你知不知道我已經為你花了多少錢嗎？ □ 你的八字好，出生在我們家。

□ 你應該要知足啊！誰能像你這樣吃得這麼好、穿得這麼好呢？

□ 還不是有我，為你做了這麼多的事，不然……□ 都是因為我，才沒有人敢欺負你。

□ 要知道我們買這學區房，你才能上這麼好的學校。

□ 再不聽話就不讓你再上才藝班了，才藝班學費是很貴的……

□ 沒事，沒事，爸爸媽媽本來就是一切都是為了你，不要放在心上。

□ 我們再窮也不會讓你受苦的。□ 我們老了不要你照顧，你儘管顧好自己就好。

□ 你媽為你受了這麼多的苦，等你長大出了名、發大財、成了大人物，你會帶著你媽去環遊世界，對吧？□ 別忘了，你爸根本都沒有管你，都是我把你帶

大的。

2 ★以下是強調犧牲、付出、賞識加上對他能光宗耀祖的期望，用隱藏了起來的不滿製造孩子的罪惡感及壓力的句子。

□ 天氣一冷你媽就腰疼，都是生你以後才有的毛病。□ 你就這麼不體恤我們的辛苦？

□ 想想你媽為你吃的苦……你能不孝順她嗎？□ 生你這個孩子有什麼用？

□ 你這麼冷漠？我真是教育失敗啊！□ 你不聽話？難道你不把父母當回事嗎？

□ 你不聽我的話，讓別人笑話我，你是故意的嗎？

□ 爸爸辛辛苦苦賺錢，你知道嗎？你總要明白啊，為什麼你一點都不懂事？

□ 專家說你的問題，原因都出在我身上？有沒有搞錯，結果是要怪我？

□ 我天天為你做牛做馬，你說我還有哪點做得不夠好？你說！你說！

□ 你爸對你這麼好，你就該也要對她好呀？（其實想說的是，孩子對自己不夠好）

□ 你這樣不聽話，不知你爸（媽）會多傷心、多丟臉啊？

□ 我們小時候什麼都沒得上呢！你命好，可以上電腦班、音樂班、數學班，知道吧？

□ 鄰居都看不起我們，為了我們這個家，你一定要爭取成功！

□ 你一定要考上好大學，幫我們家出口氣！你看你大伯的嘴臉，看不起我們家比他們窮、沒有大學生，你明白嗎？□ 我們不怕苦，就等著你來光宗耀祖。

□ 你媽為了你、為了這個家，吃了多少苦，你一定要拿第一。

□ 你這個孩子到底有沒有良心啊？全家為了你犧牲了這麼多，你也該懂得好好聽話。

□ 我看到你這副吊兒郎當的樣子就煩，你就不能想想我讓你讀這個學校有多困難，你就不能自動把功課做好嗎？！你怎麼不明白我的苦心呢？

□ 你老爸花了這麼多錢買學區房，你竟然考出這種成績來氣死我們？

□ 你為什麼不能理解我們逼你都是為了你好呢？你根本不懂媽媽為什麼這麼
　　做！

□ 我中飯、晚飯都還沒吃，你還不趕快把飯吃完、抓緊時間快點做功課吧。

□ 我一下班就趕回來為你做晚餐，你大小姐竟然還不吃？

□ 你知道養你到今天共花了多少錢嗎？

□ 看到沒？你爸賺錢多辛苦，開完刀沒多久還去兼差加班，你還這樣不知好歹
　　亂花錢？

□ 當年為了生你，我差一點兒命都沒了……現在你竟然這麼氣我？

□ 也不想想我怎麼才把你生下來的（難產、剖腹，妊娠中毒……），你為什麼老
　　是和我唱反調？　□ 如果那時不是懷了你，我早就在國外讀到博士了……

□ 就因為你，我放棄了多少東西呀！□ 如果沒有生你……，家裡就不用這麼
　　辛苦！

□ 為了你，我吃了這麼多苦，你為什麼不好好讀書？

□ 記得嗎，從小疼你的爺爺，臨死都在盼著你念個大學啊。

□ 從你準備考試開始吧，我和奶奶每天早上都去燒香拜佛了，你總該考個好成
　　績給我們看看。　□ 我都借錢幫你把鋼琴買回來了，你怎麼可以不好好練琴？

□ 你姐姐考上了大學都沒去上學，還不都是為了你啊，你竟然整天吃喝玩樂，
　　你對得起你姐姐嗎？　□ 學費拿去，是借來的！你將來上班賺錢每個月得要
　　給我一半（都要給我）。

□ 你怎麼可以這麼自私，要去當歌星？我們為了栽培你，辛苦了幾十年，你爸
　　的事業誰來接棒？

3 ★以下是把婚姻、家庭問題或迷信嫁接給孩子，讓孩子來負責的句子。

□ 我都是為了你才忍耐你老爸的脾氣到今天，你不明白嗎？

□ 還不是為了你能把書讀好，我才一直受他（她／公公／婆婆／小姑……）的氣，到今天還撐著沒離婚，你還不明白嗎？□ 你爸跟小三走了，你一定要努力學習，為媽媽爭一口氣！

□ 你爸爸（媽媽）早就不要我們了，這個家要靠你將來來撐了。

□ 我們是單親家庭，你如果不出人頭地，不光宗耀祖，就是對不起已經不在的媽媽（爸爸／爺爺／奶奶）。□ 誰讓你我是孤兒寡母的？還跟別人爭？

□ 你一出生你爸就走了，算命的說了，你是天生剋長輩的，知道嗎？

□ 是八字說的，我前世欠了你的，所以這輩子活該要來還你的債啊。

□ 大家都說養了你這個孩子，你是來討債的，我只好認命哪。

□ 你看看，新聞裡那個人真是大逆不道啊……（指桑罵槐）不孝順的人會招天打雷劈的啊。

□ 現代的年輕人都不孝啊……（聲東擊西）你覺得呢？

4 ★以下是運用自己的情緒、病痛與生死（生氣、生病、死亡的痛苦）來控制孩子的情緒（讓他緊張、憂心、負罪、害怕）的句子。

□ 都是因為你，我才經常遲到被老闆罵，還不趕快去把房間整理好。

□ 你已經把你媽氣得躺在床上了，難道你還不該認錯嗎？難道你真想把她氣死你才如意嗎？ □ 你又不是不知道你爸隨時要發病，你真的是要把他逼瘋嗎？後果你要負責。

□ 我被你氣瘋了、啊！（大聲喘息）我不行了、快把藥拿來……

□ 你再這樣讓你老爸操心，如果又讓他哮喘住院你負責嗎？

□ 你如果要和他（她）結婚，我就死給你看，我上吊的地方都找好了。

□ 我的脾氣這麼壞（身體這麼差），都是被你搞出來的。

□ 你不要去游泳……你是我千辛萬苦、人工受孕才有的獨苗苗啊！要游泳？我們在家裡做游泳池，你要讓我放心我才讓你游泳。

□ 你已經好久沒回家了，想想你爸（媽）的病，他可能沒多久了……

□ 你再不給我們生個孫子，我們可能就等不及了。

□ 什麼？你們準備不生小孩？那我死了怎麼去面對列祖列宗？

讓「情緒勒索的語言」出現的原因

□ 孩子刺蝟般的態度，源自「情緒勒索」的話說得太多了！

為什麼有些孩子沒興趣聽大人說話呢？若不是大人說了前面提到的：拒絕溝通、否定雙方身份、暴力攻擊的話……就是說了「情緒勒索」的話，造成孩子欠缺溫情、避開親子對話、甚至很誇張的表現出不耐煩、不領情的表現。「情緒勒索」這個名詞來自西方的學術名稱「Emotional Blackmail」，是由心理學家蘇珊佛沃提出來的。雖然我的本科是社會學，但我很少在書中用到學術名怪，可是目前還沒有找到其他更好的白話名稱，就這麼延用它。情緒勒索的意思是，我們講出來的話，是要讓對方聽到我的犧牲、奉獻，要讓對方有罪惡感或愧疚感，因而就範、服從或補償我。勒索者的口頭禪通常是：「若不是因為你」「因為你……所以你該……」「我曾為你……所以你要……」……強調「我是為你好」「我是要你更好」，所以你就要變好來讓我高興，來回報我。也就是：「你怎麼可以這樣對我，我為你付出這麼多？你應該要……才對。」即，想要用付出及犧牲來勒索你、要挾你就範，想長期施展各種方式來擠兌彼此的情緒。用自己的付出及犧牲來當做教養工具，拐個彎來操控子女。自己喜歡被人評價為「好媽媽」，所以就要孩子成為「好孩子」。如果自己沒有被人評價為「好媽媽」，就要怪是因為孩子不是「好孩子」，哎，孩子成為被要挾的對象。「情緒勒索」的話說得太多、聽得太久後，雙方都會很累。

□ 把自己人生的過去及未來轉嫁到孩子身上

孩子的人生本來是一張白紙，若把大人自己的遺憾或痛苦轉嫁到孩子身上，他

的人生從小就變得複雜有負擔了。比如說「你知道媽媽當初身材多好嗎？生了你以後就變成這樣」「爸爸因為養育你，所以生病了」「本來我是要出國留學的，因為懷了你，所以我就沒有去念碩士了」「若不是為了你要讀大學，我早就和你爸（媽）離婚了。」……如果經常拐著彎明示暗示，還透過別人（比如找親戚、或第三方的外人）來轉傳達給小孩你為他做了多少的犧牲奉獻，就造壓力及面子問題。雖然你確實有為他付出，但孩子是不是就因此對你該言聽計從呢？要孩子聽父母的話，不要孩子念哪個學校或希望孩子讀哪個科系，或是要孩子不要跟誰往來，就用這一招來讓他聽話，這就是一種情緒勒索，就是債權人的威脅。有些家長怕自己的晚年兒女不照顧，就強化子女非得照顧自己的習慣及責任感，工具就是讓孩子覺得自己的健康、情緒問題都是子女造成的。情緒勒索的話，讓雙方成為債主與債務人，而一般人見到債主時，正常的反應就是逃避，或是像刺蝟般豎起防護的刺，因為他心中的聲音是：「又來了！討債的又來了。」當父母老是以「我都是為你好」「你知道嗎……」為開場白時，孩子就知道，你又要上演把自己的過去及未來要轉嫁到他身上的戲碼，「逃離被愛」，不勝負荷的他只會想逃走。

□ 「自我犧牲型」父母最恐怖的禮物：要孩子為父母的犧牲負責任

連續劇裡只要親情衝突時 長輩就會發病，用詐病來要脅小孩，現實生活裡也是如此。如果是生產時落下的病根，這孩子一輩子就要隨時等著長輩發病。我不喜歡看古代戲劇及宮鬥劇，因為裡面充滿許多不得已的、病態的、虛假的應對進退、勾心鬥角與爭權奪利，其中不乏運用情緒勒索的角色，這種角色通常就是「自我犧牲者」。情緒勒索的源起，是為了自己的需求，因而想出來能讓對方滿足自己的辦法。這樣的父母真的、真的、真的一切做為都是為了孩子好，教育家馬卡連柯說過：「一切都給孩子，犧牲一切，甚至犧牲自己的幸福，這

是父母給孩子最可怕的禮物。」所以孩子若「不領情」、否定或拒絕了自己的付出，就讓父母感到驚訝、失望甚至憤怒。孩子小時候，不知道你在犧牲，也沒有要求你犧牲，但長大後要為此負責，他也很無奈與困惑。但大部份孩子會選擇懂事、聽話、順從，因為孩子愛父母，小時候會接受情緒勒索的操控，並且親子之間形成一種共生的、惡性循環的病態圈，彼此依賴，又彼此感覺到不安。孩子無法辨識這個把戲、無法逃開這種互動（因為他還得靠著你生活）、也還不懂得認知自己的情緒。但長期因為不知如何處理不滿與怒氣，就會產生逃避與自殘的現象，情緒勒索最終會發酵成心理障礙，。

口 情緒勒索的 5 個流程

讓我們來檢視一下情緒勒索的 5 個流程，讓我們懂得辨識它們，不要讓它們出現在美好的親子關係裡。

第 1 個流程：發現孩子不乖不聽話而不高興，付出很多的父母感到失望及憤怒。

第 2 個流程，父母會開始說明、提醒自己的付出與犧牲。用要求、責備、生氣、冷落、哭鬧、沈默、表情暴力等等工具，目的在凸顯父母為他曾有過的付出，讓他感覺到他很好命、好糟糕，此時，通常自我意識低，罪惡感被成功調動出來的孩子，就會在感恩的心情下順從就範了。

第 3 個流程是，誇大強調自己被虐待、被辜負、被忽略……的狀況來引發孩子的罪惡感；使用的方式包括生病、發瘋、威脅、打罵或自殘。把標籤貼下去，讓孩子頂著「不乖、不孝順、不懂事、不感恩」這幾頂大帽子，把它們扣上去後，期望孩子就有如孫悟空，父母一念咒就只得在地上打滾求饒。用各種方法讓孩子產生挫敗感及罪惡感，讓人感到意志上的動彈不得，甚至感覺呼吸不順到窒息。其間，要用「感覺放大器」把那不舒服的感覺盡量地擴大，若被勒索的孩子想打斷這個流程，通常勒索者（父母、情人、配偶、長官）會加強情緒強度，會把社會文化、道德法律都拉來護航，目的是讓你更感覺到孤獨及痛苦。

第 4 個流程是：若孩子還不就範，就施展「胡蘿蔔與棍子」招式。再引導：「如果你不聽話，我就不愛你 (拿走你的玩具、不再為你付出)。」瞭解孩子的父母深知孩子的軟肋為何，也就是他最在乎的是什麼，讓他產生不安全感及剝奪感；同時，告訴孩子，只要你順從，立即給你獎賞。因為父母說：「聽話，照我的意思，我馬上就肯定你，你馬上就成為好孩子。」意志力不堅定的孩子會馬上上鉤，因為父母的和顏悅色及物質獎賞，實在是非常誘人的。

第 5 個，持續上演，勒索者食髓知味，繼續「要求、施壓、威脅、得到順從」的流程，被勒索者一次又一次的因為渴望及恐懼而退讓及配合，因而產生惡性循環，讓「情緒勒索」不斷地舊事重演。如果最終把孩子訓練成功了：他感覺有責任及義務要滿足父母的每一個要求，這個孩子，就一生被父母的情緒圈住了。……

運用不同的話題來勒索，目的是要得到孩子的聽話或就範。不管是強調犧牲、付出、光宗耀祖的期望、或運用自己的情緒 (會生氣、生病) 來控制孩子的情緒 (負罪、害怕)、還是把自己的婚姻事業問題轉嫁給子女，甚至是運用迷信來恐嚇子女，都是一種複雜的心理遊戲。這裡面包含著搶功邀功、討好、示威，都是情緒勒索。它是一種微妙的親子關係，是心思細密，喜歡拐著彎兒說話的人最喜歡用的一招。

「情緒勒索的語言」的後遺症

□ 「臨考恐慌症」讓孩子不想讀書

「為了媽媽，你一定要考好！」這種壓力，會讓很想讓父母滿意的孩子發生「臨考恐慌症」。有一個資優生，只要考期一到就會拉肚子、頭痛、因為他擔憂考不好。有一次進入考場後看到考卷上有許多自己不知答案的題目，一想到父母的期望，就在考場中暈倒，且在昏迷中一直說「媽媽，我對不起你」……在清醒後，這個孩子說什麼也不敢再進考場了。最後，病情嚴重到他因懼怕考試而

不肯上學了。考試本身已經是個挑戰了，若還抱著「為了爸爸媽媽，我一定要考好」的這份情感債而赴考，這就不是每個孩子都能承受及排解的。「臨考恐慌症」讓孩子不想讀書、怕讀書，除了怕考試本身之外，孩子真正怕的是考卷拿回家時雙親的眼神。成績不好的小孩，在回家的路上就體溫降 3 度，腳步就沈重 100 斤，不需要回到家門，就已經開始在害怕了，這就是情緒的屬害，它在無形中控制了孩子。在古代的宗法社會裡，人人都得孝順與報恩，人人都得習慣傳統父母的各種身份暴力及各種壓力，但在大家庭的扶持及分散壓力氛圍下，即使得了心身症也不會太突顯。而現代社會裡的小家庭，大眼瞪小眼，只有二房一廳沒處可躲……，抵抗力較弱的人的「回報壓力症」與「臨考恐慌症」就會非常突出及麻煩了。

口 「回報壓力症」讓美好的付出與回饋都變味

重複又不恰當的訴苦，以親子連心的天性來折磨孩子，運用情感來讓孩子產生罪惡感，帶來的是「回報壓力症」。有些孩子不想回家，因為一回家就要面對重複又不恰當的訴苦。父母以親子連心的天性來折磨孩子，讓孩子產生罪惡感。表現不好的孩子內心感到愧對長輩，壓力循環的結果只是會更想逃避。「我這樣對你，所以你應該這樣對我」「我做了這些，所以你也應該做那些」的要求，那麼本來美好的「知恩圖報」就變成味道不好的、被迫的「施恩求報」了。父母會把一切都給孩子，但這並不是孩子造成的，也不是孩子要求的，是父母自己心甘情願的選擇。把自己的付出、犧牲一直掛在嘴邊、臉上，並以此來要求孩子的聽話、順從、回報，這就是負能量。和這樣的人生活在一起很恐怖。這一招，通常是正規教養方式無效時，求好心切的家長感覺到辛苦的付出換不來孩子的成器或聽話，對教育的不奏效感到焦慮，就開始訴苦和抱怨、對孩子訴說自己經歷的辛苦。父母給孩子最可怕的禮物，就是犧牲自己的幸福後，再向孩子索求回報，對幼兒而言，更是巨大莫名的負擔。每個人都想孝順父母，但

不等於願承受「回報壓力症」，情緒勒索，讓美好的付出與回饋都變味。

口 「回報壓力症」讓孩子不想回家

如果你為了給孩子更好的物質享受而有所犧牲，那也是你自己的決定，而這不等於子女有義務要因此要對你大事小事都得言聽計從，或長期心懷深深愧意，這兩件事之間沒有等號。天下兒女哪個不想為爹為娘帶回金山銀山來奉養？但是父母要沈得住氣，要等孩子有感悟、有能力做得到、有決心想做，無法勉強。在此之前，你的「耳提面命」都是形同勒索及徒增壓力。沒有人會喜歡債主、沒有人會愛上債主。負責心重的孩子一定會還債，但不會想要和債主有親密關係。勞苦功高的父母，要以平和的心態讓孩子明白自己家庭的處境，不要以悲情的方式或勒索的手法來製造他的壓力。想要培育出有責任感、有孝心的子女，應該用其它有效的方法，要給他機會自動去體會自己的責任，而不是用勒索的方法製造後遺症。不願意繼續接受情緒勒索的孩子會逃避父母，這就是下一代不想回家的原因之一。

口 長大的孩子會看穿背後的目的

情緒勒索這方法，也許會奏效於一時。小的時候，父母只要用一個眼神、一個嘆氣，一句話，就能讓怕失去愛與肯定的孩子順從，孩子的愛心被濫用及消耗掉。但是，孩子總會長大、會變聰明的，一旦他又聽到熟悉的話頭時，就知道你又要嘮叨了。在他小時候，他聽得是很困惑，但時間久了，孩子大了之後，終究會產生厭煩與反感，繼而影響感情及行為。因為他逐漸想明白，你所說的那些鋪墊、曾經為他所做的事的背後，一切都是有目的的。這時，他會怕聽你說話，不聽你說話、逃避與你說話⋯⋯因為你講的話，讓他看穿了你的背後目的，而長大了的他已不想再就範，他會反感反彈及抗拒，因為，世上沒人喜歡和犧牲者朝夕相處。

口 情緒勒索造就「開心果」「犧牲者」「慈善家」「心理諮商師」……

自我價值感低、罪惡感高、安全感需求強的人，沒有自尊、易懷疑自己、忽略自我、急於取悅別人，被「害怕恐懼」打敗的人，容易被勒索成功。一直想當孝子、好孩子、非常愛父母、在乎長輩、畏懼權威、重視形象及別人肯定的人，就是最佳勒索對象。習慣情緒勒索後，就會越來越沒有自尊、更易懷疑自己、更忽略自我的真實感受、更急於取悅別人，更習於以「害怕恐懼」為主的關係、更在乎長輩、畏懼權威、重視形象及別人肯定。這就像習慣性的流產、外遇一樣，會養成習慣。從小習於關注、因應別人情緒的人，日後容易成為輔導別人的導師型人物，因為他懂得這種渴望。用犧牲來勒索成功的父母，他的孩子會對別人的生氣、不開心非常敏感及在乎，他在人群中會小心翼翼地搜尋別人的期望及負面情緒，他會想盡辦法去滿足對方，取悅對方，成為典型的「開心果」「犧牲者」「慈善家」，甚至是救苦救難的「心理諮商師」「心靈導師」……他渴望去輔導別人，因為是從小習於關注、因應別人情緒。許多賢妻良母只要家裡有任何一個人不高興，她就不敢高興、不願高興……她會努力地去取悅那個人，伺候救們的情緒，直到那個人不再不開心為止，她才肯讓自己開心。這種遊戲，在生活中處處都是，愛人、同事、親戚、朋友、客戶、上司下屬……都可能在用情緒勒索彼此，而這種習慣都拜父母在家教中把孩子教會了。

口 情緒勒索成功的後果：讓孩子成為永遠駛不出家庭港口的船

不願被勒索的孩子會逃離，而勒索成功的孩子呢？他們會成為不駛出家庭港口的船。情緒勒索型的父母，用自己的犧牲及付出來爭取孩子的同情、感動與回應；用悲情苦情來鎖住孩子的心，綁住子女讓孩子成為小木偶後，讓孩子不敢去闖天下，這招成本太高，情境太苦，用心太不漂亮，結果太壞。於是，孩子一學成就回鄉待在父母身邊，「父母在不遠遊」，認為父母需要他的陪伴；畢業後

不想到外面打拼；或成為膽小或懶惰的「宅男宅女啃老族」，這都是長期情緒操控成功的結果。每個人的一生，都已經被自己的情緒圈住了，如果父母的情緒也持續地控制他的話，他的一生就被情緒這件事困住了。情緒勒索成功的父母，讓孩子成為永遠駛不出家庭港灣的船、膽小或懶惰的「宅男宅女啃老族」。讓他學點小本事，只能留在身邊做個小工作，或不工作讓父母繼續養他就好了。若投資孩子學習，讓他見識了外面的大世界，最後又要用情緒及責任的一條線把他鎖回港灣，這是何苦呢？

口 被迫接受「長輩為自己犧牲」的孩子的幾種反應

親子具有不平等的身份，一個是給，一個是受。給是主動的，受是被動的。麻煩的是給的一方若強調「犧牲」，就造成壓力了。讓孩子覺得自己有錯，自己太差，沒有讓父母開心，所以用表情、語調、明示、暗示、甚至用沈默來左右孩子的意志及行為，讓孩子在壓力下，失去了為自己做主的能力及意願。這種有「回報壓力症」的孩子性格及表現，通常是不喜樂的，這種親子關係也是越來越有距離的。活在現代社會裡，已經不是三妻六妾、君臣父子的封建社會，我們就不要再輕言「犧牲」這種字眼，因為犧牲實在是太沈重。這不只是親子之間應如此，婚姻、同事、合伙人都應如此，人生的人際關係應該都是朝向輕鬆自然快樂的方向來發展，何苦讓孩子從小就活在犧牲及報恩的情境裡呢？被迫接受父母的犧牲、動不動就被提醒他承受著家人長期犧牲奉獻的孩子，可能會有的反應有哪些？

1， 　可能是，覺得心情沈重、任重道遠；

2， 　可能是，對人對事都有無力感，害怕讀書、考試與未來；

3， 　可能是，覺得自己無法無力回報，因此開始因「回報壓力症」而頹喪或自暴自棄；

4， 　可能是，有「我又沒有要你為我犧牲」的困惑、不屑及不耐煩；

5，　　　可能是，「我希望你當初沒有生我」「我寧可沒有考上大學」的拒絕態度；

6，　　　可能是，發出「你最好不要再為我付出」「我討厭你這麼仔細的照顧我」的反感及反彈的情緒，及「避離被愛」的反制。

7，　　　可能是，會故意(或潛意識)把成績考壞、執意不繼續升學、拒學，或把工作、把關係搞砸。

8，　　　可能是，他不堪長期的壓力及勒索而離開父母。因為，沒有人喜歡被強制做出不情願的順服及感恩的行為。新聞裡見過，孩子因為父母為他的學業或生病而背債，他在負罪感中只能離家、逃家、輟學、逃學……眼不見為淨。

9，　　　可能是，他會厭世、出家或棄世，這是情緒勒索不成的最失敗極端案例。

10，　　　可能是，他長大後也成為總是主動「自我犧牲」、然後期待對方反饋的人，他也成為奉獻者、犧牲者、慈善家……。他在覺得對方不感恩圖報時，也會用同樣的方法去情緒勒索、要挾對方，但口中會特別強調不求回報。而這種人，人們愛他、敬他時是心中有負擔的。

不讓「情緒勒索的語言」出現的方法

口 「知恩圖報」與「施恩求報」的差別

含辛茹苦，是為人父母的天職及選擇，若心甘情願就去付出，就不要去邀功或以此要挾。父母的付出，本就是應該的，和孩子能否成材及聽話與否完全無關。天下父母心，因為忙碌及兩代代溝而不能瞭解彼此的想法與喜好，這是很正常的。父母心中想要孩子知恩圖報，更是正常。為了要讓孩子知恩，而且聽話，父母的絕活就是情緒勒索孩子。但，「知恩圖報」與「施恩求報」的差別在於，前者是甜蜜的恩情，後者是債權人與債務人的關係。為人做了事情，馬上就要索回反饋，而且是用無法估算的抽象的付出來計算，而且要對方付出巨大的、痛苦的、不情願、長期的回報的話，就是一種勒索行為。兩者的差別在於，前

者是孩子的自動自發，是「知」恩的自動行為；而後者是大人的勒索行為，是「施」恩後的結算、結帳與牽制，讓孝順成為一種會計帳務及交易行為。這種錯誤語言，又與另一種錯誤語言類似，那就是另一堂課我們會再討論的「交換條件」。

口 別讓「回報壓力症」使孩子逃避父母 & 不想回家

重複又不恰當的訴苦，以親子連心的天性來折磨孩子，誰會喜歡？把「你應該滿足我的需要」深根在孩子的腦海中後，那些沒滿足父母期望的人，尤其是就業不順利的年輕人，就彷彿是不孝順的人，這就是兒女感到的壓力。無力回報父母的孩子，會選擇逃避。不止一次聽到有人這麼說：「我知道春節應該回家，我也很想回家看看，但只要一想到每次見面時爸媽一臉的怪我沒出息（沒結婚）的樣子，不是對我不滿意就是逼我相親……再加上鄰居無聊的問來問去，我就是不想回去。壓力好大，我 3 年沒回去了。」就因為他的父母一再地強調：因為養他而讓家庭有所犧牲。明示暗示：如果孩子小時候不好好學習，長大後賺不了大錢，就等於是辜負父母的恩情。沒有人喜歡天天和債權人相處，也不想和他交心交流，這，就是好父母即使徹底犧牲，也未必能得到溫暖回報的原因。面對犧牲的父母，子女感到的是壓力、討厭或逃避情緒。多少勞苦功高的父母，到老了子女不願意陪伴，因為一見面就會想到、聽到當年的痛苦與壓力，誰會喜歡？忘恩負義、不孝順的孩子在負罪感及壓力之下，選擇離父母遠遠的。逃避還算好的，怕的是孩子被壓力擊潰而走上壞路或自暴自棄以叛逆來找出路。

口 父母的「強迫症」：「己所不欲，勿施於人」，不等於 「己所欲，就該施於人」

父母心甘情願地付出，但是沒有先想想，自己的付出，是子女需要的嗎？是子女要求的嗎？未必！子女有要求穿名牌及吃大餐嗎？未必！是父母自己想要給

孩子這些享受。父母希望子女當醫生，但子女想去當司機，這時可以用父母為了孩子求學舉債而讓子女聽從父母的意願嗎？父母曾經不讓孩子受苦，子女應該要感謝，但這不等於就有權強加自己的意願到孩子的頭上。「己所欲，就該施於人」的信念，就是「自我強迫症」（不好意思，我偶而也難免要貼貼標籤，請見諒）。想想，你犧牲的，不見得是人家要的；你本來就是心甘情願的做付出，若稱之為犧牲，就把美好的行為，成為對方的壓力了。每個人、每個孩子都會希望出人頭地，光宗耀祖，替爸媽爭氣，但這得要孩子自己有這個意願及能力。唯有孩子自己有這個使命感才能接受學習、考試、人生的各種挑戰，若是大人用情感、情緒來威脅他：「只許成功，不許失敗」「若沒做好，就是不孝」「不聽話，就是沒良心」「要為家庭爭光」的話，這種複雜的動機及「高標準」往往會適得其反。「己所不欲，勿施於人」這句話不全對，因為要看「不欲」的事為何，比如我不愛吃辣，不等於我不該請朋友吃「香辣牛肉面」；自以為「己所不欲，勿施於人」，很體貼別人，不等於「己所欲，就該施於人」。想想要求孩子做到的事，家長自己有做到嗎？如果你們自己並沒有大成就，為何要求孩子能有大成就？想要「基因突變」應該要幾百年，而非憑你一句話，當年數學不及格的你能讓你的孩子考出 100 分。你家的蜂蜜，可能是我家的毒藥。不要以自己單方面的付出，咬定對方應該如何表現與回饋。「己所欲，就該施於人」不正確！父母認為好的，孩子可能認為不好；古代認為對的，現代人可能是錯；父母給的，有可能竟是孩子不要的；就算你的付出是好，但是過量也是問題。過度撫養、超量滿足、超前滿足，是父母的行為，不是孩子下的「訂單」，孩子沒義務要「買單、買帳」。用心良苦的父母即使做到了「己所不欲，勿施於人」，也不等於「己所欲，就該施於人」。

□ 勿輕言「犧牲」，更不要把它經常掛在嘴上或臉上

不要輕言犧牲，因為一談到「犧牲」實在是太沈重。人和人之間，即使是家人，

也最好不要輕言「犧牲」，更不要把它經常掛在嘴上或臉上，因為這樣的關係及生活太沈重了。這會讓對方沒機會自己主動感恩，也在回饋時感受不佳。這些話偶爾講講是人之常情，最怕是念經念經，不斷地重複，天天都講，那就是疲勞轟炸，魔音穿腦，洗腦催眠……那就會讓人感到無奈與不耐煩了。當別人對我們過度付出時，其實我們是會有壓力的，孩子也是一樣，他也會本能地抗拒。

口 情緒勒索來的孝道已失靈

「孝道」這件事，因為父母數十年的養育之恩，就要求孩子要一輩子孝順你、完全聽你的話，對有些現代的孩子已是說不通的。古代大人覺得理所當然、合理的事，現代的小孩未必會認同。在古代，情緒勒索不用說出來就有用，但現在可能說出來也沒效，甚且產生反效果。新時代有新時代的孝順觀，這是一個情緒勒索將失靈的時代，想要有「有效」的教養，情緒勒索這一招可以放棄了。父母不要便宜行事，為了自己的私利，用情緒勒索來培育孩子的有害性格。只要有害怕的元素，就不是愛！情緒勒索創造的是畏懼不安的愛，親子的愛不該用情緒勒索這一招。別為了得到歸屬感和價值感，而用這種方法：操縱別人為自己服務，用自己的服務操縱別人。最後，雙方的精力都用在操縱上。

口 新時代的孝順觀：子女要負擔父母的全部在數學上不合邏輯

世上的父母有責任給孩子愛與教養，但沒有義務保證給孩子最好的物質條件。不要因為你自願做了超過你能力的付出，也就是所謂的犧牲，就讓孩子一輩子都得感到對你虧欠萬分。在孩子成長過程中，孩子只是你生活負擔的一部份而已；等你老了，你卻要他負擔你的全部，這在數學上也有點不合邏輯。若你認為你的全部都給了他，那也是你自己的選擇，不等於子女就該為你受的苦負全責。孩子如果沒有要求你，他就沒責任。子女要自救、要明白，每個人的情緒

是各自負責的，不必為了和父母親密相處而失去了情緒獨立的權力，不必被別人的情緒負責，即使對方是勞苦功高的父母。年幼的孩子會被情緒勒索控制住，但長大後就要自救，要掙脫這個遊戲。人說「天下無不是的父母」，事實可證，「天下有不是的父母」，若遇到不好的父母，建議不必因為血緣關係就要以愚孝回饋。人人喜歡愛人與被愛，但沒有人喜歡因為愛而被勒索。我希望天下的孩子，不要再受情緒勒索的操控及污染！……父母常說的錯誤語言，多達10種，你都說過了嗎？懇請家長別再說錯誤的、有傷害性的、拒絕溝通的、打壓孩子想表達的話語，做完「複習」與「作業」，請開始有建設性的語言《親子乒乓球》，享受有笑有效又有孝的親子對話。

【複習】我知道情緒勒索的句子分為下列幾種，而且知道它們的後遺症是：

否定句子的類型 　　　　　　　後遺症

1、藉 ＿＿＿＿＿＿＿ 來爭取同情與回報的句子

2、強調 ＿＿＿＿＿＿ 、付出及 ＿＿＿＿＿＿ 的期望來製造孩子 ＿＿＿＿＿＿ 及

＿＿＿＿＿＿ 。

3、把 ＿＿＿＿＿＿ 或 ＿＿＿＿＿＿ 嫁接給孩子，讓孩子來負責的句子

4、運用自己的 ＿＿＿＿＿＿ 、 ＿＿＿＿＿＿ 與 ＿＿＿＿＿＿ 來控制孩子的情緒，讓他緊張、憂心。

【作業】這一堂課我學到的、將改變的是：

1/

2/

3/

第 **5** 章
不要說「讓孩子看不起大人」的話

5 不要說「讓孩子看不起大人」的話

過度讚美、自我矮化、自我貶低、和兒女平起平坐(做朋友)、低姿態、取悅討好兒女、悲情地強調自家弱勢與不幸、表現內疚、處罰大人……大人的自廢武功招式，讓孩子倫理錯亂、身負悲情與重大壓力。對孩子不分青紅皂白地過度讚美、全盤肯定、形同拍馬屁；與孩子一般見識、沒大沒小、角色錯亂地向孩子認罪、求饒、主動補償；邀功、訴苦及吹牛加上情緒勒索的話，讓孩子無所適從且倍感壓力……這類負面語言會讓子女覺察你對他過度表揚及不當讚美的背後，是急於想取悅討好他、拍他馬屁的意圖。若再加上你習於哀求他、自我矮化的習慣，兒女會對你越來越輕視及厭惡，並聰明地成為主控者。最終他們會因為已養成壞脾氣或高傲的習性，成為社會上不討人喜歡、並讓別人嫌棄的人。

「以前我們做小孩的時候，大人一講話我們就要聽。現在的孩子很奇怪，老把我們說的話當耳邊風。」「現在的年輕人沒大沒小，跟他們講話愛理不理的，有時候真覺得他們不甩大人！」「我覺得很奇怪，我苦心低姿態地改變了威權式傳統父母角色，照專家說的，拼命表揚孩子，但是反而讓他更驕傲？他還真以為他很棒？」「我學習努力讚美孩子，但發現孩子並不高興？」「我們用開明的方式教養他，對他還不夠好嗎？但是孩子反而得理不饒人，對我們越來越不客氣？」……這是父母和老師的困惑；而企業主的感受是，很願意栽培年輕人但往往得不到員工的反饋及感謝，到底是什麼原因，讓這些年輕人總覺得自

己懷才不遇、眼高手低而怪罪別人卻不檢討自己呢？……這都是父母「角色錯亂」的語言所致。年輕人若沒大沒小、目中無人、看不起長輩，不要急著批評，冰凍三尺，非一日之寒！有遠因，有近因。近因就是由國外引進的一句話「跟孩子做朋友」開始流行後，現代的孩子就越來越看不起大人。本來應該高姿態的父母，還講了那些話而被孩子看扁了呢？冰凍三尺，非一日之寒，請停止不當語言，開始有笑、有效、有孝的親子溝通吧。

【讓孩子看不起大人的標準句子】

你是否曾說過以下這些句子？若有，就在 □ 裡打勾！

□ 小祖宗啊，只要你高興就好→討好他、巴結他。

□ 爸爸媽媽只希望你快樂就好、只要你快樂，其他的事情我來處理就好→取悅他，大人的身份是比他低。

□ 我家寶寶最棒了！你就是個大天才！→不分青紅皂白、過度的讚美、全盤肯定、形同拍馬屁。這種全面讚美讓他覺得自己很了不起，別人都差，他最強（事實上大部份的人都很普通）。

□ 我知道我是個徹底失敗的媽媽（爸爸）。→自我貶低、自我矮化、自稱為弱者及罪人。

□ 媽媽不知道怎麼管教你，讓你變成這樣都是我的錯，我買 ×× 給你好嗎？→向孩子認罪、求饒、主動補償。強調願意討他歡心，讓他看透你對他無力管教，接著他一定更為加看不起自我矮化的你。

□ 都怪我們家沒錢，讓你被欺負，都是我們的錯。→悲情強調自家弱勢、家庭不幸。讓孩子子自覺不如人、跟著大人一起徹底沒信心。表現內疚、處罰大人、讓孩子倫理錯亂、身負悲情與重大壓力。讓孩子認定你們苦命，他被拖累，從此家裡失去了同理心，反而孩子學會「凡事都是別人的錯」。

□ 我求求你不要這樣好不好，請你認真讀書、你不要再這樣，你會氣得你媽媽

(爸爸)再發病，求求你了！→ 另外一個更糟糕的是哀求他、情緒勒索加上暗示恐嚇。

□ 我們全家省吃儉用，還不是為了讓你上大學，成為村子裡第一個大學生。→ 弱勢、邀功、訴苦加上情緒勒索。

□ 想當年，我若不是那次投資錯誤，我現在已是全國首富了。→ 吹牛不打草稿。

□ 你看看整個小區裡，有誰有你這麼好的父母？坐這麼好的車？→ 自我拍捧、邀功的句子。它強調不真實的的經驗、權威與成就，但孩子不笨，共同生活在一起的他早就看破你是在吹牛，說的是謊話。

【讓孩子看不起大人的延伸句子】

1 ★以下是不分青紅皂白、過度的讚美、全盤肯定、形同拍馬屁的句子。

□ 你簡直是音樂神童。　□ 我家寶寶最棒了！你是天才！

□ 你真是個了不起的大天才啊！□ 你是全世界最漂亮(帥)的。

□ 你就是世界上最厲害的孩子。□ 寶寶最乖了，沒有人能比得上你的乖。

□ 你是我的孩子，你絕對是最棒的。□ 胖胖好，胖才漂亮！你胖得真漂亮。

□ 不得了啊，你真是一個………… □ 我女兒像公主，聰明又漂亮！

□ 你樣樣好，別人想跟你比？差遠了。□ 我們家寶寶將來一定是個大人物。

□ 我的孩子絕對優秀，次次考第一，樣樣不輸別人。

□ 我們的寶寶天份高得很，什麼一學就會！

□ 你真是個大畫家(音樂家、發明家……)。□ 你將來一定選美皇后。

□ 你一定會成為大富翁！首富沒問題！□ 我家兒子將來就是第二個××。

□ 你長得真是漂亮！真是大美人胚子！以後一定是×××第二。

□ 大家來看看，我的這個孩子說哭就哭，說笑就笑，將來肯定是個好演員。

□ 我看你的幼兒園小朋友，別人都不如你，你最棒了、你最厲害了。

□ 你講故事是全班最棒的！別人都沒你講得好，老師看不懂，別理他。

□ 你這麼優秀，你們老師偏心才會不讓你當班長！

□ 等妳長大出了名、發大財、成了大人物，就帶著我去環遊世界！

2 ★以下是自我貶低、自我矮化、讓孩子小小年紀就覺得父母是弱者及罪人的話。

□ 我知道我是個徹底失敗的媽媽 (爸爸)。 □ 我承認我真是個壞爸爸 (媽媽)。

□ 我真差勁，養出你這樣的孩子。 □ 出生在這個家，你很可憐。

□ 我們很失敗、爸媽對不起、拖累你。 □ 都是爸媽不好，沒辦法讓你……

□ 我能力有限……都是爸媽不好……。 □ 苦命的孩子啊，和我一樣苦命啊。

□ 這不是你的錯，都是我們的錯。 □ 都因為我離婚，才讓你今天變成這樣！

□ 你的命不好，會投胎到我們這個窮家，肯定是上輩子你做了什麼壞事。

□ 我知道我們沒有文化，只要你好好學習，你要有文化。

□ 我們的教育真是失敗啊！

□ 都是你在照顧我，要是沒有你，媽媽真不知該怎麼辦呢。

3 ★以下是向孩子認罪、求饒、主動補償，與孩子一般見識、沒大沒小、身份角色錯亂的負能量句子。

□ 小祖宗啊，只要你高興就好！呵呵呵！□ 小公主不要再這樣，求求妳了！

□ 媽媽不知道該拿你如何是好！怎麼辦？ □ 求求我的爺趕快吃飯好吧？

□ 我求你了，拜託心肝寶貝好好學習。□ 只要你聽話我們什麼都依你。

□ 求求你，聽媽媽 (我們) 的話吧！□ 拜託你饒了我，媽求你別再這樣好嗎？

□ 只要你別再吵，媽媽跟你投降，馬上買糖給你吃 (明兒買 ipad/ 去遊樂場 / 出國旅遊……)。□ 求你不要這樣、你再這樣媽要哭了。

□ 求你聽爸爸的話，我跟你下跪都行。

□ 爸爸因為要上班，不能陪你，我真是太對不起你了。

□ 都是媽媽不好，都是我的錯，沒有趕上接你下課的時間，那罰我明天帶你去
　　動物園！ □ 拜託你不要生氣，都是我的不好。

□ 快把飯吃了，不然你吃 1 碗，我吃 3 碗飯好不好？

□ 爸爸下次如果再忘記你的生日，你就罰我做俯臥撐？不行？不然怎麼罰我？

□ 媽媽（爸爸）怎麼樣都行，但你一定要好好的聽話……

□ 孩子如果你不想活，我也不活了。□ 如果你死，那我跟你一起去死。

□ 如果你要跳海，我和你一起跳。

4 ★以下是悲情強調自家弱勢、家庭不幸、不倫不類的話。

□ 我小時候真是苦過，所以我不要再讓你受苦，你好命！

□ 都怪我們家沒錢，讓你被欺負，都是我們的錯。

□ 我們是不行了，孩子，我們這個家就看你的了！

□ 誰叫你前世沒有燒好香？只能自己怪自己命不好。

□ 都怪我，一直在外面賺錢，沒法好好照顧你，我對不起你呀，孩子（眼帶淚
　　光）。 □ 不要生氣，都是因為我們家窮，對不住你。

□ 這些年讓爺爺（姥姥）帶著你把你慣壞，讓你養成這麼壞的脾氣，不是你的錯，
　　都是我們的錯！ □ 可憐你這個沒了爹（娘）的孩子。

□ 如果你爸爸（媽媽）還在的話就好了，就能把你管好了！

□（向老師說）我的孩子從小沒有媽媽，我又無法管教，只好拜託你體諒、多照
　　顧了。

5 ★以下是弱勢、邀功、訴苦加上情緒勒索、「複合式」的話。

□ 我們省吃儉用，都是要讓你過上好日子，你怎麼就一點兒也沒感覺呢？

□ 你爸起早摸黑，每天為了賺錢只睡幾個小時，沒看見嗎？

□ 想想你生在什麼樣的家啊？你最好努力點。

□ 你看你爸有好久沒有買新衣服了？我們苦沒關係，你如果還不努力學習、不認真讀書，你還有良心嗎？ □ 我們辛苦沒關係，只要你懂事聽話就好。

□ 我們幾代人都沒有你這麼好命，能好好讀書還不認真讀，你還有臉嗎？

□ 你看誰家有我們家這麼多的玩具？而且還都是外國貨！→吹牛加上邀功（兩種錯誤語言一起說）。

□ 你為什麼把眼睛搞成深度近視？你知道這要花多少錢嗎呀？

□ 這麼多的蛀牙？我這麼辛辛苦苦地把你養大，你還讓我給你治牙，你知不知道，都是錢吶。不是小錢呀！

6 ★以下是吹牛的句子。

□ 想當年我多風光！房子一整排！ □ 媽（爸）不會騙你，我從來沒有騙過人。

□ 爸爸像你這麼大的時候，早就賺大錢了，所以你得聽爸爸的。

□ 想當年，我早就會……，那裡像你，到這個年齡還……。

□ 你知道嗎？我以前、我以前、我那時候……

□ 我年輕的時候，人家都說我比電影明星某某某還漂亮（還帥）！

□ 我以前可屬害了，一個人單挑 20 個人打架還最後打贏。那像你這麼膽小？

□ 你不知道我以前多風光，所有的人都說我很牛！……

7 ★以下是自我拍捧、邀功的句子。

□ 你有我這麼好的媽媽，你真是太好命了。 □ 你的八字好，出生在我們家。

□ 你看看你的同學，有誰有你這麼好的父母？這麼好的家庭？

□ 你看誰家有我們家這麼多的玩具？而且還都是外國貨！

□ 你應該要知足啊！誰能像你這樣吃得這麼好、穿得這麼好呢？

□ 還不是有我為你做了這麼多的事，不然……。 □ 因為有我，沒人敢欺負你。

□ 我生的我養的，將來肯定是大人物！億萬富翁！

讓「讓孩子看不起大人的語言」出現的原因

口 讓孩子看不起父母的不當讚美有 3 個原因

看不起大人的小孩讓家教沒效。原因？因為父母學會了「賞識教育」誤以為拼命全面式的讚美就會讓孩子成材。但孩子眼中看到的是你在討好他，同時感到的是大人在貶低自己。以為哀兵會讓孩子感動而奮發；有的是吹牛吹到孩子看破你「驕其妻妾的齊人真相」……糟了，各種誤會就發生了。父母說出各式各樣讓孩子看不起我們大人的話？原始基本的目的有 3。

1、想用取悅及讚美的方式使孩子聽話變成一個「好孩子」；

2、父母真心由骨子裡超級欣賞自己的寶貝，認為讚美能博得好感及情感；

3、是想要用謙虛、認錯的態度來換取、贏得孩子對自己的認同、同情或好評。

於是，我們看到一家人開始彼此較勁，比較誰的「表演」「話術」最能得到孩子的歡心、接納及肯定。但麻煩的是，大人這些出於好意的、高度及長期的讚美或表揚，小孩可能當成巴結、拍捧、逢迎、取悅、示弱及拍馬屁，他以為是父母認為理虧而要取悅討好巴結他。這些招能讓父母當下得到孩子的聽話及高興，但日後會付出不值得的代價：孩子看不起父母了。

口 哀求、討好與取悅代表教養的技窮：讓孩子得到強大的武器

父母為何以高位位階變成討好巴結小孩的角色？往往是因為之前的教養招式不靈，技窮的結果。父母自我矮化身份，學外國電影裡的畫面：把爸爸當馬騎，還要被孩子開槍打中裝死，努力表演自己敗在他手上。孩子察覺了父母的計窮及討好，且知道只要自己發威耍酷，就會如願得到他要的東西，從此，他為了能得到自己要的東西、為了獲得父母的注意，就會故意製造氣氛、使父母處於向他示弱或哀求的地位。當孩子們知道你希望「他喜歡你、愛你」而忙著巴結他時，你等於就是送給他們一份強大的火力、有效的武器。計窮的父母不懂得

使用適當的獎勵與懲罰，中計開始向孩子示弱或哀求後，就等於告訴孩子：我被你打敗了。此時若繼續屈服而採取哀兵政策，會讓孩子更變本加厲。

口 鋼琴老師的讚美：迷惑真相的外界讚美

我在孩子小時候曾讓他去學鋼琴，我怎麼會不知道根本就沒有音樂基因及興趣，知子莫若母，我讓他短期學個鋼琴是別有用心的，目的是要磨練他，讓他體驗一下「背樂譜」的痛苦，回過頭來，他就會覺得學校裡的國文、英語簡單多了，是一種刻意的「挫折訓練」。我心中準備的就只是磨練個幾個月、讓他有個經驗就行了。但有趣的是，每隔一陣子，我去接孩子時，鋼琴老師就會主動對我說：「妳的孩子『音感』很好，應該要好好栽培。」奇怪？我的孩子明明就彈得很一般，孩子也沒表現得很想學，為何老師會這麼肯定他呢？到了第 3 次，我就明白了，老師開口的時間段，都是快要交下一個月學費的時段……明白了，這讚美都是有目的的。我沒有被鋼琴老師的迷湯灌昏，就在孩子「挫折訓練」幾個月後，讓課程自然結束了。讚美，沒目的的，才是真心；有目的的，就是一種功利行為。父母違反事實地讚孩子，為讚美而讚美，透露的是自己的另有居心，且迷惑了真相。父母說太多讓孩子迷惑真相的讚美，讓他不知自己是誰，讓他以為父母很崇拜他……呃，一場誤會。

讓「讓孩子看不起大人的語言」的後遺症

口 現代的濫用讚美 & 古代的拍馬屁文化！

不當的讚美為何流行？因為表揚與讚美非常有用。但它們的問題就在於它太有效、太有用，當下有用，就像吃糖、吃毒品一樣，很快就會水漲船高，「劑量」得節節升高。我常說當代家教的 2 大要害，就是「跟孩子做朋友」和「要多讚美小孩」這 2 句話。讚美本是美好的，但是不當的、不真實的、過度的、超量的、持續的讚美就等同拍馬屁。父母分寸拿捏不當，就會讓小孩子以為他是「宇宙

中心」，而父母是專職來歌頌他的人。拍馬屁文化，我們一點兒也不陌生，它根本就是古老傳統。《甄嬛傳》等大戲可看到宮鬥戲裡的縱軸，就是勾心鬥角；橫軸，就是油甜的拍馬屁句子。整個社會還在不斷回放《甄嬛傳》這類宮鬥劇，因為，劇中人物及對白活生生還在生活裡，人人看得懂，且聽得習慣。在古代，被人拍馬屁本是權貴的特權，在現代，則有了一個新名詞叫讚美，它被運用在新時代的普遍人際關係裡，特別是家教裡。

口 謙虛文化的東方人不適應被讚美

西式潛能開發課程及口才班，一定會教學員要努力地「讚美」別人，家教課也不例外，要父母有事沒事多「讚美」小孩。訓練學員運用「讚美」「感恩」這個模式，剛開始很有效，通常是上完課後非常興奮、逢人就讚美，但這種行為很快就消失疲乏了。為什麼？因為東方文化沒法適應這種不管親疏、見面就沒頭沒腦地得到讚美的假關係。我們有謙虛文化，不但不知如何給予別人讚美，同時被人讚美時也不知該如何接受，會不知所措。於是，上完這種課、開始到處讚美別人的人，會成為夥伴中的異類，成為別人一下子無法適應的人。更可能的是，他的真誠讚美，被解讀為傳統的「馬屁精」又靈魂附體了。

口 沒有淬煉的金子不會發光發亮

「只要是金子，就會發光。」這句話，對嗎？不對。許多積極學習新式教育、望子成龍成鳳的父母誤會了一件事，那就是誤以為全面的讚美會讓一個人聽話又成材，這個人就會發光發亮。但金子要經過由砂礫中淘洗出來再經過融煉，才能結塊，沒有經過設計鍛造的金子只是金塊，沒有沒有淬煉過的金子不會成為發光發亮、價值更高的首飾或金磚。對著原始的金粒不斷地說「你好美、你好亮、你好棒」，只花口水是無法讓它成塊及發光發亮的。只有讚美沒有教育、訓練及磨練，孩子不會成材。

□ 舉例：被所有人讚美的皇帝不會讚美別人

父母相信讚美的功能，因為當前非常流行一句話：「活在讚美中的孩子，就學會讚美。」這個主張，對嗎？不一定。舉例：古代皇帝及小皇子，是全世界被讚美得最多的人。皇子由出生之後，就被周邊的所有人，由額娘、侍女、太監到國師，沒人敢得罪他、批評他、指正他……只有全面地讚美、拍捧，但歷代皇帝顯然沒有個個成材，更沒有變成懂得感謝及反饋、會對周邊的人給予讚美的人。看看歷史就知道了，被讚美圍繞的皇帝，反而是隨時要把人拖出去打殺的魔王。

□ 錯誤的期望，就會有痛苦的過程，然後必定會有悲慘的結果

是的，濫用讚美，和拍馬屁有異曲同工的結果：讓孩子的認知受到很大的扭曲。這是人生一定要懂的、我很老才覺悟的關鍵句：「錯誤的期望，就會有痛苦的過程，然後必定會有悲慘的結果。」取悅巴結討好孩子，彼此都有錯誤的期望，結果是教養過程很痛苦，最後有悲慘的結果：讓孩子對自己真實的表現失望。在現實裡，表揚都是實至名歸，不會憑空而降的。若不是真實的讚美？無事獻讚美？非奸即詐！所以，天天從老師和父母那兒得到大量讚美的小孩，先有錯誤的期望（誤認了自己的優點），繼有有痛苦的過程（無法面對自己的真實能力），然後必定會有悲慘的結果（自我感覺良好的被外人打擊）……建議父母不要過度濫用讚美，不要讓孩子成為因為期望錯誤而困惑受苦的人。

□ 過度讚美的後遺症：孩子會看不起大人

讓大人被小孩看不起，是大人要承受的後果。試想，一個人天天在你面前讚美你表揚你，你的感覺是：他比你高，還是你比他高？而一個人是不會去尊敬及感謝比他低下、每天忙著讚美他的人的。皇帝不會尊重太監與嬪妃；董事長沒可能天天去讚美清潔工；高高在上的人沒時間去關懷低低在下的人的感受；接

受粉絲拍捧及送禮物的明星，心裡早就對粉絲的付出麻木了……所以，拼命努力表揚、讚美孩子的父母，就此失去孩子本來應該對他們的尊重及感謝。

口 過度讚美的後遺症：父母變成鼓掌大隊，孩子得了公主王子病

拍馬屁，讓教養無力無效能。看過這種畫面嗎？孩子在前面跑，媽媽、奶奶或阿姨拿著碗興奮地在後面追，追上了就搶著餵一口。孩子吃了一口，在場的大人就全部大聲讚美：「好乖啊，好乖啊！」「寶寶最棒了！」大人只求把飯菜餵完了事，這種拍馬屁的方式哄孩子吃飯，讓孩子以為這樣的小小配合行為就非常了不起，是大人喜歡的。該做的小事都得到大力讚美、鼓勵，父母變成鼓掌大隊後，孩子當然會得公主病與王子病。結果很多孩子很大了，都不肯自己吃飯。穿衣、洗澡，也一樣，乾脆全都主動不動手，因為不動手才會有高度的讚美。

口 過度讚美的後遺症：小人成「宇宙中心」

正在努力自己摸索世界，要走向自立的孩子要爬樓梯時，如果父母這樣說：「寶寶要爬樓梯了，你最棒啊！」「寶寶了不起，厲害了！」他爬上去後，舉家歡騰，又掌聲又錄影，有如明星出場，這會讓他感到高興，但也會莫名其妙。全家拍捧讓平凡小事成為大事，這樣受到高度讚揚的孩子會以為爬樓梯就是一件非常了不得的事，而事實上這只是人生他要學要做的一千件事中的一件小事而已。父母只要表達關注及關懷，或提醒說：「寶寶要爬樓梯了，真好。」「哇，你爬成功了耶。」若芝麻小事也大拍捧，讓平凡小事成為大事，小人就成了「宇宙中心」，他就習於周邊的人隨時要注意到他的小小努力及成就。

口 過度讚美的後遺症：滋長虛榮心 & 造成「驕傲」的人

芝麻小事就大肆被讚美，隨時隨地有掌聲，天天有獎勵……孩子開心了，習慣

了，上癮了，日後就會養成期待的心理。習慣被讚美且成癮的人，天天在等待讚美。滋長虛榮心，誤以為自己真的是人中之龍，人中之鳳。不可一世的自豪心態，一不小心就成為自大、自傲的人。美國一位金髮俏佳人，是奧斯卡金像獎最佳女主角，她在領獎時感動地說：「感謝我的父母、祖父母，他們從小告訴我，我能行、我是全世界最美的、我是最棒的！我想做什麼就一定做得到。」客觀地說，她並不具備典型的「美女」條件，但她是如此地具有信心且靠著演技成功得獎了。她的獲獎詞讓當時的我也備受感動，哇，感到讚美的威力……但是後來她鬧了一個頭條新聞，她和先生開車違規，不但不接受罰單，而且大鬧街頭，她告訴警察：「你知道我是誰嗎？你連我是誰都不知道嗎？你竟然敢開罰單給我？」這個新聞讓她形象大挫，在歐美，一個人的駕駛素質就等同於他的人品等級，正如同公眾人物鬧出三角關係，就會影響社會形象、甚至影響事業一樣。我因此了解了，這位最佳女主角，從小活在被家人高度讚美及得獎的光環裡，她就以為法律都不能管到她了。是的，適度的讚美「也許」會製造「興趣」，「可能」會造成人才；但是，過度的讚美肯定會造成「驕傲」及「不知自己斤兩」的人。

□ 過度讚美的後遺症：成為易怒的壞脾氣者

習慣被讚美且成癮的人，脾氣壞！讚美是為了讓孩子開心，那麼他應該會好脾氣，但有趣的是，恰好相反。「如果你們不說讚美我的話，我就會生氣（就不做事）。」只要得不到自己期望的讚美，孩子就用耍脾氣來當做控制父母的武器。這種期待心理一旦養成，父母就要成為隨時關注他、成為表揚他的機器。但有時候父母、老師因為忙，因而忘了沒有及時給他讚美、拍捧時，孩子就生氣了。對他好 99 次，就算只有唯一的 1 次不好，都顯得格外罪大惡極，這樣的人對人不滿意。他會動不動就生氣，一不如意就火大，成為一個壞脾氣的人。不但不會有怡然快樂感恩的心情，反而心情有如過山車、脾氣暴燥、動輒發怒。這樣

的孩子，心情隨時都要有人侍候，且很難侍候，很難被取悅。這樣的孩子，總覺得是身邊的人做得不對讓他生氣，他們日後在婚姻裡發生的情緒問題，源自他們父母的錯誤教養。在家習慣做小皇帝小皇后的人，不知道外面的世界的遊戲規則完全不同，到了外面竟不是那回事，孩子必然感到極大的失落及失望，屆時就肯定會遇到更多、更大的障礙。

口 過度讚美的後遺症：「頂級」讚美成為「頂級」壓力

家長要知道，讚揚孩子有多麼了不起、將來會多厲害……這類評語反而可能會威脅到孩子，引起他的深度焦慮。若他心中清楚自己到底有多少本領，就會對自己「能不能長久保持這種光榮記錄」而煩惱。讚美原本是好的，問題是讚美用上了「頂級」的「最」字，就成為壓力，成為聽者的心理負擔。老是說：「你一定能夠得第一的，因為在你們幼兒園裡你是最會唱歌的。」「學校選人去比賽，一定還是你。」「沒問題的，這學期最聰明的你一定還是得第一。」「你最棒了，全班的人都不如你。」……被高度拍捧的孩子心裡可能想的是：「要是沒有被選上，那不就辜負了爸媽嗎？」「怎麼我就覺得我並不棒呢？」……孩子最想聽到的是父母無條件的關愛，其次才是肯定他、讚美他的想法。一廂情願、不切實際、不現實地表揚孩子，讓孩子對自己的期望不合理的過高，創造了不必要的壓力。萬一孩子相信了父母戴著粉紅色眼鏡而講的話，一旦發覺自己的本領並非如此，反過來有可能導致自我懷疑或質疑父母。世界上所有的失望，都來自希望。「你一定會成為世界級最偉大的音樂家」「你是全學校最棒的學生」「全家你最厲害了」……「頂級」的讚美成為「頂級」的壓力。全班第一名只有一名，世上「頂級」是少數，沒必要讓大部份的人承受壓力。

口 過度讚美的後遺症：「狼來了」、沒有兌現的讚美帶來失望

渴望取悅討好小孩，出現許多讚美過度、且都沒法實現的話，這也是另外一種

「狼來了」。習慣並喜歡過度表揚，已有虛榮心的孩子，離開了家中的「宇宙中心」的讚美光環，突然發現外面的世界態度竟然是不一樣的。但你極力地讚美他：「將來你一定是選美皇后。」「你最棒了，沒有那個人比你更聰明。」你一直說的「最棒的」「最了不起的」「最美的」並沒出現……，原來你說的都是「狼來了」，最後他會怪你騙了他。甚至到時候你的安慰及鼓勵對他而言，都是虛假及傷害。沒有兌現的讚美帶來失望，你隨口說的無法兌現的讚美，讓失望受傷的孩子氣你。

□ 過度讚美的後遺症：認為一切都是自己的能幹與努力所帶來的

驕傲者常常也是不孝者。一有表現就被高度表揚並且得到獎賞的人，久而久之，會誤認為他擁有的待遇，全都是他自己的能幹及本領帶來的。讚美是個太美好的東西了，但它應該是孩子努力去掙來的。完全沒什麼努力、或只有一點點小努力就每天得到旁邊的人自動的、滿滿的、全盤的大讚美，讓孩子誤會：在眾星拱月的光環中，這一切都是自己創造出來的，而旁邊的每個人都是等著看他表演，急著要讚美的僕臣。甚至會認為，家人都是沾他的光，不然為什麼要這樣的巴結他？長期被讚揚的孩子，一方面是不會尊重及感謝大人，一面是發展出自負的性格。不感謝、不孝順的孩子就這樣被培養出來。

□ 過度讚美的後遺症：用故意發脾氣來「情緒勒索」大人

多少孩子說：「我不去上學了」「我不吃飯了」「我把我自己餓死」「我去死給你看」……這些話就代表了：一、他看不起你；二、他知道你受制於他；三、他有把握讓你就範！原因：大人長期低姿態取悅小孩，高高在上的孩子知道自己一發脾氣，對大人就有效。為了獲得父母的注意，讓父母答應自己的要求，這種孩子懂得只要故意亂發脾氣、講氣話或製造緊張的氣氛，就能使姿態很低的父母束手無策，這也是「情緒勒索」，他十拿九穩能用發脾氣來操控大人，

這是可怕的惡性循環。讓孩子看不起的父母造就了孩子學會「情緒勒索」，成為予取予求、工於心計的霸道者。父母用獎勵、用懲罰都沒效，最後變成哀求懇求，就等於告訴孩子：「我被你打敗了，如果你不聽話，我們也拿你沒辦法。」接著，孩子一哭一鬧、一發脾氣大人就屈服，就等於中了孩子的計、被孩子打敗，結果就會讓孩子更變本加厲，食髓知味。

口 過度讚美的後遺症：小家庭的「讚美文化」讓孩子不適應社會

「不要責罵孩子、盡可能地讚美、表揚……」當代父母很相信這是新時代的教育理念，但忘了這種由西方引進的文化並不全盤適合我們的文化。在都市化的小家庭裡，「讚美文化」的理念是長驅直入、直搗核心，進入當代父母的心坎裡。因為中產階級的父母能接受新的教育理念，尤其讚美孩子這一招的「效果」是很讓人驚訝的，於是父母就持續誤用了、濫用了「讚美」這一招。我看到的最誇張的例子是：孩子沒禮貌地打了爸爸一記，沒想到爸爸笑著說：「這孩子，力氣好大，動作可快著呢！好棒喔！」我看了聽了差點要昏倒。

口 過度讚美的後遺症：在真實社會裡備受打擊

幾千年來沒有用過的讚美文化，讓學校裡的老師們不適應、傍徨與困惑。有太多的老師園長向我抱怨，家長一直要求在幼兒園老師要多多表揚他的小孩，完全不問他的孩子是否天天有值得表揚的行為，也不管老師是否有精力對每個孩子做到公平的表揚。在小家庭裡習慣接受讚美的孩子終究會長大，但是，進入競爭的社會與職場，並沒有讚美的文化，公司沒有拼命讚美他的主管、老板、客戶……於是，適應不良了。從小總是會密集聽到掌聲的他，怎麼在外面的世界得到的是沈默的反應？發現真相，總是讓人感到晴天霹靂。當事情不順利，或是別人沒有像父母那樣肯定他時，孩子受到深深的挫折。「讚美」的過度泛濫及沒有原則，不宜。

□ 過度讚美的後遺症：打擊之餘會怨恨父母

「你只要好好彈琴(跳舞、唱歌……)，什麼都不用管。」「專心讀書就好，家事你不用操心。」兒女被父母當做了自己「圓夢」「償夢」的工具或載體。為了達到這個目的，父母不斷地強化兒女的聰明與尊貴，催眠「神童」的形象。但在家裡被泡在讚美甜湯裡的孩子，一旦到了學校或社會，正面與外人接觸了，結果不如預期，就會倍受打擊。父母在小家庭裡，用了幾滴口水的便宜讚美，就能讓孩子活在美夢中，讓他開心幾年，但日後到了社會上，立即被無情地揭穿真相，發現父母塑造的形象是假的，這會讓他痛苦一生。挫折情緒之下，就會遷怒，認為全是父母或外人的過錯，沒幫上自己而讓自己不順利。失望失落之餘，孩子會開始不信任父母的判斷力，挫折次數太多後，還會心生怨恨遷怒：「都是你，叫我學鋼琴。」「都是你們，要我參加比賽。」「還不是因為你們沒有陪我練習，所以這次失敗！」這就是我們在許多賽場上，會看到一些落敗的小選手對待教練及父母的態度如此不領情甚至遷怒的原因了。世上有無數琴童，但像郎朗的是少數，不如經過評估放輕鬆來培養孩子的志趣，而不是放棄大人的興趣及事業。除非你確知孩子是音樂天才，不然不必把全家的資源都投資在未知的結果上。喜歡鋼琴的大人，我建議把學費用在自己的身上，自己去成為一個鋼琴家。「妳是比選美皇后還漂亮的女孩了」這種浮誇、隨便的讚美，小時他會相信，可是當外界讓他知道自己其實不是這樣時，就會怨恨父母。有自知之明的孩子會不再相信家長是在真心地誇獎自己，反而會對父母有疑慮和不安，心想「你們的眼光怎麼會這樣？」「你們怎麼會這麼幼稚與天真？」「你們怎麼不瞭解我到底是個什麼樣的人？」能正常判斷出自己的斤兩及地位的孩子，只會怨恨或看不起哄騙他的這群大人。

□ 過度讚美的後遺症：讚美疲勞，需求增強，讓父母力乏。

當小事就被大力讚美，已對蜜糖般讚美成癮的孩子，等到更大的事情發生時，

一般的讚美，普通的獎品就不痛不癢了。因此，大人就有了強度被迫要不斷升級的壓力。大人在孩子「讚美疲勞」之餘，要想出更強的讚美詞及獎勵品，大人往往會技窮、詞窮、口袋不夠深，而孩子的失望與不滿會高升。不要過多的批評與攻擊，也不要過多的表揚和榮譽。

口 過度讚美的後遺症：得不到貴人提攜。

如果連自己的父母都看不起，都不懂得感謝、感恩、孝順，就一定會對朋友的付出、老師的教導、老闆的照顧都覺得理所當然，在公司裡就不會有人提攜他。沒有被教導面對長輩、領導、大人、貴人的適當態度，肯定會在社會上、公司裡得不到人緣。驕傲又自以為是的年輕人，沒有貴人的提攜，工作及事業的發展一定不順利。父母容許孩子看不起大人，因此害了兒女一生。

口 過度讚美的後遺症：讓孩子見不得人好

我曾經看過一個媽媽看到孩子同學的作文本，說：「你看他寫的字多好！」沒想到他自己的孩子就當場發脾氣了：「難道我寫的就不好嗎？」我也曾在一個學校的頒獎典禮上，看到一個小孩拿回第 3 名的獎狀，滿臉的懊惱加上眼眶含淚，向父母抱怨：「那個第 1 名有什麼好？還不是評審老師偏心，那第 1、2 名的都是老師的小孩！」……見不得人好！嫉妒，自古就有，但於今為烈。尤其是習慣過度讚美的孩子，特別的見不得任何一個人比他好，尤其見不得親近的人去表揚比他好的外人。嫉妒心重，小心眼，當別人被讚許時就感到受威脅；當你稱許別人而沒有稱許他時，他就感到被冷落。他們無法欣賞別人，也無法欣賞親人，因為他習慣了自己是那唯一的一個最棒的人，他對差別待遇非常敏感。於是，只要自己沒有被讚美，而是別人得到了表揚，他就會立即反應到自己身上，認為自己受到了剝奪而有失落感。在讚美聲中長大的人，特別容易有強烈的嫉妒心，這樣的孩子，終生不會幸福！

□ 過度讚美的後遺症：培育出的不是真正的志趣

我聽過太多次，有些父母花了數十年的時間，要兒女把鋼琴(小提琴、數學…)練好，其間用了打罵及讚美的招式，且沾沾自喜：「都是因為我不斷地讚美他，所以終於讓孩子沒有放棄練琴。」但這樣的鋼琴家真的喜歡鋼琴嗎？還是父母比他更愛鋼琴？望子成龍成鳳的爸媽很期待子女的出色表現，學會了大量讚美：「媽媽相信你的音樂天賦，你一定會彈得更好的！」「媽媽相信你的數學天賦，你一定會成為有錢人！」若根本沒有天賦及動機，這樣拍捧反而成為壓力。我們都知道，興趣是最好的老師，有興趣的事就是成功的一大保單，一個人若對一件事感興趣就會自己去做，不須讚美。不合理的賞識及硬掰出來的讚美，讓孩子被迫花時間在並非真正的志趣上。真正的數學天才、音樂天才、理財專家沒有這些讚美及期許都會成材的。強加的讚美，也許能暫時培育出興趣及表現，但不是真正的志趣，學習過程就一定辛苦，因為它不是孩子的原始興趣一天賦，且會付出代價：折損親子情感及破壞孩子信心。

□ 優秀不是誇出來的：天才都是不靠讚美也成功的

我們看到許多人士主張：「優秀是誇出來的」，這句話，對，也不對，要看你誇的對方是否值得這樣誇、你誇得適當否。有時候，你誇了也沒有用，反而製造「驕傲自大的人」。確實，讚美可能引發興趣，但真正的大天才、勢不可擋的天賦及興趣，是不須人引導、更不是被讚美出來的。世有明鑒，真正的天才們，往往是在打壓之下仍能自我成長、甚至是被打壓、在槍林彈雨下都勇往直前、不被擊退、在橫逆之中出世的！請不要誤解我反對「讚美」，恰好相反，「讚美」是很好用的教養教學工具，但是要用得對、用得適度，要「因才而讚」，否則，只會帶來反效果。真正的天賦不靠讚美也會發光發亮，世上所有的英雄、天才、鬥士，沒有一個是靠「讚美」的呵護而成材的，反而是靠自己在失敗中屢戰屢敗、屢敗屢戰、堅持到最後的人才會是成功的人。

口 過度讚美的後遺症：強加的既褒又貶會耽誤了真正的志趣

被培養出來的興趣並非一個人的天賦的話，那麼，這些讚美就用錯了地方，因為強加的讚美培育出的不是真正的志趣。如果一面讚美一面又批評，軟硬兼施的堅持監督學習或練習，且在練習過程中不斷地批評及指責（訓練過程一定會有的），那麼孩子就無所適從，不知如何適應你的既褒又貶？他不理解你到底哪些話才是真的？也越來越搞不清楚自己到底喜歡什麼？久而久之，他會自己懷疑自己，失去信心。從事沒有天賦的事業的人，他日就算成功了，也是一個應觀眾要求、苦功成道的人。若孩子有其它的天賦，就被剝奪了發展的機會，真正的志趣就被耽誤了。凡是有興趣有天賦的事，都能輕鬆快樂成就。強加讚美的訓練，雙方都非常辛苦。在讚美及培訓下成為第 1 名的人只有 1 名，其他一樣努力、甚至更努力的人沒有得名，這種「一將功成萬骨枯」，說明其他人被讚美但並不能成功。

口 邀功或炫耀，也是討好、示威或情緒勒索

讚美孩子之外，讓孩子看不起你的招式，就是向孩子邀功。它也是討好的另一種表現，其實也是示威或情緒勒索。比如：「你看誰家有我們家這麼多的玩具？而且還都是外國貨！」「你應該要知足啊！誰能像你這樣吃得這麼好、穿得這麼好呢？」「你還不乖乖聽話，不然這個暑假就別想再像去年那樣去迪斯尼樂園了。」「你有我這麼好的媽媽，所以你該聽話。」「你的命真是太好，出生在我們這麼好的家庭，就該時時感恩。」……這些邀功及炫耀，都是一種隱藏的討好，聰明的孩子若理解了就會感到情緒勒索的壓力。

口 自我貶低與悲情哀求的話：讓孩子看不起大人

自我貶低、自我矮化、悲情哀求的話，都是負能量。當一個勞苦功高，沒有功勞至少有苦勞的父母說「我知道我是個失敗的媽媽（爸爸）」時，是想求孩子的

原諒，還是要他拯救父母呢？「求求你小祖宗，趕快吃飯好吧？」此話一出，親子關係的威信位階就亂了，管教就當然沒效果了。「只要你聽話，什麼都依你。」以後你就被他擺佈了。「如果你想去死，那我跟你一起去死。」這就已經在上演電視連續劇了。父母採取低姿態向子女哀求、屈服，不是使孩子愈發霸道、驕傲與任性，就是使孩子越發軟弱或自卑。一旦說了：「求求你，聽媽媽的話吧！」就暴露了父母的無能與無力，聰明的小孩就懂得了不必尊重、看重大人、可以要挾大人，且更可能學會操控大人，懂得如何用行為當做交換的工具。

口 轉嫁自卑感的苦肉計：矮化自己向孩子示弱

想要孩子強，用不真實的讚美拍捧表揚等招式若都不管用，有些家長就換個方式，以為用「哀兵」「苦肉計」講「我沒本事」這類的話，就能激勵孩子的奮鬥力。比如：「我是個失敗的父親（母親）！」不知這樣說的目的何在？是否由電視劇裡學來的？若我是小孩，我就不知該如何回應這麼奇怪的話？不用客觀的觀點去談事情，而是以悲觀的角度來製造壓力，只會讓孩子軟弱愧疚或更看不起父母。千萬別說「我真是個壞媽媽壞爸爸」，父母低姿態的話及悲傷的眼淚，可能是想讓孩子堅強，但看到別人的示弱不可能讓人積極強大。不管是說「我是可憐的媽媽」，還是說「你是可憐的孩子」，都等於是在告訴小孩「我們是失敗的父母」「你是倒霉的小孩」「我們都失敗」……這都是貼標籤。不管使用的是怨嘆的口氣還是無奈的嘆息，都是非常負面的用語。孩子面對著大人「我是失敗者」「我們的家庭是可憐的」「我們的未來是沒有希望的」的告白，必定形成「我家很不如人、我真差勁」的自我形象。他會自覺在同學面前矮了一截，這種自卑的感覺，會讓他變得不願、不敢跟人交往，因此學校成績也可能受到影響。常常對孩子說：「我們是不行了，我們家就要看你的了！」要小小的孩子成為家庭唯一的指望，大人這樣的喪失自我、自我放棄的話，太不負責任了。

「都是爸爸不好，人家都穿新衣服，你卻只能穿哥哥姐姐的舊衣服。」「都怪我一直在生病……」父母長期對孩子致歉或訴苦，「苦肉計」造成的後遺症是把強烈的自卑感傳染、轉嫁給孩子。

口 矮化示弱的「苦肉計」易製造仇富心理

「窮就是沒本事」的說法，給孩子的心理蒙上一層陰影，認為有錢有權才可以在別人面前抬起頭，就可以高枕無憂。千萬不要用「我們對不起你」「爸媽沒本事」「我們家窮」來開始親子之間的談話，應該用客觀的觀點去談事情。父母一直強調自己沒有給孩子的東西，對還沒有形成成熟的世界觀的孩子是沒有意義的。你以為該給他大玩具，他卻想要你多陪他。孩子還不知道自己真正要的是什麼，哭窮的父母卻強化了自家沒有的東西。拼命想滿足孩子的父母，增長了「別人有的你也應該要擁有」的錯誤想法。一旦他認為「別人的家長能做到的，我的父母也應做到」後，他就開始嫌棄自己的原生家庭及父母。遇到別人在自己面前炫耀擺闊成就或財富時，他會心理不平衡。這種不健康的情緒，都是自卑感的家長誘發出來的。社會現象有不公、特權世界有不義，神通廣大與家世貧寒確實讓人不平，父母還是要以積極向上的態度來保護兒女不要產生仇富的心態，因為孩子將來可能也會是富人，孩子要成為富人，肯定需要富人的幫助，與富人為伍，他要喜歡財富與富人，成為富人的機率才會高。只要父母保持堅定自信、樂觀向上，一起過著苦中作樂的日子，窮日子日後對孩子反而是一種祝福。人生苦海一樣能快樂過，所以不要把苦情及悲情傳染給小孩。哭窮的「苦肉計」越成功，窮家的孩子越仇富。

口 過度哭窮：自卑情結造成拜金主義、拜物主義、享樂主義

「我的能力有限……；都是爸媽不好……；都怪我生病把家裡的錢都花光了……」面對兒女就哭窮，向孩子示弱的目的在激起孩子的感恩、憐憫之心，但這只會

挫傷孩子對世界的樂觀、美好期望及企圖心。另一種結果是，久而久之，孩子可能會對父母產生嫌惡、嫌棄、怨恨的感覺。因為，天天看到一個哀聲嘆氣的弱者，孩子不但沒了依靠感，反而會有負擔感。開口就致歉就示弱，除非孩子是聖賢，必然是看不起父母。看到天天在乞討的乞丐，起先會同情，但絕不會有敬佩或熱愛的情緒吧？在到外人或同學的刺激下，被感染強烈自卑感的孩子，會產生「家窮，就比人地位低？爸媽沒本事，我又能怎樣？」的無奈感。這種陰影會讓孩子誤以為有錢有權才可以在別人面前抬起頭，就可以高枕無憂。物極必反，過度強調自家的窮困，易讓孩子反彈，在日後產生拜金主義、拜物主義、享樂主義。

口 膨脹吹牛讓孩子看不起父母與自己

不示弱的父母，可能是自誇自大，出現「齊人驕其妻妾」的行為，這種膨脹吹牛招式是另一種極端。為了太想讓孩子看得起自己、為了讓孩子服氣，就誇張地吹起牛來。但親密共同生活在一起的孩子，怎麼會看不破你是在吹牛呢？不兌現的大話說多了，徒然降低父母的威信。想要強調父母的經驗和權威，只有日積月累的真工夫才能得到孩子的信服與敬重。父母教養恩重，口才不好不會吹牛，你的孩子不會看不起你；大人的吹牛不打草稿，才會。吹牛吹破的時候，孩子會覺是他也很沒面子，因為他和你是一家人。

口 不靠譜的大餅：讓孩子發現你吹牛兼黃牛

很多父母給孩子的承諾，不是孩子的表現，而是自己的表現。「等爸爸贏了，給你買玩具。」「等爸爸中了獎，你就不用讀書了。」這種畫大餅的習慣，與「吹牛」類似，但是，讓孩子期望父母的贏錢、加薪、升官、中獎，是更渺茫的事。「今天漲停板的話，這個暑假就讓你去度假。」讓孩子對完全不靠譜的事充滿期待。「啊？我有說要給你買這個東西嗎？哦，說暑假作業提早做完就給買？哦，那

是為了鼓勵你，隨便說說的。」這就是吹牛兼黃牛，讓孩子更看不起你；若他傻傻地相信了，但苦等多時也沒有等到結果，發現你黃牛後只會更失望與憤怒。也就是說，以自己的表現來期約給孩子好處，這也是一種交換條件，而且是更不靠譜的交換條件。

不讓「讓孩子看不起大人的語言」出現的方法

口 不要自毀「位差／位階」：別讓孩子發現你想討好他

不適當的讚美、過度的表揚，就是在討好小孩。為什麼會討好小孩？1是因為愛他，渴望表達愛意；2是因為害怕失去孩子對自己的愛，於是不敢輕易否定孩子的任何事情；3是體罰等招式都沒效時，大人就轉個90度的彎，改用媚捧的這招：「你最乖了！你最棒了！你最聽話了！」4是想用哀兵策略：「只要你聽話，媽媽給你下跪都可以！」這下子，身為長輩的「位差」就都不見了。「位差」本來就是人類社會的一個工具，警察可開罰單、法官可判案、老師可管理班級，都因為賦有「位差（階）」。聰明的孩子一旦覺察父母願意放棄「位差」，父母害怕孩子不愛他的恐懼，擔著渴望孩子頒發給他們一面《親善獎狀》時，基於人性，他們就會加以利用，成為主導者。越是抬高孩子的位置，同時就貶低了自己的地位。討好心態，讓父母賦與了孩子一個厲害的武器，使他能夠任意地、無情地對父母進行感情勒索。不要刻意地拍孩子馬屁，給他泛濫的獎勵及讚美不會塑造良好行為，反而是會帶來許多不良的副作用。別讓孩子發現你想討好他，一旦他發現了，從此是他操控你，而不是你教導他。

口 讚揚應該要經過努力才給他

我的同學在美國生活，照一般的習慣，見到鄰居的小孩就會大加讚美：「長得好漂亮。」他原以為這樣說，是對孩子及鄰居表達善意及友誼。沒想到馬屁拍到馬腳上了，這位鄰居太太不但不領情且很不高興，她很嚴肅地請他不要再這

麼說。理由是：「我的孩子長得漂亮，是天生的，他沒有功勞，沒有努力就長得這樣，請你不要讚美他，他不應該沒什麼努力就被人稱讚。」這是一個多麼有啟發的觀念啊！歐美人的家教有其優點，我認為這一點是最值得我們參考：不去讚美非經過努力而有的成就或條件。是的，沒有經過努力就被大力讚美，對一個人的負面影響是很大的。當代 6 加 1 家庭裡大家輪翻上陣去討好取悅孩子，就是日後他瞧不起別人的原因。他總覺得老師、老闆有眼無珠，竟然不賞識他的才華、讓他懷才不遇？因為他從小得到的讚美不是他努力得來、而是憑空得來的，而他已經習慣了。不要隨便讚美孩子，慎用讚揚與讚許！

口 善用讚許：要讚揚「行為」而非「條件」。

過度的讚美有害、適當的讚美才有用。孩子在做一件力所能及、本來就該做的事，他需要得到的是他的努力有被看到及肯定，而不是過分的被讚揚。也就是，要針對孩子的行為事件及表現上進行讚許，而不該強調他天生的條件，更不宜對整個人徹底肯定。誇獎字眼應該是一面鏡子，要如實給孩子的努力或成就，提供一個「真實」的影像，而不應該是一個鋪天蓋地、擴及他整個人的誇大影像：「你最棒了！」拼命誇獎孩子的長相，孩子學到的是「顏值決定成敗」；著重讚揚孩子的努力，他學會的是功不唐捐，以及堅持不懈的必要。

口 孩子渴望的是「關愛的感覺」而非「泛濫的讚美與訴苦」

父母對孩子要表達的其實就只是無條件的愛！《笑能家教》主張無論在孩子表現得好或壞時，都要適當管教，但最重要的是，保持讓他清楚感受到父母對他無條件的愛、及對他的存在及身份的肯定。孩子渴望的是愛的感覺、他期望被關注、被喜歡，而非泛濫的讚美與討好，更不喜歡天天聽哀求示弱的話，這些語言，對他都沒有好處。苦心讚美、拍捧、表揚孩子、自己哭窮又自責的話說多了，後患無窮啊！過分讚揚孩子，看似溺愛實為壓力。過度的、不真實的、

長期地、全面表揚小孩的優秀及了不起，會讓孩子看不起父母；這和全面徹底批評他的缺點，同樣有後遺症。

□ 別讓表揚與貶損互相抵銷：允許大家做個平凡人

和「否定」，「拒絕」一樣，「讚美」也要適當使用。為了要讓孩子自信，有些家長就拼命讚美、胡亂鼓勵。如果你讚美的話與真實的他差距太大，往往會造成他的錯覺或壓力，甚至認為你在騙他。所以天天照著新式教育法讚美、鼓勵小孩的父母，有可能會發現小孩反而越來越退縮。適當的「表揚讚美孩子」本來是好的，但如果你也用了暴力語言經常貶損他，好了，兩相抵銷。。拍捧、表揚，也是一種貼標籤。父母批評孩子，和不切實際的拍馬屁的兩種做法，都會讓孩子感而困惑。他得到了兩種衝突的評價，只會備感困惑及對你更沒信任感。健康的教養法包括不要對有無限可能的孩子武斷地貼標籤，壞的批評與過度的讚美都是貼標籤。表揚與貶損互相抵銷，何苦來哉。我們當然希望孩子個個都成為能幹又堅強的天才，但是承認吧，世上有更多的人是像你我他這樣的平凡人物而已，但世界的最大族群、社會的中堅份子，國家的穩定力量就是我們這種平凡人。允許大家做個平凡人，世界就太平了，親子關係就不緊張了。

□ 「再苦也不能苦孩子」？父母沒有義務給子女最好的物質條件

「再苦也不能苦孩子」，這是多麼錯誤的一句話。不管家境如何，多少家長不容許孩子有一丁點兒的受苦。世上的每個父母有責任給孩子愛與教養，但沒有義務要保證給孩子最好的物質條件。人生在世，金錢非常重要，所以當然要激勵孩子日後成為有錢人，但不管孩子是窮是富，你都一樣愛他。反之，亦然，不管父母是窮是富，孩子都愛的。但有人總覺得自己沒能給孩子夠好的物質而感到很內疚。於是向孩子示弱致歉：「爸爸窮沒本事，沒辦法給你上好學校（掉眼淚）…」「都是爸媽不好，沒辦法讓你過好日子……」「對不起，沒辦法給你

吃得好穿得好。」「都是爸爸不好，人家都穿新衣服，你卻只能穿哥哥姐姐的舊衣服。」更怪的是這種說法：「只怪你的命不好，會投胎到我們這個窮家，肯定是上輩子你做了什麼壞事。」天哪，這樣的邏輯小孩能懂嗎？這種話只會讓孩子跟著感到困惑與自卑。「再窮也不能窮孩子」這句話是非常錯誤的！窮家的人就該窮在一起，這才是家人。和孩子在一起快樂很好，但是，和孩子在一起受苦更好，而和孩子在一起成就一件事最好，和孩子在一起什麼事也沒做就是一起生活最好（因為每個人都自在）。我們期待孝道的復興：「再苦也不能苦父母」，我們期望不要再聽到兒女棄養長輩的醜聞，也不想看到寵愛寵物甚至照顧父母的畫面。

口 不要哭窮示弱

強調自家的劣勢、自我貶低、自我矮化、哀求的負能量句子，只是凸顯了父母的無能，不會產生有效的管教。父母採取低姿態向子女哀求、屈服，只能使孩子愈發任性及對父母不敬。父母不應過於謙虛，動不動就向孩子致歉。經常無奈的嘆息：「你（我們）很可憐，媽媽（爸爸）很失敗……」這類負面用語，強調「我是失敗者」的說法，讓孩子感到無奈、無力、挫折、悲哀、悲觀，且成為失敗主義者。當代父母的角色非常複雜，由奴才、玩伴、朋友之後又可能出現法官、教官……等角色，為了怕孩子生氣，不倫不類地向孩子討好求饒、甚至自我處罰……。示弱的父母就是其中一個極端的角色。以上種種怪異、複雜的表達方式，最後最可能的結果，就是他在看不起大人的同時，對「自己是誰」也搞不清楚了。

口 別強調大人對孩子的虧欠

孩子小時對自我及世界都還沒有形成成熟的認知，不能完全知道什麼是真正的價值，什麼是自己真正所要追求的。本來父母就給不起的，偏偏要對他說「對

不起」，孩子就有了「別人有的我也該有、我應能擁有、不能給我就是對不起我」的錯誤想法。這種孩子不會去問父母的困難何在，只要沒有的，就認為是匱乏、苦命、父母愧對自己。孩子畢竟還小，看到鄰居或同學的家長給到的享受，看到別人在自己面前炫耀他們的父母的成就或財富，孩子會期望自己的父母也應做到，就因為父母向他致歉，讓他合理化了這種不存在的權利。而這種羨慕嫉妒遷怒的想法，會讓他終生活在抱怨別人的痛苦中。離婚、單親、隔代教養、留守兒童的家庭裡，大人不宜刻意強調虧欠子女（由精神到物質生活）或把不如意歸因於大人身上。但我要強調，別人炫耀財富時不要排斥，只要說：「哦！他家有這麼大的玩具，很好！我們家的小玩具也不錯啊！」「我們家玩的東西，他們家可能沒有哦。」家窮不是問題，是父母因自家的劣勢而向孩子致歉而激發不應有的怨恨情緒才是問題。

□ 不要把弱勢、邀功、訴苦加上情緒勒索「包裝」成複雜的話

通常說話沒有意識的父母，往往負面的話不會只說一種，而是會把弱勢、邀功、訴苦加上情緒勒索的話「包裝」在一起，用果汁機打成「綜合果汁」，把好幾種「反效果」組合在一起。比如：「我們省吃儉用，還不是為了讓你過上好日子，還不好好念書？準備氣死你老爸嗎？」一面邀功，一面給壓力、一面暗示父母的辛苦、一面想要交換孩子的聽話。剛為孩子買了一件新衣服就提醒孩子：「兒子（女兒）啊，我每天起早摸黑、你爸上班那麼辛苦，他好幾年都沒有買新衣服了，這都是為了你啊。明白嗎？要好好穿著，不要弄髒了，要好好讀書。」原本穿新衣的喜悅，這下子不敢流露出來，因為這衣服得承載著你們的巨大犧牲，穿起來是多麼地沈重啊。大人無奈與犧牲強化轉嫁到孩子身上，用這種複雜的句子使孩子無所適從且倍感壓力。還有，孩子生病了，為了治病，往往把父母拖垮，這是事實，但讓孩子感到愧疚並無助於病情。「你知道你治這個病（裝這個假牙、配這個眼鏡……）花了你爸半個月的薪水啊！」配眼鏡、補蛀牙到住院

都不是小錢，父母的付出確實偉大，但是在花這種錢的同時，一邊示弱、愧疚、一邊加上邀功……那就讓人感到太複雜而困惑了。

口 兒不嫌母醜，子不嫌家貧：尊重世界看重別人，由
看得起父母開始！

停止說讓孩子看不起你的話，不被孩子尊敬及感謝的大人，如何有效教養孩子？他都把你看輕看扁了，如何聽你講道理？怎麼會聽你的管教呢？怎麼會受教呢？讓孩子覺得你是笨人、罪人、他也自覺不如人、跟著大人一起徹底沒信心，家教如何成功？本來，兒不嫌母醜，子不嫌家貧！血濃於水！世上沒有兒女會嫌棄自己的父母的，除非父母告訴子女自己有多差、多醜，教導子女學會了「看不起人」這種壞習慣！一個人，如果連生養自己的父母都看不起的話，這輩子他還會看得起任何人嗎？這樣看不起任何人，只看得起自己的人還能在社會上立足嗎？尊重世界、看重別人，由看得起父母開始！……父母常說的錯誤語言，多達10種，你都說過了嗎？懇請家長別再說錯誤的、有傷害性的、拒絕溝通的、打壓孩子想表達的話語，做完「複習」與「作業」，請開始有建設性的語言《親子乒乓球》，享受有笑有效又有孝的親子對話。

【複習】口 我知道讓孩子看不起大人的句子分為下列幾種，而且知道它們的後遺症是：否定句子的類型

口 讚美、表揚、巴結、拍捧、逢迎、取悅或示弱的後遺症共有那些：

【作業】這一堂課我學到的、將改變的是：

1/   **2/**   **3/**

第 5 章 不要說讓孩子看不起大人的話

第 **6** 章
不要說
　　創造弱者的話

6 不要說創造弱者的話

誰會養出創弱者？是「包辦父母」創造弱者。包辦父母強調「乖」、「聽話」及「陪伴」；家人彼此競爭取悅小孩、搶著為孩子服務包辦一切、不給孩子成長與工作機會、讓孩子活在舒適區，讓他成為不必、不敢也不願奮鬥闖天下、好吃懶做的膽小鬼或廢物。讓孩子誤以為把書讀好就能得到一切；不查明實際狀況而無限包庇、姑息；用恐嚇方法故意讓孩子從小什麼都怕、為了害怕及怕被拋棄而可能說謊，做逃避或破壞性的事；教孩子不尊重服務人員……都市化小家庭6+1的6大金剛家長的強勢包辦、包庇及包養結果會培養出缺乏信心與能力、習慣「陪伴」、不愛運動的「媽寶爸寶」、甚或是離婚短婚閃婚一族及敗家的弱者。

電視真人秀上看到一對母子的互動，典型包辦父母的「機關槍」獨白畫面：媽媽在校門口接了孩子，一見面，就不斷的發球：「餓了吧？又瘦了！學校吃的不好吃吧！有和同學吵架嗎？」……孩子一聲也不吭，連媽媽也沒叫，但媽媽還是繼續：「明天帶你去公園，可是今天要做完作業。」孩子低著頭一言不語，媽媽完全不覺得有什麼不對，依舊自我感覺良好：「能不能答應我一個小小要求？穿上我買的新衣服，讓我看看你穿新衣服！」孩子默默穿上衣服，媽媽的獨白繼續著：「拍一個，笑一個！」等到進餐廳後，接著的是「吃一個，吃這個，多吃一點……」從頭到尾，這位關愛無比的媽媽忙著方面發球……從頭到尾，孩子沒有任何表態與言語，他不想也不會表達了，因為他的媽媽是個獨白的「機關槍」，拼命開槍，讓孩子沒有機會反應。

女生不會吵架，男生也不會打架？誰都想要孩子能幹，但當代父母竟然發現，

精心培養的兒女，有可能是「女生不會吵架，男生也不會打架」的新一代？這種「草莓型」的年輕人讓父母有五花八門的困惑：「聰明是聰明，乖是很乖，但是沒有擔當，這也不敢做，那也不肯做，將來怎麼辦？」「我一心一意照顧孩子，讓他得到最好的教育，上最貴的貴族學校，就是希望他能幹、成才，但是為什麼他反而沒有鬥志？」「拼命培育他成材，但我越努力，他就越無能？」「從小他就沒有被打被罵，我們都採用了最開明的『愛的教育』，可他卻是冷冷的，沒有『愛的感覺』？」「在家裡是一條龍、小暴君小霸王，說什麼就得什麼，可到了外面就是不敢說話的一條蟲，怕東怕西的？」「皇帝不急太監急，總是拖拖拉拉的，一副沒出息、沒志氣的樣子！」「好像就是吃定了我們，知道什麼事我們都會幫他搞定。」「大學都畢業了，但好像是非、對錯、好歹都搞不清楚，連找工作也不著急。」「我的孩子不肯認錯，凡事都不認錯，認為自己都是對的，錯的都是別人。」「看他這遲鈍的樣子，將來肯定在社會上會出事、會被騙啊。」「我想讓他出國留學，但是他不敢也不想。」「我也覺得他沒法照顧他自己呢 (這個孩子已經超過 20 歲了)。」………奇怪了，這些現象呈現的是：你的孩子竟然一面很霸道，一面又很膽小嗎？為什麼他一面表現得很驕傲強勢，但又一面顯得沒出息或沒能力？要知道你所指的孩子的笨和慢，懶或是沒反應，是兩種原因造成的。第 1 種可能是：你以「乖和聽話」為誘餌而養出「乖寶寶」；第 2 種可能是，你做了包辦角色、包養生活、包庇對錯、溺愛孩子的父母。第 3 種可能是，全以孩子為生活主軸的包辦父母，停止了性生活，荒廢了婚姻關係。冰凍三尺，非一日之寒，請停止不當語言，開始有笑、有效、有孝的親子溝通吧。

【養出弱者的標準句子】

你是否曾說過以下這些句子？若有，就在 □ 裡打勾！

□ 你最乖了！我家寶寶最乖了！→強調「乖」就是好孩子，堅決要花 20 年養

出個「乖寶寶」！

☐ 誰第一個聽話去做，就愛誰！→強調「聽話」就有好處且是最高的美德。

☐ 有我在！我來做，你去讀書就好！我來，一切有我！ → 告訴他除了讀書，什麼都不用做，積極養出一個王子公主。

☐ 我的孩子不會有問題，是老師才有問題呢！→ 全面的包庇自己的孩子。

☐ 被記過了？不要難過，爸媽只希望你快樂就好。沒事，別怕！一定是他們的錯，我來處理。→不查明實際狀況而包庇，養出沒有是非及責任感的弱勢人。

☐ 爸媽有房有存款有車，我們的所有都是你的，將來你不用操心。→ 養出等待長輩遺產的懶惰蟲。

☐ 看上什麼玩具，爺就買給你，不用看標籤。→ 讓孩子習慣不知疾苦與「有求必應」。

☐ 外面壞人很多，很可怕。→ 讓孩子成為膽小鬼。

☐ 不要跟掃地 (工地) 的人講話，他是工人 (外地、鄉下來的人)。→ 讓孩子不尊重服務及外人。

第 **6** 章 不要說創造弱者的話

【養出弱者的延伸句子】

1 ★以下是以「乖」和「聽話」 為最高指導原則的句子。

☐ 乖乖哦！乖乖就好，誰乖就愛誰！ ☐ 坐著不要動，聽話，要乖。

☐ 你最乖了，我好疼你。我家的乖乖寶，我好愛你。

☐ 你好乖，從小就是那麼聽話！☐ 你是世界上最乖的好孩子。

☐ 我最滿意、最幸福的事，就是我的孩子好乖好聽話呀。

☐ 我總是告訴別人，我很幸福，因為我的孩子很乖。

☐ 小朋友，大家注意聽老師說：「今天我們要比賽誰最乖，誰聽話。」

☐ 一天都不說話、最乖的小朋友，下課時老師發獎品！

☐ 猜猜看，媽媽是愛你還是愛 ×××？當然我愛的是最乖乖的小孩！

□ 不乖、不聽話的孩子，媽媽就不喜歡！□ 不乖不聽話？你試試看！

□ 你居然敢不聽話？等一下你小心！□ 再不乖就永遠不再買玩具給你了！

□ 這種不聽話的小孩，真想把你丟掉！

2 ★以下是讓孩子誤以為「把書讀好就能得到一切」的句子。

□ 功課一做完，我拿糖、餅乾、水果、巧克力給你吃！

□ 只要你把書看完後就可以好好地玩！□ 好好學習其它都甭管，一切有我。

□ 家裡的事不用你操心，你只管讀書就行。□ 專心學習，什麼都不用問。

□ 好好讀書就行了，聽話！□ 現在不讀書，以後再想讀書就自己付學費！

□ 看你這樣不好好學習，我的一切努力都白費了！

□ 今天老師罵你沒帶問卷？啊，都怪媽媽沒給你帶上，都怪我忘了幫你收拾好
　　書包！　□ 保持好成績，你一輩子都不用洗碗。

3 ★以下是包辦式父母不給孩子成長機會、為孩子包辦一切，讓他感覺一生會被包養的句子。

□ 哪需要你來做？我們來做！□ 我來做，等你長大再做。

□ 不要走過那裡！那裡有水！我來抱你過去！

□ 不著急，這些事你現在還沒辦法做的。□ 我來幫你寫！你肯定不會寫的。

□ 小心肝，你還小，你不會做，媽媽（爸爸）來做。

□ 讓阿姨做，你不要做，你只管吃就好！　□ 不用你做，我來做。

□ 我來！我來！我來折棉被，你去吃早餐吧，寶貝兒。

□ 這鞋子不好穿的，爺爺（姥姥阿公阿媽）幫你，沒事。

□ 你哪裡會端湯？走開，走開，我來、我來。□ 不用愁，一切有我！

□ 我知道你做不到，沒關係，有我呢。□ 你怎麼不聽話呢？不要再浪費時間了，

爸爸幫你。□ 我說你不會就是不會，你怎麼這麼倔強呢？

□ (罵家人) 以後不要再買有扣子的衣服給寶寶了，寶寶不會扣。

□ 媽媽幫你拉票，一定讓你當選。

□ 將來你結婚了，能帶上我嗎？我幫你買一套大房子，我們一起住。

□ 沒事，我身體好，趕明兒你結了婚、生了小孩，我來帶孩子，沒事！

□ 爸媽的所有財產都是你的，將來你不用操心，婚房、聘金都準備好了，呵呵
呵。□ 這些股票都是你的，要感謝你爸爸。

□ 爸媽買這個房子用你的名字，將來做你的婚房。

4 ★以下是不查明實際狀況而無限包庇、姑息的句子。

□ 這種事絕對不可能發生在我家孩子身上。□ 我家孩子不會這麼笨。

□ 我的孩子絕對不會做那種事，他們亂說，對吧，兒子。

□ 你肯定不會做任何壞事的。□ 爸媽相信你，這一定是嫉妒你的人亂講的。

□ 都是他們造謠言，我家的孩子絕對不會做那種事的。

□ 被記過了？沒關係，有什麼大不了的，叫爸爸托人給你轉個更好的學校。

□ 被老師罵了，不要難過，爸媽只希望你快樂就好。

□ 考壞了沒關係，長大成績自然就會好的。

□ 考壞了沒關係，考得好也不見得會發財。

□ 你爸小學都沒畢業，還不是一樣是富翁，不及格沒什麼關係。

□ 哪個同學打你？他叫什麼名字？爺爺去找他！

□ 要我們家寶貝向同學道歉？休想！這都是老師偏心和同學嫉妒！

□ 誰找你麻煩？告訴我！我打電話找老師、校長、記者……

□ 老師要你認錯？不必！有事叫他們來找我。

□ 同學說你弄壞了他的本子？沒關係，媽媽趕緊再買一個還他就是了。

□ 其實分數沒那麼重要啦。

□ 打破爸爸最愛的花瓶了？別怕，沒事，我跟你爸講是我打破的。

□ 這些都吃不下，不吃了？沒關係，剩下的我來吃。

□ 不想吃？撒到地上了？沒事，我來清理，你快去讀書。

□ 我瞭解的，你就是個性強，不聽話，沒關係的，呵呵呵。

□ 媽媽就是拿你沒辦法，你就是這麼個寶貝孩子，哈哈哈（一副被虐了還很得意的樣子）。

□ 你又打破碗了？沒關係，再買就是，很便宜，沒有弄破手就好。

5 ★以下是保護孩子活在舒適區、讓他不敢不願去闖天下的句子。

□ 小心走樓梯，不要跌倒了！□ 讀書很累哦，媽媽幫你拿水果、倒咖啡。

□ 那裡很危險，不要去；那個很髒，你會生病。

□ 需要什麼就叫阿姨，你在房內休息就好。

□ 好好開心玩，還想玩什麼遊戲告訴我。□ 外面壞人很多很可怕，別出門。

□ 社會很亂，不要隨便相信別人；除了爸爸媽媽，誰都別相信。

□ 你跟其他的孩子不一樣，別人會看不起你，你不要去找別人玩。

□ 絕對不要和陌生人講話！不要理問路的人，快走。

□ 要小心男同學（女同學），不要交往！□ 不要好高騖遠，安分守己！

□ 只要你在附近找個安穩工作就好，你買房子、結婚的錢爸媽都準備好了。

□ 不可以去游泳，太危險了，會被淹死的。□ 你不要開車、游泳、騎馬……

□ 你是我家的獨生啊！危險的地方不要去！

□ 畢業旅行？問老師我可不可以也跟著去照顧你？

□ 找不到工作？沒事，就回自己家公司幫幫忙就好，我們家不差那幾個錢。

□ 什麼，才這麼點工資？待家裡好了，爸爸給你每個月零用錢都比工資多。

6 ★以下是讓孩子不尊重服務人員的句子。

☐ 阿秀是媽媽請來照顧你的,有什麼事隨時就叫她做,不用客氣!

☐ 服務員!服務員!我的孩子很餓,快來點餐!不然叫你經理來,我投訴你。

☐ 這家餐廳的服務員真差,我去告他們!

☐ 爸媽為你做事是應當的,不需要說謝謝。(還可能再加一句:你只要乖乖的、努力學習就好了) ☐ 不要跟掃地的人講話,他是傭人(工人、鄉下人、愚笨的人……,甚至是:某某地方的人)。

☐(就在工人的身邊對兒女說)好好讀書,不然以後你就跟他一樣做工人。

讓「養出弱者的語言」出現的原因

☐ 不成熟的弱者源自:乖乖聽話＋好好讀書

第1個元素就是「乖」＋「聽話」;第2個元素就是「好好讀書」。一個既「乖」又「聽話」且「好好讀書」的孩子通常會備受肯定,很容易就得到寵愛與溺愛,結果在父母望子成龍望女成鳳的期望下,竟然就被養成個弱者,即使他擁有高學歷及高大尚的家庭背景。這是怎麼回事?很簡單,以「乖乖聽話＋專心讀書」為目的,以「溺愛」培養出來的寶寶,一定是個弱者。

☐ 「乖乖」是古代的生存法則

父母的口頭禪第一名:「你乖乖就好!」「你最乖了!」在古代這種教養是適宜的,因為社會的變動不大,挑戰不高,出路很少。一個人只要、也必須「乖乖地」聽話做個長工,只要聽話一個員外就能養你一家子一輩子,這是生存所需及規範。但是到了現代,「乖」已經沒有價值了。由找對象、找工作、找商機,沒有任何東西是現成的、你再乖也不會讓你擁有。在家裡,父母的羽翼下「誰乖就愛誰」很容易就做到,但將來孩子是要到創業創新的社會去謀生的,如果我們還在鼓勵孩子「乖」,那真是欺騙了孩子。「好好讀書」已不是王道,

千萬別誤會我主張學歷無用，我是要強調，在義務教育普遍之下，基本學歷（大學文憑）已是「通行證」，它是進入市場的基本門票，大部份人都有，你也得有。有相關科系的學歷才能去面試應徵，但能被錄用後，就要憑其它的本領了。即，光是乖、聽話、會讀書、有學歷，是沒法永續生存的。

口 弱者是「陪」出來的：「陪著孩子長大」是錯誤的觀念

弱者是怎麼養成的？是「陪」出來的。「陪著孩子長大」這是一句越來越流行的句子，真是讓人困惑。為什麼要陪？父母要他安全、幸福、成長、勇敢，但這都不是靠「陪」出來的，是示範、教導、訓練、表現出來的。成長這件事本是個人的事，大人應給的只是資源、教導、引導、關愛、照顧……但時下過度強調親子的陪伴及互動，流行觀念把父母職責轉變、簡化為「陪伴」甚至是「陪玩」，要求大人「陪」孩子成長玩樂。強調要經常「陪著他玩」，這是降低長輩身份，自毀位差。長期要人「陪」的習慣，讓孩子成為心智上、生活上的弱者，讓孩子大人都成為彼此甩不掉的負擔。世上沒有任何一個人的生活與成長是父母、或任何人能全盤代勞的。陪伴的觀念，與包辦的周全，讓孩子無法自立，成為一個廢物及累贅，造成雙方的損失。父母在家，各做各的，做飯、看電視、做功課就是「在一起」，童年最需要的是身心「在一起」而非僵化的「陪伴」。

口 誇張的「陪伴」畫面

媽媽喜歡說：「讓我來幫你穿！……我來摺棉被，你去玩遊戲就好……」為了幫助孩子幸福生活及專心讀書，為了讓孩子感覺到家人對他無盡的愛，6 加 1 的家庭裡，人人爭著為寶貝孩子服務。為了隨時愛護孩子，家庭生活以孩子為主軸。包辦問題嚴重，即使學校和補習班都不遠，但大人非要親自接送，以前孩子上學要翻山越嶺，走路 2 小時都沒人管、沒人陪，但這種孩子都個個長大。現在，在同一個城市、有公車有地鐵捷運，但有些父母連孩子念大學都每天開

車接送並以此自豪。去參加暑假營？夏令營？要出去幾天？到哪裡？有那些老師跟著去嗎？有沒有醫生，吃飯衛不衛生，汽車多嗎，司機開車太快了嗎，藥帶了沒？……擔心身體不好的孩子沒離開過家，媽媽甚至決定要跟著一起去露營。活動主辦方不同意？就在營地外租酒店住，以便不時地噓寒問暖，補充較好的伙食，讓小孩在夏令營中都還活在包辦爸媽的影子下。孩子離家時要抱在一起哭並錄像存證，中間還會飛過來見面，活動結束時了全家都來接，還要發表感言……呃，好像拍電影一樣。包辦兼包庇，陪伴型父母無微不至到緊迫釘人的程度令人驚嘆，曾有家長為了關心孩子是否在學校裡沒有人欺負他，就買了校園旁的房子，用望遠鏡來觀察孩子的動靜，這就是「望遠鏡」父母。

□ 「黏人」「怕生」的弱者都是「陪伴型父母」造成的

奇怪，在鄉下，人很少，但鄉下人見到人不怕且很熱情好奇。反觀在都市，出門賣場街上就是人，手機電視裡也是人，為何反而會養出怕生黏人的小孩？「黏人」的小孩就是社交上的弱者，以「孩子和自己最親、最黏」為榮的家長，後半輩子就面對苦果。事實上是「陪伴型父母」老是「黏小孩」，以「黏小孩」為榮，才造成「黏人」、「怕生」的小孩。因小家庭時代，孩子沒有了自在獨處的空間及機會，只能在都市封閉的小家庭空間裡隨時被專注，長期得到所有家人的專注陪伴，他只習慣這幾張臉，所以看到陌生的臉就焦慮、緊張、哭泣，這樣的小孩當然就「黏人」與「怕生」。等到要上幼兒園、小學時不願上學，父母再去怪他、強迫他，就太差勁了，因為「黏人、怕生、怯懦」的小孩都是陪伴型父母造成的。

□ 「過度撫養」「超量滿足」「超前滿足」是軟暴力

「草莓族」的出現，呈現的是當下家教的最大問題：「過度撫養」「超量滿足」「超前滿足」，這都是軟暴力。有一種非常錯誤的想法：認為好爸爸好媽媽就

應該保護孩子免遭任何挫折和失望，所以就該包攬孩子遇到的一切困難，殊不知這就剝奪了孩子的能力。「過度撫養」等錯誤教養長期惡性循環，孩子會缺乏獨立性、堅韌性、耐苦性和艱難意識。等孩子稍大後，毛病就日趨明顯，做家長的嘴上指責：「你看看你，這麼大了，還是不懂事，還要我操心，唉，真把我給急死了。」但手上竟然還在不停地在為他做事。父母越能幹，孩子越軟弱：包辦孩子的一生一切，在愛的名義下，父母實為害了孩子。他要什麼就給什麼，這種孩子必然養成不珍惜物品、講究物質享受、浪費金錢和不體貼他人的壞性格，並且毫無忍耐和吃苦精神。這種家長們，最終只有苦勞，沒有功勞。

「養出弱者的語言」的後遺症

□「包辦家長」的「角色錯亂」

當前的家教問題，就是「角色錯亂」。因為都市化小家庭化，統包的「包辦家長」包辦了多種角色及功能，由小時候的奴才、玩伴、到成長後的朋友、教師、法官、教官……全程都有的角色則是管家、佣人、金主。不敢進行嚴格有效的管教，傾全家之力來呵護兒女在幸福富裕的環境中長大，結果，沒有競爭力的孩子日後不但沒有能力照顧好自己，也沒有能力孝順 6 個老人！童年時代，6 個大人，父母加上兩邊兩個祖輩，共 6 個能幹的金剛，護衛了小公主小王子長大了，包辦成功。包辦父母，創造弱者。

□ 孩子學會了「我要讓你為我忙得團團轉」

包辦父母無微不至的「溺愛」，養出的不是硬漢，而是生存力薄弱、但操控別人很厲害的「媽寶爸寶宅男宅女啃老族」。我到學校去演講，看到中午下課時，有家長派司機帶著傭人送茶水飯菜外，還專程請來保健師為孩子進行眼睛保養按摩……孩子躺在家人帶來的躺椅上享受至極。餵他吃飯是小事，恨不得幫他吃飯。奴才型的父母，愛孩子愛到極點，恨不得什麼都替孩子做，只差大小號

沒法幫孩子上。只要孩子願意，甘願替他做任何事。孩子看到大人為他服務得喜孜孜的，明白只要孩子願意，父母甘願替他做任何事。他很快就學會了：故意「我要讓你們為我忙得團團轉」，這樣父母會很高興，而他就更得意了。

口 溺愛創造強勢的弱者

什麼是「溺」愛小孩？倉頡造字早就告訴了我們，3點水加1個弱字，就是「溺」字。包辦父母告訴孩子「這個你不會，我來做」「你放心讀書就好了」「這個事情不用你操心」⋯⋯全家6加1一起溺愛孩子，共同合作為這個世界創造了一個習慣被照顧、被侍候、茶衣來伸手飯來張口、生存能力差的「弱者」，等到這種孩子長大後，他的人生怎麼辦？你們的晚年怎麼辦？沒有吃過苦的人，習慣不受苦的孩子，常常在家人之間、在老師面前成為一個刁難別人、得理不饒人的人，會是寄生蟲或廢物。這種人看起來很強勢，其實是個徹底的弱者。完全接受包辦且不做反抗的孩子，父母以為這就是自己的成功，殊不知孩子已經是個廢物了。認為被伺候是理所當然的孩子，日後就是一個不孝的孩子。斷然拒絕被包辦的孩子，反而是具有生命力和自主性的人。

口 包辦是一場「接受與否」的較勁：反而關係緊張

包辦的結果，親子關係不是輕鬆而是會緊張。6加1搶著為孩子服務，包辦讓「接受與否」成為孩子的武器及上方寶劍，讓親子疲於玩較勁遊戲。比如：媽媽硬要幫孩子穿衣服，而孩子不要，於是母子拉扯，孩子就越想自己穿，因此就越穿不上，最後媽媽強行把將衣服套在孩子身上，可能就在大聲哭鬧「我不要！我不要穿！」中孩子把衣服脫掉了⋯⋯不讓孩子試著自己穿衣服的包辦父母，以為替孩子服務是一件美滿的事，但有可能導致一場戰爭。日常每件小事，小孩都可以拿來當做「是否接受」的籌碼。本來，一件衣服穿得是否又快又好，不如孩子的自主意識重要，但父母堅持要幫他穿時，穿衣服就成為他表態、較

勁的機會。每個孩子都會在一定階段有想要自立(不是獨立)的意識,會爭取獨立完成事情,用以證明自己的能力。如果父母以粗暴地明白告訴他:「你一定做不到」「我知道你做不到」而強迫孩子放棄,他很有可能用發脾氣的方式來表達自己的失望。同時,你幫他做完之後,他會用「表達對你的不滿」來彌補自己的不滿。強行要幫孩子做事,是認為孩子不可能自己做好,但孩子對抗父母時已先感受到失敗。

□ 6 加 1 的溺愛:孩子要的全都有,不要的、多出來的都有了

孩子得到的是「過度撫養」「超量滿足」及「超前滿足」,因為時下生得少,通常生 1 個到 2 個,6 加 1 的集中照顧就造成了問題。家裡有瓦斯爐、電磁爐、冰箱……買東西可以網購、付款有手機就行、物流超級快速……現代生活的瑣事有了超商已經非常便捷。一個家長來照顧一個小孩就足以勝任了,要滿足小小年紀的孩子也不用花多少的錢。但現在是 6 個大人搶著要對 1 個或 2 個孩子好,輪番上陣來爭著照顧他,那就能做到:完全沒有漏縫了,完全可以做到無縫接軌的「過度撫養」「超量滿足」與「超前滿足」。6 加 1 的環境,讓孩子要的全都有,而且他不要的、多出來的都有了。

□ 包辦教育讓孩子為大人們打分數

孩子感覺到大人在爭寵!以前的孩子缺少物質,現在是物質泛濫,而且搶著要表現的大人要競爭搶到服務他的機會。6 個大人會因為教養方式意見不一而吵架甚至翻臉。6 個大人想要「爭寵」的意圖,小孩會不會已瞭然於心?會!聰明的孩子學會愛的「量杯」,會考核大人的付出是否達標,甚至為大人們打分數:「爸爸都幫我買玩具,你都沒有。」「奶奶比較小氣……」孩子會認為「你們不照顧我,就是不愛我」,孩子成為于取于求的掠奪者。包辦式父母剝奪了孩子「察言觀色」的訓練機會,因為他現成就享有家裡的全套設備及財富,他不需鬥志

與努力，而且還經常對大人做評價比較，以滿意或不滿意做籌碼，這種父母就等著他做「媽寶爸寶宅男宅女啃老族」來折磨父母的老年吧。但，小孩在 6 種意見中左右為難，會不會覺得困惑？會！所以他也辛苦。

□ 溺愛是一種無形的監獄：以愛為名，綁架了大人與小孩

許多父母為了保護孩子，由小到大，有如奴才一般，開著「順風專車（孝「順」的專車）」天天繞著孩子的出入早晚接送，並引以為榮。曾有讀者告訴我：「我早就想去聽老師的課，但是孩子還小，我走不開。只要孩子在家，我就一定在家，我永遠在家，所以我一直沒辦法來聽老師的演講。」我聽了為之語結，心想，這個母親，以一個「賢妻良母」為名，自己綁架了自己。只要小孩在家，不敢不在家，只要小孩有需要，必定去滿足，包辦父母綁架了雙方。以愛為名，她讓自己及孩子都成為監獄裡的犯人。一切都為了孩子！表面上看，這種孩子很幸福，其實這是一種沈重的枷鎖、一種無形的監獄。大家團結起來，讓孩子成為飯來開口，衣來伸手，全天候都有人噓寒問暖的「宇宙中心」。他出生到世界上，根本不知道小孩應該怎麼做，他只能根據大人的設計來決定他是誰，他該怎麼做。既然生出來以後就活在「宇宙中心」裡備受呵護，在眾星拱月的比賽中被照顧的他，就誤以為整個世界都是這樣的。

□ 不懂「察言觀色」：溫室裡的無能子女

被溺愛的孩子在外人眼中常是「不懂事」的人，因為他沒有機會察言觀色，每天忙著接收照顧都忙不過來了，他來不及察言觀色，來不及確認該做什麼事，大人就把一切都做完了，讓他根本就沒有做事的機會及經驗。以前的孩子要努力博取父母的歡心，得察言觀色，不然就會被「修理」。而被寵愛、溺愛的孩子無須任何努力與爭取就得到了超多的服務，不必做家事，煮飯菜、洗衣服、刷地板，因為這都是別人的事，他只負責搞髒、搞亂讓人有事做；出門有大人

接送，沒機會走長路；沒機會感冒受寒，因為隨時有人在旁為他加減衣物。在外受了欺負，馬上有人出面幫他爭公道……他們，成了溫室裡的花朵。溫室花朵只能過平順日子，一旦面對小小的變化、挑戰或挫折，他就馬上崩潰了。

□ 親子關係越親密，分開越焦慮

有一個事業有成的爸爸問我：「我都有盡量回家陪孩子，但是每次我出門孩子就哭得肝腸寸斷，讓人頭痛，為什麼他這麼沒安全感？」我反問他：「是不是你一回家就每分鐘都在陪他，陪他吃飯、帶他去遊樂場，晚上講故事，直到他睡著……讓他泡在如蜂蜜般的幸福裡？」這位爸爸很訝異：「你怎麼知道的？」很正常，換成是我，我也不要離開這種爸爸。親子關係越親密，分開越焦慮，這不是好家教。基本上，家庭教育的最終目的是「分離」，而不是「守喪三年」「父母在不遠游」。把孩子的心智及形體都綁住的父母，是自私的父母。這讓孩子離開包辦父母就緊張、就有負罪感，成為心智及生活上的弱者。

□ 會「打人」的幼童是陪伴型父母造成的

許多幼教單位都問我如何解決孩子打人的問題，表面上打人的孩子是強者，錯！這是「弱者」的行為。為什麼他一不如意、一不高興就打人？第 1 個原因，是因為奴才包辦式父母，讓他在家永遠有人陪伴，他習慣了隨時都立即被關注、被滿足，到了幼兒園、學校裡，竟然同學、老師沒給他當下的反應與服務？他竟然只是班上的一員而已？被冷落的滋味可不好受，惡性循環的結果，自然就會動手打人，但目的也是想要被滿足及被重視。是的，「打人」的小孩都是陪伴型父母「供養」出來的。在沒有很多人陪伴呵護的貧困鄉下，幼童渴望和村子裡的其他兒童玩，會認清楚誰是村童裡的老大，都會遵守遊戲規則，自然地以應有的角色融入玩樂隊伍裡，他得憑本事找到自己的地位，建立與人的關係，不然小夥伴們就不接納他，所以他從小就懂得如何生存。在家中是宇宙中心的

小孩，就沒有辦法區別各種關係，到了幼兒園搞不清楚位階，還以為自己是老大，就會用在家裡的姿態要求同學或老師來伺候他。這種角色錯亂的結果，當然就會不是去打人，或是被打了。家裡的宇宙中心，在學校是一個不討人喜歡的人，沒有人願意和他玩、更不願意與他分享玩具，因此他就更氣憤了。

口 會「打人」的幼童是有人「示範」學來的

看過」才會「學到」，沒有看過香煙及抽煙的人，一輩子都不可能抽煙；身邊沒有毒品存在的人，肯定無法吸毒。所以，會打人的小孩，肯定是看過、遇過「打人」這件事。在家裡沒有？但在電影與遊戲裡有很多，最叫座的電影與遊戲中有很多都是打打殺殺，這種境教的力量比言教身教大很多。還有，「孩子打人時，就去打孩子，想讓孩子不再打人，並要他去打回來」這種平時就經常打孩子的家長，去怪孩子打人且想糾正這個行為？都是邏輯不通的，因為大人已親身示範暴力了。一個沒有能力冷靜、平和地解決問題、只能動手的人，無論是大人還是小孩，都是行為能力的弱者。

口 「膽小」的小孩都是陪伴型父母造成的

會打人的孩子壯似很凶，但其實他是弱者，是沒辦法妥善處理人際關係的膽小裡。人人都經歷過害怕的考驗，克服恐懼感是人生的重大課題。但錯誤家教，不但不能讓孩子不怕，反而是更怕。前面提到了：恐嚇、暴力的語言會造成膽小鬼，因為用恐嚇的方式，會讓孩子怕上加怕。用細膩的陪伴、善意的哄騙、無微不至的保護、及時的安慰語言，也就是包辦到底的方式，在保護孩子不遭怕時，反而會製造膽小鬼。孩子還沒有開始怕，包辦父母就出聲了：「不怕！不怕！」「有我在，不要怕！」……孩子本來不知道怕，也不懂怕是什麼，父母主動教他「害怕」，提醒他應該「怕」，然後以自己的先見及呵護為榮，因為果然孩子成了膽小鬼。

□ 包辦父母「需要子女對自己的需要」

是誰在製造「我爸我媽說……」的「媽寶爸寶宅男宅女啃老族」？天生愛活動的「人類」為何會成為懶惰的人？只因包辦式父母「需要子女對自己的需要」，且樂此不疲。這源自人「愛付出」的天性。人其實是很願意付出的，且看媽媽忙著把三菜一湯煮好，只要孩子把菜吃完她就非常高興，完全不會抱怨自己的辛苦張羅；相反的，家人不回來吃，或是只吃一點點才會讓媽媽生氣。人們生氣的是對方不接受我們的付出，只要對方願意接受，大部分的人際關係都能延續長久。所以，只要孩子還小，還處於只能照單全收、接收大人的照顧及付出的狀態中，親子關係就都還不錯。但父母照顧孩子的天性失控後，就落入「過度保護孩子」的陷阱當中，變成剝奪孩子學習、成長、自立的機會的人。「需要」別人對自己的「需要」來找到存在感、以讓家人「飯來開口茶來伸手」為榮，就形同自願的奴才。傳統有這樣的說法：「抓住先生的胃，就抓住他的人。」所以就把自己鎖在廚房裡成了廚師；甚至說「我先生等於是我的另一個兒子，什麼都不會，都要靠我！」這樣說，一方面是矮化了家人，一方面是自己給自己挖了個坑，強調對方的無能來綁住自己，讓自己做工還引以為榮。沒有自己價值感的人才會創造別人對自己需要，是自己欠缺安全感，內在有嚴重匱乏空洞要彌補，才讓自己變成奴隸。不是開玩笑，許多人期望自己的兒女婚後還和自己同住，原因之一，是他們還渴望繼續照顧兒女，他們渴望一輩子都擁有「子女對自己的需要」而感到存在感；原因之二，就是他知道自己的孩子已被自己養成無能、無法自立獨立生活的人。包辦父母因為滿足了「自己是個好父母好祖父母」的形象而破壞了孩子的重要學習。

□ 包辦父母養出：肥胖兒、懶人 & 高學歷的「生活白痴」

條件好的家庭不再需要孩子像過去那樣為家庭生計付出努力，孩子們被以愛的名義給予的太多，而無需自己付出任何努力和投入，結果就沒有機會被培養出

責任感和上進心。只讓孩子玩玩吃吃喝喝，讓他不事勞作也沒有運動，包辦式父母就為這個兒童的一生肥胖及懶惰打下了基礎，因此讓肥胖兒的比例快速提升。懶人，讓不會打掃生活空間成為巨大的問題。把房子分租給大學生或年輕上班族的人告訴我：有些租客的房間，髒亂得好像被轟炸過一樣。大學生、高材生群居公寓裡那種堆積及髒亂，真是讓房東瞠目結舌。不分男女，他們的生活空間髒亂、任蜘蛛結網、垃圾及食物殘渣隨意放置在公共空間，還有，垃圾桶滿了也不會主動去倒，鍋碗及醬油隨意放在地上，甚至放在太陽下曝曬也沒覺得有什麼不對；公用馬桶留下噁心的殘留物也不去清理……不會煮菜，只會煮方便泡麵；不學料理，都叫外賣，把工資的很大一部份都花在飲食飲料上。還有，經常忘了帶鎖匙而進不了門，門碰上了不會直接找鎖匠而是要找房東幫他處理。離鄉背井的他們以為，後面一定會有人，一定要有人接著幫他們處理他們製造的問題。能幹包辦的家長養成年輕的「生活白痴」，讓他們不懂得照顧自己的作息、整理生活空間及關心自身的健康、也不會保護自己的安全、更不懂得妥當的服裝搭配美感……啊，因為他的父母太能幹、太包辦了啊。

口 6 大金剛養出「我爸我媽說……」的上班族

小時候總是問：「媽媽，我能去隔壁玩嗎？」「爸爸，我可以去打遊戲嗎？」「我想吃冰淇淋，可以嗎？」「我現在不想睡，可以晚點睡嗎？」這種事事都要問的乖小孩，將來長大能成才嗎？在面試的場合裡，有些高學歷的大學生來應徵工作時，竟然有家人跟著一起在外守候觀望，看孩子是否會被騙，甚至想衝進來幫著孩子問問題。這樣的年輕人還會說：「媽媽說……，我爸爸想知道……」「你知道我爸是誰嗎？」「我回去問問看，是否要接受你們公司的工作。」……真是被這種人打敗了，明明是找工作的成年人，表現得還是在吃奶水的寶寶。這樣的人，相信很少老闆敢雇用的，因為會擔心，那天他的家人會冒出來代表他來理論薪水或待遇的。有種算盤珠子型的員工，不叫他做就不做，做該做的

事之前還要問，做好了也不說，除非你問他要……我就感嘆他們的父母是怎麼教出這種撥一撥動一動的廢物的？以前的孩子要努力博取父母的歡心，但現在是 6 個大人爭寵、對被寵愛、溺愛的孩子搶著付出服務，個個積極爭取討好孩子的歡心，讓孩子覺得他背後有 6 大金剛讓他在宇宙中無敵無阻。這樣的包辦式家長，表面上是非常負責任的家長，但讓孩子失去適應世界、在社會上的競爭能力，這種家長是最對不起孩子，也對不起企業及社會的家長。

□ 控制餐桌轉盤 &「投拆」航空公司的小孩

一個小孩吃飯時不管別人的目光，左翻右撿自做主張不停地轉著菜盤，但父母卻是鼓勵著：「哇，今天胃口這麼好，太好了。要不要媽媽幫你拿？這個好吃，趕緊吃！」有人轉盤轉走了這孩子喜歡吃的菜，孩子當場就生氣了，但媽媽還是護著：「不好意思，孩子還小嘛！不懂事。大了，自然就不會了。哈哈哈。」但孩子為了報復那個把轉盤轉走的那位阿姨，當場把碗給打翻了……。父母的包庇態度養出沒有是非、法律及責任感的弱者。有一次，坐飛機，因為流量管制，坐在機艙內等了超過半小時還無法能飛，大人們都很耐心安靜地等待時，一個一直在吵鬧的小孩就發出聲音了：「爸爸，飛機再不起飛的話，我就投訴他！」當場機艙內的人都笑了，但我卻笑不出來，因為想到那些在飛機上逼著空服員打開艙門的那些「法律智障者」，我想，他們都是在家裡為所欲為成習的「巨嬰」。過度的保護，肯定造成孩子的懶惰與懈怠，更會使孩子的依賴心加重。唯我獨尊又自私的孩子，肯定會脾氣不好，因此稍不順心、不如意，就會馬上翻臉或大聲吵鬧。不查明實際狀況而包庇：「被記過了？不要難過，爸媽只希望你快樂就好。」「沒事，別怕！一定是他們的錯，我來處理。」「哪個同學打你？他叫什麼名字？爺爺去找他！」「要我們家寶貝向同學道歉？這都是老師偏心和同學嫉妒！別理他們。」「誰找你麻煩？告訴我！我打電話找老師、校長、記者……」「老師要你認錯？不必！有事叫他們來找我得了。」「同學

說你弄壞了他的本子？沒關係，媽媽趕緊再買一個還他就是了。」「咱們家誰都不怕，有你爺爺在！」「打破爸爸最愛的花瓶了？別怕，沒事，我跟你爸講是我打破的。」……，父母強調自己背景、讓孩子聽多了咱們家誰都不怕，有你爺爺在的霸氣，結果會如何？……6 大金剛合力包庇包養出的孩子，往往不知輕重、不懂法律，小心他可能會是闖禍，映長輩及家族的敗家子。

□ 富二代官二代會拖累「包庇父母」

新聞裡有這樣的報導：官二代或富二代，在闖禍時，大言不慚地說：「你知道我爸是誰嗎？」「你不知道我媽是誰嗎？」。包辦父母易成「包庇父母」，而富二代官二代會拖累「包庇父母」。媽寶爸寶以為社會也會有人、公司裡也會有主管會為他包辦所有他的需求，解決他的困境，但事實上沒有。進入社會後，這種靠關係及走後門的「空降部隊」往往成為辦公室裡的笑話，甚至成為新聞事件裡的霸道「媽寶爸寶」。被包庇的「媽寶爸寶」是只適合活在家族羽翼下的好命二代或順二代，但也可能成為新聞頭條裡的霸道犯法者，可不是嗎？以為父母位高權重的年輕人會仗勢欺人，但是，把包辦父母的財勢或權威拿來當擋箭牌，「夜路走多了，總會遇到鬼的」，有一天會不靈的。媽寶爸寶上了新聞，就讓自己財大氣粗的「寶媽寶爸」被拖累而中箭下馬，因為沒有能力分得清對錯與法律界線的。

□ 奴才型的父母會養出「尊貴但無能」的假貴族

包辦父母，炫耀孩子的貴族生活，孩子「生活無能」為榮。「啊呀，我的兒子的腳踏車是……牌，和一部汽車一樣貴。」「我的先生(兒子女兒)到今天都不知道他們的內衣褲在哪兒，都是我幫他們拿的。」「我女兒如果不是真絲或名牌就不穿的。」「我女兒的手可漂亮了，因為她從來都不用洗碗、掃地，沒沾過水的呀。」「我的女兒這輩子沒有掃過一次地呢。」「我兒子可好命了，從

小就像皇帝一樣，有2個阿姨侍候他。」「孩子被我寵壞了，從小都是用名牌，不是品牌的就不肯用呢，(得意地)呵呵呵！」「我的孩子認得出每種名牌車子，而且都知道得多少錢呢！」「我的孫子可好命的，從來沒有自己倒過開水呢，也不知怎麼燒開水，呵呵呵……。」這種「偽貴族」的驕貴描述，只是暴露了他家的孩子的無能，及未來生活的白痴與苦命。老愛炫耀你家孩子多麼尊貴的家長，要想想，你能保證他一輩子都是富貴的人嗎？你能保障他一生都能用得起傭人嗎？須知世代富有的猶太人是嚴格訓練自家孩子、要他們生活自理，不容許子女從小生活得安逸或被服侍。猶太人只佔全世界 0.4% 人口，卻擁有全世界 40% 以上的財富，諾貝爾獎得主的 1/4 是猶太人。關鍵，就是猶太人的家教，使得他們創造的財富能傳承及壯大。須知，真正的貴族，表現的是人品與能力，而不是用品的尊貴，及生活上的無能。能世代傳承的才是真正的貴族，而錯誤家教會坐實「富不過三代」的名言。其實我做過研究，我們的富翁，基本上大部份「富不過二代」。

□ 迷信的大人用「恐怖訴求」養出有隱憂的弱者

讓孩子聽話膽小還有一招，就是用燒香拜拜去保平安。信仰是好的，但讓孩子「只要沒燒香就會不安」，就是不好的。「我媽媽說的，考試前不能吃葷菜而且三天都不能吃。」「我上個月成績不好，是忘了燒香拜拜」「我和老師的星座不合，所以我不想上他的課…」「奶奶生病時也去燒香的，還叫我一起跪下呢！」「這個月我出門不能往東走，因為有『算』過。」「今年我考運一定不好，因為……」「完了，完了，掉牙找不著的話，我的新牙就長不出來了。」……父母若帶有神秘色彩，喜歡佩戴護身符，或是談論特異功能、外星人、飛碟等，生長在這樣極其迷信的家庭中，認為若考試不成功，肯求是前世造業或最近沒有燒好香的緣故。優秀的信仰可以淨化人的心靈，原罪不可考的迷信則會腐蝕孩子的靈魂，讓他心懷隱憂，總覺得壞事要發生。有些父母為了達到

控制孩子的願望，就要他去參與迷信活動，用「恐怖訴求」來教化，結果是養成怕東怕西、一直不安的弱者。

口 用鬼的「恐嚇策略」引發身心失衡

要孩子乖乖被包辦，就要讓他膽子小。比「講法律」更奏效的「恐嚇策略」，比如「十八層地獄」的恐嚇說法，至今陰魂不散，但很有效。迷信的父母愛用「恐怖訴求」來教化子女，為了方便行事，習於用恐怖的惡狗、大野狼、看不見的鬼等捏造的形象來恐嚇孩子，往往會使他形成條件反射，對同類事物一律產生懼怕感，造成膽小、怯懦、軟弱的個性。喜歡嚇孩子的父母，愛講虎姑婆及小紅帽的故事，一邊講還一面做出要吃掉孩子的虎姑婆的樣子，結果成功地嚇壞了孩子，覺得這招見效的大人就慣用：「你要是再不趕快睡著，大野狼會來咬你喔！」這一招。沒想到，孩子從此一到晚上就變得很害怕、怕到睡不著，越想越恐懼，從此不敢自己一個人睡覺了，一點風聲鶴唳就聯想到大野狼或虎姑婆了。而面對這個越來越膽小的弱者，父母就責備得更嚴重。被父母用鬼神嚇成功的孩子，會這樣說：「炸雞？我不敢吃。我媽媽說的，我如果吃了葷菜，我會下地獄。」「媽媽說我的功課如果不好，神明會處罰我。」……恐嚇加重內心的衝突及壓力，使興奮和抑制失去平衡。壓力過重，大腦皮質對皮下中樞的調節能力會降低，造成自律神經和內分泌失調、內臟功能紊亂，進而誘發由消化系統到精神的各種疾病，非常不利兒童的健康及性格。恐懼心理很難糾正，若孩子嚇破膽了，一生會是個拖累你的膽小鬼。所以，千萬不要為了省事、急就章而胡亂嚇唬孩子。信仰是美好的，但被父母誤用為恐嚇工具就不好了。

口 不當的「安全教育」：犧牲了成長及抗病的機會

「外面壞人很多，很可怕！不要跟陌生人說話！」……就因為孩子生得少，就怕孩子發生危險，父母禁不起讓孩子受傷或出事的丁點危險，於是有些父母不

讓子女出門、騎車、旅行、游泳、開車、滑雪……，注重人身的安全是對的，但不應因噎廢食，因此讓子女錯過了、忽略了更重要的、潛在的、看不見的心理成長需求。嚴格的禁足令，在他在童年期、沒有自由意志及反抗能力時有效，等他到了一定的年齡時，就會引起孩子的反感與反彈，讓他一直被「保護」在大人身邊，結果就妨礙他發展潛能。發展有寶貴的黃金時機，若錯過了往往不可逆。比如冒險是年輕人的渴望，但若到了中老年紀，要他接受挑戰就會力不從心。保護孩子長期活在舒適區裡，易讓孩子成為膽小鬼。當代的孩子若是溫室的花朵、不懂得運動及冒險，一旦遇上緊張或挫折的事，就很容易爆發心理病症，比如情緒起伏、意志消沈、拳打腳踢、歇斯底里、胡言亂語……。不當的「安全教育」，讓孩子感到人生處處不安全而成為弱者。

口 包辦父母養出不孝順只等遺產的「大嬰兒」

活在蜜糖般的照顧中已習以為常的孩子，完全不能體會父母親的心意及付出。且父母早就告訴他：父母已包辦孩子一生要用的錢。「你生出來就幫你買了保險。」「爸媽的所有都是你的，將來你不會操心，有房有存款有車！」「爸媽為你們每個人買一間婚房，放心吧！」……形同養出心中早早就有「人生不用奮鬥」、甚至是等待長輩歸西的懶惰蟲。曾聽到一個年輕人在百貨公司責備他的媽媽：「妳不要亂買東西，不要亂用我的錢。」這樣的孩子對父母沒有責任感，因為現在他什麼都有了，未來的你還都要給他，那他何需努力？看過冷漠而不孝順的子女嗎？看過與包辦父母同住的「大嬰兒」、「小時了了，大未必佳」的「神童」、長大後成為「宅男宅女」的「啃老族」嗎？這事是怎麼發生的呢？

口 不孝順這事發生的流程

(1) 知道有需求就會被滿足。身邊的人會主動積極地察覺他的需求並且立即滿足他，他不需要開口，東西就會出現，他覺得這一切都是正常且理所當然：

(2) 沒機會認識自己的真正需求與好惡。因為一切都由大人決定了，所以不知道也不關心自己的天賦、能力與興趣何在；

(3) 不習慣表達感情和願望，因為他來不及，也用不著表達自己的需求及情緒，只須不斷地接受 6 加 1 接棒式的照顧；

(4) 不關心別人。對周圍的世界不敏感，因為父母即使生病也不會告訴他，再累也會優先完成侍候他的事，他就被訓練成一個對周邊人的無感的人。

(5) 冷漠不懂感謝。因為忙著接受，沒被訓練要回應及感謝，不用爭取也能得到大人的愛與付出，孩子可能會變成頤指氣使、發號施令成習的人，同時也不會感謝別人的付出，這樣的人當然在社交圈成為不受歡迎的人；

(6) 對父母(祖父母)的愛的奉獻很厭煩。因為得到的太多太久了，就把它當做一種枷鎖，產生嫌棄的態度。不但不感恩，還一心想要離開被嚴密控制(溺愛就是一種控制)的環境，為了逃避父母親鋪天蓋地的關愛及叮嚀嘮叨，男孩可能就會遠離家鄉去工作，女孩可能會匆匆出嫁。……

(7) 不懂得為願望努力及付出。因為家長主動幫他完成所有的事，他沒有為目標奮鬥、打拼、爭取的經驗與機會，他成為人生沒目標(不必有目標)的人。

(8) 不懂得為別人的願望努力及付出。在我的成長年代，每個孩子的心願都是長大後買房子給父母，現在是每個父母有買房子給每個孩子。

(9) 結果，他就被包辦父母養成「不孝順」的的下一代。

□ 「畢業證書」是誰讀到的？

為什麼有些人會工作遊牧？為什麼許多優秀高校生畢業後找不到理想工作，無法順利就業？因為那張大學畢業證書可能不是他自己讀成的，是他的父母、老師、補習班老師、家教、阿姨、祖父母、其他家人一起接力賽、手牽手接棒，接送上下學、接送才藝補習班、滴水不漏、保護他沒有受挫、「陪」著「盯」著他不出亂子而讀到的。也就是說，許多畢業文憑是大人幫孩子讀成的。包辦

幼童生活很容易，但他長大後呢？父母不可能永遠幫他包辦一切。

口 為需要「人工授粉」的兒女包辦「結婚證書」

且看父母到處央人為子女介紹，在公園裡的「相親角」現象：包辦父母急著幫子女找對象，繼續要包辦孩子的「結婚證書」。我每次看到公園「相親角」裡焦慮的父母，就想到這個畫面：溫室裡沒有蟲子也沒有蜜蜂，所以農夫得為蔬果——人工授粉，得幫他們「交配」……又乖又聽話的孩子需要「人工授粉」，他們的婚姻大事，也是包辦式父母願意包辦的事。好不容易走出封建與媒妁時代、可以自由戀愛的現代人，婚配要靠相親網及父母？好累人啊，好悲哀啊，為什麼會這樣呢？

口 「直升機」「望遠鏡」父母養出「超齡嬰兒」

包辦父母讓孩子誤以為把書讀好就能得到一切；不查明實際狀況而無限包庇、姑息；用恐嚇方法故意讓孩子從小什麼都怕、為了害怕及怕被拋棄而可能說謊、做逃避或破壞性的事；教孩子不尊重服務人員……6大金剛家長這些強勢包辦、包庇及包養結果會培養出缺乏信心與能力，習慣「陪伴」、不愛運動的「媽寶爸寶」。由小照顧到結婚，死後要他繼承遺產，父母願意犧牲自己這一代及上一代，只圖換得下一代的幸福。家長越是「直升機」「望遠鏡」，孩子越會成為巨大的廢物及超齡嬰兒，接著家長就更覺得孩子需要加倍的照顧，於是，奴才般把孩子養大的家長，會自動的幫孩子找工作、找對象、買婚房、養孫兒，這是典型的傳統親子關係。但時代不同了，親子關係得改變了。

口 被過度陪伴的後遺症：工作遊牧、創業失敗、閃婚、短婚！

為什麼許多高學歷的人不停地換工作，在工作上遊牧？因為不適應職場裡沒人呵護他，當他必須獨當一面時就備感壓力，往往一不如意就辭職。工作不順利，

就被鼓勵去創業,但不知創業是就業的 30 倍辛苦加痛苦,這樣的王子公主創業成功不容易。上網查查中老年人創業成功率也不是 100%,年輕人創業成功率能有多少?但溺愛及讚美型的父母一定大力支持他創業,但可能就把父母一生的積蓄敗光了。長期習慣被陪伴及照顧的人,當然不堪自處,也耐不住寂寞,無法獨處,這讓他(她)很容易在離家後只要有人對他呵護、接送上下班、陪他說話、給予甜言蜜語,就輕易上床或受騙了。他不是真愛對方,也不是那麼愛結交兄弟,只是害怕自己落單、不習慣自己一個人獨處而已。所以,被溺愛的多種後遺症中,還有輕易上床、閃婚、短婚、離婚及敗家。

口 工作流動率與離婚率高:期待「老公老婆」變成「老爸老媽」

為什麼當代工作遊牧族多及離婚率高?因為被溺愛的人可能是為了離開父母無時無刻的照顧而草率結婚,以為結婚以後就又有了「老爸老媽」,忽略了婚姻的真正意義還有應盡的義務和責任。曾有一位條件很好的女人,不斷地離婚換男伴,而她的理由是:「我就是沒辦法自己一個睡,我晚上一定要有人陪,不然我會怕!」……為了解決當下的寂寞,只求有伴一起唱歌、喝酒就好,被騙、被誘上床都行。無法獨自過夜、自處的人,在異性關係上一定隨便。從小習慣了被照顧,對婚姻會有「不成熟」的期望。在大城市裡,「閃婚」及「短婚」已形成一種次文化及趨勢,但率性結婚,王子公主發現「老公老婆」並沒有變成他滿意的「老爸老媽」?這種失望帶來離婚行動,源自錯誤家教。孩子應該無條件地被接受、被愛,但不該被無條件地被伺候被照顧。包庇式父母讓子女分不清楚對錯、學不會負責任,這也是另外一種「弱勢」:沒擔當、沒勇氣。這樣的人沒有企業想要雇用、沒有人想和他(她)結婚的。這樣的結果,是對不起小孩、也是對不起國家的。

第 **6** 章 不要說創造弱者的話

165

口 童年好日子，成年苦日子：無法容忍挫折及失望易得抑鬱症

精神病症（憂鬱症、恐慌症、強迫症……）已是 4 大文明病之 1，曾有過研究：童年過好日子的人，日後失敗失業時易引發心理病症，並在中午晚年呈現後果。習於高度被別人肯定，對知名度及財富極為重視的人，都是對自我期許非常高的人，所以禁不起失財及失寵。包辦教養讓孩子早期過好日子，但進入社會後就無法容忍挫折及失望。此時若沒有人開導，就容易失常：若不是抑鬱、自貶，就是出現反社會行為。抑鬱症患者，並非是衣食匱乏難以生存的人，往往是雙親健在且備加呵護、家庭沒有生存危機的人。他們愛比較、有渴望、有理想、有夢想，只是父母陪伴加溺愛造成了他不堪挫折而不幸福。

口 從小坎坷的人，把吃苦當吃補

習慣被陪伴、鼓勵、讚美、表揚的小孩會越來越挑剔與難搞、難侍候與取悅。反之，從小辛苦的人自知「沒有悲觀的權利」，只會迎向挑戰及奮鬥，所以即使失戀或失敗也不會去自殺或殺人；沒什麼人陪伴，會珍惜別人的付出且會不斷地感恩反饋。會認為吃苦是人生常態，對「好運」不敢期待，因此一旦遇上好人好事，就感激萬分而非常快樂，同時，更能專心做功課、做工作、做事業，因為他本來就耐得住孤獨及承受得住批評，他不會指望、等待有人來鼓勵他、讚美他，所以他不會有失落感，這樣的人能接受人生的高低起伏，一生都會過得很平穩，且容易成功。

口 包辦父母養出不尊重服務業的人

強調：爸媽為你做事是應當的，沒有要求感謝及感恩。不請自來、從早到晚都積極地服務的大人，在孩子心目中形同僕人，奴才，他就會對長輩越來越不客氣。接著，孩子就不尊重服務、也不會感謝別人的付出。財大氣粗的家庭裡，忙碌的大人會告訴孩子：「阿秀是媽媽請來照顧你的，有什麼需要就叫她！不

用客氣。」如果平時家長就對傭人不客氣，當著孩子的面經常責罵傭人或亂發脾氣，甚至可能還這樣說：「你要是不好好念書，以後也就跟他一樣，要去伺候人。」「我家寶寶最用功了，以後就不會像爺爺這樣做工人……」……靠大人的寵愛長大的他，會成為不尊重人的驕兒，因為大人示範了對勞動階級或傭人的不尊重，孩子可能會有樣學樣，也會以「上流社會」自居，認為「只要是傭人、司機或服務員，我就有權利隨便罵他們」。孩子的言行就是家長言行的翻版，這種大人及小孩是沒有人會喜歡的。把孩子養在自家城堡裡讓他被包辦、包庇，會養成孩子歧視職業的不良心態。

口 看低服務階層的心態及貧富尊卑意識

對孩子照顧、服務得太周到，會把「服務」這件事的價值貶低。孩子幼小的心靈裡會種下看低服務階層的人的心態，及不當的貧富尊卑意識。如果孩子總聽到對不同職業及經濟背景的人的否定與批評，比如：「你如果不好好學習，長大了就會像 ×× 一樣，只能當工人！」或是挑撥人際關係：「某某那麼那麼窮，不要和他玩在一起。」「不要跟 Ｘ Ｘ 玩，他們家沒水準。」那麼，在無意中就對孩子造成了勢利心態。這種不懂得尊重服務者、勞動者及社會各種職業的不當價值觀，是從小耳濡目染養成的。

不讓「養出弱者的語言」出現的方法

口 「乖」不是教養目的：幼兒養性，童蒙養正，少年養志，
成年養德

教養的重責是「幼兒養性，童蒙養正，少年養志」，怎麼能淪落到一個「乖」字呢？「乖乖聽話」加上「學習成績好」，就是許多父母最渴望的好孩子模型。「不聽話的孩子，媽媽不喜歡。」「你是個好孩子，聽爸爸媽媽的話，不要亂跑。」「寶寶最乖、最聽話了，將來一定很有出息。」強調只要行為乖、非常聽話、

努力學習的孩子，父母就很愛他，久而久之，寶寶誤以為是否乖，決定父母是否繼續愛他，孩子就成了一個乖寶寶與「讀書機器」。請停止再強調「乖」，一滴口水說聲「乖」，很方便，只要無所作為，加上坐著讀書，孩子就誤以為人生就大功告成了。

口 戴著面具以「乖」為榮的偽君子

孩子相信了「乖」的價值，於是，被要挾成功、成為不敢表現「真我」、戴著「面具」忙於「取悅」大人的偽君子，就這麼出現了。聽話成為衡量一個孩子好壞的首要和唯一的標準，長久會嚴重地制約兒童的創造性思維與能力，容易造成孩子自理、自立、自主、自強的思想淡薄。為討好長輩和爭取他們的愛，要表現大人要求的「乖與愛讀書」，只好不表現真我，願意遮掩自己的個性，以各種方法來得到長輩的認可。生活上過分依賴父母的指令，畏縮、膽小怕事，心理脆弱，使孩子變成不討人喜歡的保守性格。

口 乖孩子見不得人好：打壓別人的出頭表現

一個人一旦忙著和別人比較誰比誰乖，誰比誰聽話，以「乖」為榮後，他這輩子就成為一個不長進，還排斥阻礙別人長進、出頭的人。他會以同樣標準來要求別人，把乖當做籌碼反過來要挾父母及別人，他會見不得別人能幹又有作為，他會打小報告：「媽媽，哥剛才又不乖了。」「老師，我今天比 ××× 乖，他一直在說話，我一句話都沒有說。」「爸爸，我告訴你，妹妹都不聽媽媽的話，她去花園玩泥巴，我沒有去，我比她乖。」

口 杜絕「陪伴心理」：陪伴不是大人的義務

前面提到，弱者是「陪」出來的。「陪著孩子長大」錯誤的觀念越來越流行，把「陪」著孩子「長大」變成制式規定了。孩子被溺愛自古既有，於今為烈，

再加上「陪著孩子長大」的新潮觀念，問題就更嚴重了。長大，是一件本能、自然、且是每個人自己完成的事，過度的強調「陪伴」後多少父母以負罪感說：「太少時間『陪』家人(孩子)。」「我事業成功後、得獎後，要回家多多陪我的小孩。」「我很對不起孩子，都沒有陪他們。」……這是一種非常奇怪的想法，只要把孩子的基本生活及家教照顧好，父母就沒有虧欠小孩。當我們在外面努力賺錢來養家時，這種付出比守在家人身邊「陪」著他們，哪個重要？哪個優先？哪個具有決定性？哪個更可貴？基本上問題出在這個「做父母就得陪」的想法。

□ 確認：是大人自己「想要」陪伴，還是子女「想要」陪伴？

在都市裡因為空間小房價貴，沒辦法，只能在狹小的空間共處，就變成要陪伴孩子「讀書」或「玩樂」的陪伴者。在農村裡人人得忙著下田乾活、子女看到父母的辛苦反而有要爭氣的企圖。父母的責任是要教子女「做人」，不是陪孩子「遊戲」的。同時，我們要問：是大人自己「想要」陪伴，還是子女「想要」陪伴？一般上班族工作勞累，回到家會覺得和孩子玩最輕鬆，就覺得陪小孩是件美好的事。但事實上，你問問全天候照顧小孩的人，他們會告訴你，全天候陪伴小孩，可並不是一件多美妙的事。同時，全心全力陪伴、瞭解小孩的人，長此以往，而沒有自我成長，請問這樣的大人是退步還是進步？同樣的，也可以問小孩若大人 24 小時都陪著他，他喜歡不喜歡？可以問問孩子，他最喜歡的是爸爸媽媽給他陪伴及玩具，還是給他理解與鼓勵？如果平時 6 個大人輪番上陣滴水不漏地全天候陪著他了，他不會覺得這是福氣而是如影隨形的壓力。陪伴的形式有許多種，陪伴不要形式化。

□ 陪伴的形式有許多種

陪伴的形式及方式有許多！陪伴不是大人的義務：不要把「陪」著孩子「長大」

變成制式規定。不是「坐在他身邊」才算是做父母，因為父母的天職是教導而非陪伴。很多人誤以為形體上的陪伴，才算伴。無微不至、24小時的陪伴，傭人、奶媽都能做到，沒有教養及精神，陪伴並沒有教養的功能。孔子的後代因為自己是孔家子孫而有榮耀感，孔子的精神一樣教育了數十代子孫但沒有親身陪伴。古代社會，父母出外打工寄錢回家養兒女，兒女的反應是感謝與感恩，只有孝順的想法而不會說「你都沒有在家陪我」「你沒有回家吃晚飯」。精神的陪伴，不會輸給肉體的陪伴。比如，為家庭到遠方打工的農民工寫回來的家書，手機傳回來不會寫字的大人的語音，是不是更可貴？一個人才，應該「服千萬人之務，而不是服個人家庭之務」；能貢獻社會的人，應該少花時間在家，可與配偶、長輩分工合作來教養小孩，而不是以自己「陪」小孩的時間有多長來評斷自己是否是好父母。

口 不是「全天、隨時在家」才等於有「陪伴」

父母的3大責任：1、讓孩子有吃有穿（不必榮華富貴）；2、教養孩子成長（不必養出天才）；3、有「在家」或「存在」的感覺（兼顧自己的工作及私生活），我認為就算盡責了。父母沒有義務每天都要以肉身陪伴（黏）在兒女身邊，這樣既阻礙了自己的發展，更影響了孩子自主成長的機會。爸媽可以全天、也可以有時候「在家」就好，除非是嬰幼兒，孩子並不需要「全天照顧」及「全職陪伴」。不要有「陪伴他的義務」的想法及期望，就不再會有缺少陪伴的失落感及「陪伴得不夠」的負罪感。照顧及陪伴，重質不重量。多少沒有完善雙親照顧的遺腹子、單親、孤兒照樣成才成長，說明「陪伴」不是人生成敗的決定性元素，教育、學習、精神才是。6加1全程陪伴的小孩也有可能是敗家子，這就說明完全的「陪伴」不一定是好事。世界沒有完全要人陪的人，因為每個人都需要隱私及獨處時光。即使是「長期照護」的病人，只要有了精良的儀器，也不會要人隨時在陪的。長大的故事裡，應該有同學、鄰居、陌生人、甚至是壞人及

敵人，這樣的「成長」才正常才完整。只有家人全程陪伴的成長，營養不良不全。

口　別把「陪玩」變成制式規定

我曾去參觀雇請了外籍老師的幼兒園，只見全部的大人沒有一分鐘停止對孩子的呵護，洋老師說「要以孩子為中心」，要來參與的父母們也認真地學習如何扮鬼臉、哄孩子、做遊戲……，所有的大人都守著自己的孩子孫子進行幼稚的「陪伴與陪玩」，搞得大人不像大人？像小孩。有一個賣玩具的廠商設計了好幾種遊戲，強調要大人和小孩一起玩，每種遊戲每周必須要玩幾分鐘，手冊上都有規定。但我懷疑過了剛買回來的興奮期後，能持續照表「陪玩」的家長能有多少？因為，大人本來就不是孩子的玩伴。孩子要玩伴，該找小孩才對。想像一下，全家大人團團圍著小人兒 24 小時陪伴或陪玩，小孩是不是會倍感壓力或不知所措。不信，想像一下，有 6 個個子高高的《姚明》每天由高處向下看著你護著你陪著你，你會舒服嗎？

口　孩子自己能做該做的事，絕對不要幫他做！

如何避免孩子成為弱者？很簡單！大人不要太能幹。生活中很平常、最普通的事情，孩子自己能做、該做的事，不要幫他做，讓他自己做。包辦了孩子的生活大小事、甚至幫他做功課，對他是剝奪及傷害。一旦錯過了學習及發育敏感期，有些事孩子就根本不想學、學不會、沒有動機，且無能、無感及不孝順。習慣將孩子置身於自己的庇護之下，過度而且是強制地保護孩子的同時，就是有意地扼殺了孩子的發展。我們可能不瞭解孩子的興趣喜好及需求，但至少要給他們選擇及發展的機會。凡是不必要的幫助，都是阻礙孩子發展的最壞禮物。可怕的包辦父母，剝奪了孩子嘗試及成功的機會。孩子自己能做該做的事，絕對不要幫他做。讓孩子嘗試自主完成一件有難度的工作，是聰明的父母會選擇的最好教養工具。

口 父母要客觀地認識子女的優缺點

幫助孩子客觀地認識自我，不要包辦又包庇讓子女不知自己的優缺點。不要過度樂觀或悲觀，避免由於寵愛造成子女的不切實的自信自傲，及緊跟而來的挫折和失敗感。父母對孩子的愛是無條件的，「情人眼裡出西施」，父母眼裡自己的孩子都是天才與俊傑，這是人之常情。但包庇父母接受孩子的一切、肯定與表揚孩子表相的優點而無視其缺點，這就造成問題。因此，特別要克制父母的這種天性，對孩子的表揚要有節制。父母應幫助孩子認識及接受自己的優缺點，因為世上每個人都有自己的優缺點。但包庇父母通常會無視子女的缺點，擴大他的優點。父母總認為「自己的孩子最好最乖」「親生兒女一切都是好的」……往往只憑孩子的一面之詞，就責備他的老師、同學或傭人，這會讓孩子有恃無恐，一意孤行，同時也縱容犯錯的孩子重蹈覆轍。要幫助孩子認識及接受自己的優缺點，父母要先認識及接受孩子的優缺點。社會上不須要每個人都是資優生，父母也不可能保護孩子一生無風無浪。溺愛、過度讚美及包辦，只會創造弱者，製造未來他的老師、主管、配偶的負擔。過度保護孩子，在家庭和學校裡很容易做到。但進入學校及社會後，他就會開始受苦、被騙、無助、接受迷信……。不認識子女缺點、不分青紅皂白讚美加包庇的包辦父母讓孩子小時候好命，長大後就開始苦命。

口 停止對孩子錯誤的期望

給孩子的壓力源自父母的期望，希望孩子很在意父母、尊重、體諒父母；希望孩子理解「不」就是命令；希望孩子百分百聽話；希望孩子的老問題不再發生；希望孩子別再讓父母疲憊不堪；希望孩子的行為立即產生效果；希望孩子感覺到自己很能幹；希望孩子感覺到歸屬感和價值感；希望孩子學會尊重、合作和解決問題的技能；希望進入孩子的內心世界；希望理解他的全部成長過程……這些期望，說真的，都太難了，太偉大了！孩子不是大人，也不是聖人，以上

都是錯誤的完美期望。失望來自希望，停止這些不當期望，就不會有失望，就能停止施壓。沒有壓力時，會有正能量的「我很好，我需要再努力」，壓力不堪負荷時，負能量的「我不好，我不夠好，我乾脆放棄得了……」就會出現。若不追求完美，就不會製造痛苦！父母要承認自己就是不完美，所以就不會要求兒女完美，責善求全的話就不會說出來了。完美主義的父母親，不允許孩子犯錯，而不容許別人或自己犯錯的人，人生必定是痛苦的，家庭關係必定是緊張的，基本原因就是：期望完美，就是一種超級錯誤。

溫暖的家庭關係，因此變質，持續錯誤期望一定帶來破壞性的語言，把愛的付出變成鞭子，何苦來哉。壓力、恐嚇、威脅或懲罰，不會有助夢想奔向航道，只會讓孩子學會不做不錯，等待指令、停頓與剎車。不可剝奪孩子「嘗試－錯誤－完善」的每個機會，孩子失敗、跌跤不可怕，怕的是我們用壓力讓孩子怕失敗、或失敗後站不起來的習慣。

口 日本訓練幼童自理：父母應停止包辦

上學路上的畫面：奴才式的家長幫著孩子背書包、拿東西、拎雨傘及水瓶。大人身上披披掛掛，小孩手上很輕鬆。但如果到日本去旅行，你會看到不一樣的畫面。無論是乘火車、走在大街小巷或商業區，日本的孩子都是自己背著背包或書包，不是由大人幫著拿。旅行時，打開包包，裡面的用品毛巾、牙刷、牙膏、水杯、手帕……等都由小孩自己打理，不是由「包辦父母」代為收拾。即使天冷得大人都在穿羽絨衣，日本的學童的制服都只是短褲短裙，因為他們認為這就是鍛鍊。日本社會的嚴謹及整潔由何而來？日本大海嘯後全國限電限購，但全國沒有搶購、沒有砸店及搶東西，這真是一個神奇的國度。日本曾是朝貢國，深受唐朝文化影響，這些文化相信都與我們的傳統文化有關。這種令人敬佩的行為都不是法律規定而來，都與日本家長從小告誡小孩「不可以麻煩別人、製造問題」及從小接受磨練的家教有關。反觀我們，喜歡把孩子包得像個包裹、

猶如一個粽子，且不讓孩子自己穿戴，大人聯合起來幫他禦寒或驅熱。社會秩序的混亂、搶位子及髒亂的民族性由何而來？這並不是法律管得了的，是包辦式與溺愛式家教造成的。

□ 美國人不養「大嬰兒」：父母必須「斷奶」

在歐美，離家去大學讀書生活，就是獨立成年。開學所有的事情全由自己辦理，絕對不可能看到有家長陪著孩子出現在校園協助打理入學過程的。反觀我們，大學入學日可熱鬧了，一人上學卻可能全家動員，大人陪著到學校，或肩扛或手提著孩子的大包小件行李「護送」到學校宿舍裡。且事前事後爸爸會四處打聽、東奔西忙，替孩子辦理各種入學註冊及交費手續，而媽媽則像老媽子，進入宿舍就開始洗刷打掃、安置行李，直到幫他鋪好床、灌好開水才願意離開。兩個老人忙得不亦樂乎，而那位已經成年的大學生則可能坐在一旁喝茶吃點心。許多大學生返家的目的是把髒衣物帶回來給老媽子般的媽媽處理，順便再拿點生活費再走，這在歐美國家是不可思議、絕不會發生的事。包辦父母，以「全自動」「全程」「優質」「免費」的《終生服務》為榮，這種奴才式的、終生制的「服務態度」只求對兒女照顧到底，是我們一定要「斷奶」的舊觀念。孩子不「斷奶」是因為大人不「斷奶」。我們有一種吃苦情節，強調成功要苦！但是同時又強調再苦也不能苦孩子，認為苦自己則認為理所當然，非常矛盾。請參考一下日本的幼童教育及美國的成年教育吧。包辦父母們，請早點「退休」吧。你們越能幹，越努力，弱者孩子就越無能、越不能幹、越不懂事、越不會生活、越長不大。……父母常說的錯誤語言，多達 10 種，你都說過了嗎？懇請家長別再說錯誤的、有傷害性的、拒絕溝通的、打壓孩子想表達的話語，做完「複習」與「作業」，請開始有建設性的語言《親子乒乓球》，享受有笑有效又有孝的親子對話。

【複習】

口不成熟的弱者,是這 3 種元素共同養出來的。

1　　2　　　3

口 我知道創造弱者的句子分為下列幾種,而且知道它們的後遺症是:

句子的類型　　　　　　　後遺症

1/

2/

3/

4/

5/

6/

口 創造弱者的 6 大金剛是指那些人:＿＿＿＿＿＿＿＿＿＿＿＿＿＿＿＿

【作業】這一堂課我學到的、將改變的是:

1/

2/

3/

第 **7** 章

不要說
交換條件的話

7 不要說交換條件的話

「你不如何如何，我就如何如何」是恐嚇，而「你如何如何，我就如何如何」
就是「交換條件」。以「好處」來交換行為；訓練孩子以「乖順」「讀書」「分
數」甚至「偽裝」來換取鈔票、寵愛、好處或特權；畫大餅的承諾，及不兌現
的吹牛⋯⋯都是不可取的教養方式。這些招式會讓孩子變得不務實、現實功利、
短視及不感恩、不孝順。聰明的孩子甚至會因此變成懂得用條件來反操控父母。

「我上了專家的課，運用『和孩子訂約』的方法，剛開始有效，但後來孩子習
慣了獎勵，結果沒獎勵就不肯做事情了。」「現在的小孩好像比我們小時候現
實？叫他做點事情就講條件？」「我對他這麼好，零用金和每次考試都給獎賞，
為什麼他還不高興？」「孩子很難得會說『謝謝』，好像認為我們大人的付出
都是理所當然的？」⋯⋯冰凍三尺，非一日之寒！想知道嗎？為什麼「有條件
才做事，沒報酬不用談」、處處「唯利是圖」、不孝順的人越來越多？想知道
為什麼有些兒女會現實、勢利、冷漠嗎？想知道為何溫情及條件換不到溝通嗎？
以下為你分析。冰凍三尺，非一日之寒，請停止不當語言，開始有笑、有效、
有孝的親子溝通吧。

【交換條件的標準句子】

你是否曾說過以下這些句子？若有，就在 囗 裡打勾！

囗 你洗一次碗，給你 10 元。→做家事是本份，這 10 元報酬就把應盡責任變成
　　他賺錢的工具。

囗 如果考試得 100 分，我給你 100 元。→把他應該做的事，本來是榮耀的事，

變成你用錢交換他做的交易。

□ 你如果聽話（馬上寫好作文……），飯後就讓你玩 1 個小時電玩。→沒有管教
　 的辦法，就想到用好處（利益、特權）來管教小孩，而不是讓他明白什麼是
　 該做的，什麼是不該做的。

□ 等爸爸贏了錢（中了獎），就給你買玩具。→ 不用兌現的畫大餅。

【交換條件的延伸句子】

1 ★以下是以「好處」（金錢或特權）來交換行為的句子。

□ 你洗一次碗，給你 10 元。　□ 只要你少打一點電動，我就多給你零用錢。

□ 兒子，如果把這碗飯全部吃完的話，媽媽等下就買蛋糕給你吃。

□ 你聽話，我就帶你去動物園（吃漢堡、打遊戲……）。

□ 如果你不再去打同學，那麼我就帶你去看電影（旅行、玩樂……）。

□ 我買給你的這個衣服漂亮吧？很貴的！（停個幾秒鐘）這次成績會進步吧？

□ 你說點讓我高興的好聽的話，我就給你吃糖。

□ 你讓媽媽開心，我就讓你過好日子。□ 你不許再鬧了，給你 5 塊錢！

□ 今年回老家的時候，你對爺爺多說些嘴甜的話，我今年就多給你壓歲錢。

□ 你幫爺爺捶背 10 分鐘，等你爸不在時時我就讓你玩遊戲半天。

□ 如果你不尿床，那麼就給你買那台你想要的三輪腳踏車。

□ 如果你對小弟好，那麼我就帶你去看電影（吃東西……）。

□ 爸爸現在給你 100 塊，快拿著，不要告訴你媽剛才接你的時候我有抽煙。

□ 妳媽明天才回來，今天儘管玩，你乖乖在家，我讓你整天玩遊戲。我們甭讓
　 你媽知道我出去和朋友喝酒。

□ 兒子，別說話別吵鬧，爸爸在打牌，錢拿去，去買東西吃。

□ 剛才不是給了你 10 塊錢嗎？用完了？再給你 20 塊，快去買玩具，我這邊燙
　 頭髮，還要半小時。□ 媽媽今天打牌贏錢了，來，100 塊給你。明天你還乖

乖待在家裡，明天再給你 100 塊。

□ 對不起，爸爸沒時間帶你去玩，因為爸爸要賺錢。等爸爸賺了錢，就給你買最好的玩具。　□ 如果爸爸中了獎，你就不用讀書了。

□ 孩子，今天我加班，沒法去動物園，我會再找個休息日，一定痛痛快快陪你玩一天，下次不但去動物園，還要加上去遊樂園，好吧？

□ 你宅在家裡已經半年了，只要你隨便去找個工作，我就買一台車子給你，車款由你挑。

2 ★以下是訓練孩子以「讀書」「分數」來換鈔票 (好處或特權) 的句子。

□ 你如果馬上寫好功課，飯後就讓你多玩 1 個小時電玩。

□ 如果你能把這門功課考 90 分以上，那麼我就帶你去迪士尼樂園。

□ 你若乖乖跟家教老師補習數學，每個鐘點我就給你和家教老師一樣的錢。

□ 孩子，求求你好好上學，不再逃課。如果由今天起不逃學，媽媽就給你買最新的手機 (零用錢 ×× 元……)。　□ 考 90 分以上，我就買 ipad 給你。

□ 你如果這次數學能進步 10 分，我就買 10 張遊戲卡給你。

□ 只要你用功念書，保持成績，你要什麼媽媽 (爸爸) 都買給你。

□ 只要你爭氣這學期考個第一名，要什麼只管跟爸開口講。

□ 這學期只要進了前 3 名，爸爸就給你買 (帶你去……) ！

□ 考試最重要，只要你保持前 3 名，這輩子你就不用做家事。

3 ★以下是畫大餅的句子

□ 等媽媽贏了錢就給你買很多玩具。　□ 等我中了獎，你就不用讀書了。

□ 等你爸加了薪，就讓你買輛電動車。　□ 漲停板的話，暑假就讓你去度假。

□ 等這個房子增值了，我們就可以過好日子了。

□ 坐地鐵時鑽過去 (買票時把身體放低些)，省下的錢將來給你娶媳婦。哈哈哈。

口 啊？我有說要給你買這個東西嗎？哦，說暑假作業提早做完就給買？哦，那是為了鼓勵你，隨便說說的。

讓「交換條件的語言」出現的原因

口 求好心切、望子成龍的父母願意談條件

用「談條件」和孩子進行交易，原因只有一個：求好心切、望子成龍、愛子情深的父母，太想要孩子表現好了。在打罵方式無效技窮之後，聽到很酷的這一招：「給他獎勵好處，讓孩子聽話」「做家事就給錢」「考100分就給100塊錢」……只不過花點小錢（好處或特權）就能交換到孩子的行為，太便宜了。便宜行事，結果是反教育。

「交換條件的語言」的後遺症

口 破壞了原始的關係，讓親子關係變質

但剛開始會很有效，後來會失效且造成後遺症，讓努力付出的家長很是挫敗。因為它是短效，不是長效，是假效不是真效。父母的付出本來是無條件的，用物質換表現，就把原始的關係破壞、換來雪上加霜變質的親子關係，這一招比超量滿足、超前滿足更糟糕。認為跟孩子談條件，以為這是在鼓勵他。但家人彼此是為了愛、責任與義務，是不能計算金錢與條件的，所以大人開始用「交換條件」後，親子關係就變質為「交易、談判對象」了。

口 孩子認識的不是「對錯」而是「一切都是自己的本事」

「考100分給100元。」「聽話就有糖吃，就帶你吃漢堡。」「你如果聽話馬上把飯吃光光（馬上寫好作文……），就讓你玩1個小時電玩。」……「你如果怎樣怎樣，我就怎樣怎樣。」交易把「孩子應該做的事」變成「你用錢（好處）請求他做的事」……這樣是用好處來管教小孩，而不是讓他明白什麼是該做的，

什麼是不該做的。日後他每做每件事，心中都會先想到這是可以交換什麼東西（鈔票或條件）的籌碼，而非思考對錯及該不該做。明明帶孩子去吃漢堡是父母本來就會做的事情，可是你把它當成孩子考多少分或順從你時才可以拿來「換」的工具，這會養成孩子的錯覺：要我做事或表現，就要拿條件來換；你對我好，給我好處（好吃或好玩的），是我憑自己的本領換到的；因為我優秀，所以你們全部的人都得給我獎品；你們護著我、肯定我，給我掌聲，說我讚是因為我的能耐。

□ 「談條件」就是「不信任」

基本上，談條件，就是一種不信任。事先就主動開口說要給孩子好處，就表示你認為孩子原先是不想做、做不到的，就是表示大人懷疑孩子具備自動自發的可能性。沒有直接要求，也沒有指導，而是直接談條件來交換，意思是「你還是會尿床」「你應該是不會好好讀書」「你本來是不可能考到 100 分的」「我原本就不能肯定你能自動做好這件事」……但「重賞之下必有勇夫」，所以我要用條件來刺激你、誘發你，好讓好事發生。「如果你不尿床」，同時也暗示了他會尿床，意思會是「我們不相信你能不尿床」，而拿你尿床沒辦法的我們，在你萬一能不尿床時，就給你實質的好處。

□ 「你如果……我就……」：表示決定權仍在家長！

「你考得好，我就給你上夏令營。」「只要你別吵到爸爸，媽媽就帶你去買玩具。」以物質誘導孩子努力上進，是一種「期約」「賄賂」與「條件報酬」。社會關係及商場關係，充滿著「條件的交換」。沒錯，這本來就是個條件交換的世界，在社會商場打滾的家長，急病亂投醫，急著也想把這招用在孩子身上。但是，家庭不是社會及商場，所以絕對不適合利誘，把商場的交易模式用在家裡，是關係的錯亂。表面上看，「你如果……我們就……」談交換是父母很開明，

好像雙方平等地在談交易，但事實上它代表著，決定權還是在家長，而不是孩子，這樣就失去了孩子自動向善的自主性。真正的好表現應該是源自孩子自己的意願，交換模式讓孩子的好行為並非來自己的意願。

□ 「獎勵」是事後的讚許，「交換條件」是事先的賄賂與利誘

「獎勵」是榮譽，「交換條件」是「交易」。獎勵是孩子主動做了很棒的事，而且通常是他以前沒能做好的事（代表了進步），或是很特別的事（勇敢、奉獻、優異成績……），我們再以讚美、欣慰、獎品、好處來獎勵他，其中包括對孩子幫助最大的精神與榮譽。但如果是事先說好的物質獎勵或交換條件，就缺少了驚喜、榮譽及自動的意義，更擺明了彼此只是在做「交易」，把美好的學習及期待都變成了功利的交換，殊為可惜。「獎勵」與「交換條件」完全是兩回事。獎勵，當然比懲罰更能鼓舞孩子發揮優點。運用獎勵來改正不良習慣，配合正確的教育引導，實為一種督促的方式，但若是用得不好，也有副作用。「獎勵」是事後的讚許，孩子會驚喜及感謝；「交換條件」是事先預知的期待與賄賂，孩子會當做一場交易，兩者不要混為一談。

□ 「交換條件」剝奪了自動成就的動機及驚喜

「獎勵」是事後的讚許，「交換條件」是事先的賄賂與期約。後者不會永遠有效，它會失效且製造許多後遺症。「你乖乖，我就愛你；誰乖我就愛誰；誰不聽話就不愛誰。」這是精神上的恐嚇法，而「你乖乖不講話一小時，就給你100塊。」是物質上的利誘法，這兩者都不是正當的獎勵。家長誤以為這都是「獎勵」，其實都是「交換條件」，只是表面上看兩者是完全不同的感受及效果。孩子可能本來就會去把你希望他做的事做好的，但性急的父母打斷了這個流程，也讓本來會自動表現的行為失去了成就感與意義，「期約」誘導的物質交換，剝奪了孩子失去自動的表現機會。

口 養兒不防老：兒女不會珍惜父母心愛的遺產 (現金除外)

父母一切「免費」全部都要遺留給兒女，但兒女還不見得領情，可能還會嫌棄。

在網絡上流傳的這一則文章，不斷地被轉閱。因為有一針見血的啟發性，值得

天下用心勞苦、愛心過多的父母參考：

20 年後，你把現在的房子給孩子，孩子會說太小了。

20 年後，你把現在的車子給孩子，孩子會說太舊了。

20 年後，你把現在的錢給孩子，孩子會說太少了。

20 年後，你躺在病床上抱著一堆存摺，要兒女天天給你把屎端尿，兒女們會說，

請保姆吧。或是，到養老院吧。……

孩子通常不會想住在父母留下來的舊房子裡，他們會想要換新房子；他們不會

想要父母的舊車子，他們會想買新車子；孩子通常不會留下父母當做寶的照片

集、傳家紀念物、收藏品，這倒不能怪他們，因為他們也沒有地方可放，沒時

間去看。在網絡上還流傳一則一位老教授住到兒子家的感言：兒子家的物資堆

積、媳婦的化粧品買了又買，做父母何必省吃儉用去資助他們？是的，孩子小

的時候，父母容易給對孩子有吸引力的東西，但終究有一天，你最大最終的財

富都給他時，他還會嫌棄、會快速用掉的。曾有一位酷愛收集名錶的朋友，銀

行保險庫裡多年藏著要留給每個家人一隻的世界名錶，但他過世後，這些錶全

部被立即拍賣掉……所以，奉勸天下父母，不要用錢來教養子女；更不要想像

能以遺產期約兒女能來養老。我們都說：「不是養兒防老，而是養老防兒」「子

女有能力的話，何須留錢給他；子女若沒能力的話，何必留錢給他 (因為會敗

掉)。」給子女最好的遺產，是給他好的人格及能力 (幼兒養性，童蒙養正，少

年養志，成年養德)，而不是事事「交換條件」的習慣。珍惜父母心愛遺產的兒

女當然有，但為了交稅而立即將所有遺產變現的，也不少。遺產中最易被接受

的，當然，是現金。

□ 老師用條件來交換學生的行為：犧牲了教師的位差及權威

在學校更是如此，上課本來就應該保持安靜，老師若用「早點下課」「每人一隻筆」或「少考一次試」來交換安靜，在剛開始時學生也許會立刻安靜下來。忙碌而認為以物質來補足教學、自以為這一招很聰明的老師犧牲的是教師的位差及權威。習慣行賄的結果，造成師生雙方品德上的缺陷。且過了不多久，遲早會獎勵厭倦，效果疲乏。學生安靜、定時交作業、認真準備考試都是他們的本份，不該獎勵或給好處。有人會問：在公司裡，獎勵不是很正常嗎？是的，很正常，因為商場本來就是交換物質的場所，而家庭及學校不是！角色、位置、關係不要錯亂。

□ 14 種可怕的後遺症：交換條件養出不孝順的孩子

我預言，這種交換條件招式正在養出幾千年來第一批不孝順的下一代。事先明言以條件來換行為的教養方式，會 14 個後遺症，都是親子關係變質證據，容我一一說明分析。

1：讓本來就該做的事變成籌碼：讓孩子沒機會自動做個好孩子

2：養成孩子習於「向金錢低頭」：養成與物質掛勾的功利主義

3：養成期望心理：而失望總是因為期望而來

4：讓為條件付出的美意消失：親子關係變味變質

5：孩子看穿你並不是真的欣賞他的成就

6：得到得多了就會不稀奇也不稀罕

7：要求的獎賞水漲船高，條件升級。

8：達不到「不合理的期約」時會有挫敗感、無力感與壓力

9：「大人沒有實現承諾」造成他對大人的失望

10：為了獎賞而造假

11：孩子懂得反向談條件，會要求補償或勒索父母

12：他以拒絕交換或主動抵制為他的新籌碼

13：關係變質角色錯亂，孩子把父母變成「討價還價」的對象

14：孩子成為操控大人的一方

15：孩子在你沒有資源時成為理直氣壯不孝順的人

□ 後遺症之 1：讓孩子沒機會自動自主做個好孩子

交換條件剝奪了孩子做一個好孩子的自主性。每個孩子本性都會想要做個「好孩子」，但還來不及做到，父母就用「條件」剝奪了這個自動自主表現的機會，結果孩子成了「好孩子」也沒有成就感。「這學期只要進了前 3 名，爸爸就給你買……」這種立即見效的物質期約，只是暫時增強孩子動力的工具，當場會很有效，但這只是短期的效果，讓孩子成為「有了胡蘿蔔才跑」功利者，最終是弊大於利。用交換條件的方式來刺激孩子向一個暫時性的目標努力，很難、很少能持續地激發孩子。

□ 後遺症之 2：養成孩子「向金錢（好處）低頭」、與物質掛勾的功利主義

讓表現或成績和金錢（好處）掛鉤後，親子關係及價值觀就產生嚴重誤導。談條件交換的東西通常都是物質的（金錢、物品或遊樂）或特權，這讓孩子越來越現實功利。整個社會就是功利系統，家庭是一塊最後的淨土，不該受到物質的污染，家長不該助長這種沒法抵抗的拜金潮流。如果孩子的許諾根本不是出於自動自發，與他交換的行為是他本來就根本不願意做的，等於是鼓勵虛假、訓練他「向金錢低頭」，事事處處「唯利是圖」的人就這麼被養成了。交換條件這種似乎有效的教養方式，養成我們都很討厭的、「有條件才做事，沒報酬什麼都不用談」的現實的人。父母方便行事，讓他小小年紀就成為「金錢與物質」的奴隸。一切向「錢」看的孩子，曾鬧這個笑話：爸爸承諾了「100 分換 100 元」，

但他沒考到 100 分，天真的小孩一樣地開心地回到家，拿著考卷伸著手說：「爸爸，我今天考了 38 分，你給我 38 塊錢吧！」價值觀錯亂了，真是上樑不正下樑歪。金錢至上的社會風氣，已經是非常讓人頭痛的現象了，千萬不要把它也帶進家庭親子關係裡。

口 後遺症之 3：養成期望心理，而失望總是因為期望而來

習慣一點小事就得到好處的孩子，只要做了一點事，就在等待、觀察父母有沒有關注到他，有沒有把獎品準備好？乖乖在家待著，讓父母出去旅行，等待著是父母承諾的禮物，如果父母忘了帶回禮物、忽略了他的期望，或拿出的獎賞物「不」超所值，這就製造了孩子的失望及失落了。期望的慾望被刺激起來，一旦感到得不到獎勵就會洩氣。總以禮物換行為的父母，形同被孩子「束縛」：逛街如果不買東西給他就是不對；出國或旅行回來時若沒有禮物，就幾乎不敢回家。因為養成需索及得到禮物習慣的孩子們迎接他們時，所說的話不是「爸，媽，好想你！」的問候，而是跳躍著問：「你帶了什麼好東西給我？」孩子滿眼的希望，等你的獎賞揭曉才知是否是失望。

口 後遺症之 4：讓付出的美意及親子關係變味變質

父母給孩子的任何東西，都是一份心意與愛意。若孩子覺得理直氣壯、認為都是憑著自己交換給的行為而得到那些東西的話，雙方的感受、努力及付出就沒什麼意義及溫度，親子關係以「金錢」為溝通單位，關係就變味變質了。交換成習的孩子在爸媽回家時，說的不是「爸媽今天你累嗎？」而是：「為什麼沒有把氣墊鞋帶回來？」「我剛才把碗洗好了，快把 5 塊錢給我。」一位到訪朋友家必帶拌手禮物給朋友小孩的經驗：有一次門才打開，對方的孩子劈頭就伸出手非常沒禮貌地直問：「今天你帶了什麼送給我們？東西在哪裡？」當他表明今天是「空手」而來時，孩子就非常失望地立即轉身而去。不打招呼不問候，

只問禮物，這讓他感覺很不好，他覺悟這是他長期的錯誤行為造成的後遺症。從此他再也不帶禮物、且很少去那朋友家了。帶禮物去朋友家送給朋友的孩子，本來是美好的事，但當對方認為你活該要這麼做時，你的感受一定就很差了。想讓親子關係變味變質的話，就和孩子事事談交換吧。

□ 後遺症之 5：孩子看穿你並不是真的欣賞他的成就

孩子把 100 分的考卷遞給爸爸，爸爸卻看也不看，隨手就遞出一張百元鈔票應付著說：「好好好，好棒！考了 100 分，爸爸獎勵你 100 塊！」這種快速簡易交易，沒有感情及真情。父母給的獎賞，本來孩子要說謝謝，但因為是事先「期約」好的條件，得到時孩子就會覺得是理所當然。既然是預期中的事，當然就沒有什麼興奮，也不必說謝謝。差別就在這兒，如果孩子把100分的考卷拿出來，爸爸卻還是照樣打麻將，媽媽繼續煮飯，看也不看，問也不問是那一科，考試過程有何趣事，別的同學們考多少分？只是立即讓他得到講好的 100 塊，孩子當然明白大人對這 100 分是否真的有興趣。孩子看穿了你，你並不是真的欣賞他的成就。

□ 後遺症之 6：得到多了就會不稀奇也不稀罕

期待及滿足的熱情指數，總是會減弱。如果交換持續會有效，相信很多「財力雄厚」的父母願意一生都這樣用鈔票來博得孩子的聽話及努力，但是終有一天，你會發現：想給他好處，他竟然反應不再熱烈了，他不再理你了。因為他已經膩了厭了那些小小的好處，你能給的東西他已經看不上眼了。交換條件對年紀小的孩子特別有用，起先考 100 分給 100 元很有吸引力，但當他手上已經有好多錢時，他可以不在乎那 100 元時，他可能就覺得自己可以無須再努力追求 100分，因為已經得到太多次了，這就是很容易發生的「彈性疲乏」，已不再稀奇也不稀罕了。談條件的教養方式，終有一天會失效，只要他說一句「我不稀罕」

「沒有獎賞，我就不做！」「條件不夠好，我就不做！」那時你就沒戲唱，唱不下去了。

□ 後遺症之 7：要求的獎賞水漲船高，條件升級。

覺得不稀奇也不稀罕的孩子根本就不會再與你「交易」，但是功利型的孩子會！他會提出水漲船高的新條件。誰不會希望增加「獎額」？是人，就會想要佔「便宜」，而且這種升級是永無止境。隨著他長大了，他要的東西更貴更大更難了。除非你給他的「報酬」可以再升級，不然他就失去動力。小時候滿足他很容易，可長大後就越來越不容易了。要讓他「把飯好好吃了」今天用一條巧克力來交換把飯吃完，明天是否要用兩條巧克力呢？小時候是吃漢堡，大了就要牛排，再大一點就要 ipad……之前一台遊戲機就能激勵小孩，現在得要一隻最新款的手機或筆電才行。已有了 2 台腳踏車的孩子，不會想要第 3 台，他會想要電動車或其它更高檔的東西。正常的人性，誘惑力會疲乏，就必定會條件升級。孩子心中對獎勵的期望不斷升級，財力心力跟不上孩子需求的家長，這時就面臨考驗。以「小便宜」以交換他們的「小」行為，就等著要永無止境地被要求增加「獎額」。還有，每天每件事都要來交換嗎？同樣的交換條件能吸引孩子多久？這樣如何好好生活及管教？

□ 後遺症之 8：達不到「不合理的期約」時的挫敗感、無力感 與壓力

你跟他交換條件，但所定的條件明明是強人所難，是不合理的，是他無法達到的，可是條件太誘人了，孩子就接受了不合理的「期約」。比如：考第 1 名就給他買名牌氣墊鞋，但他真的不是那塊考第 1 名的料，經過努力後，他終究沒法考到第 1 名，所以努力一陣子後他就氣餒了。他實在做不到大人設定的目標，這樣的期約獎賞不但不是激勵，反而是壓力、失望、無力感及挫敗感的來源。

也就是說，原本想得到激勵的效果，現在反而多了孩子慾望的失落、父母期望的失望，這都是新的打擊，這樣不但沒有鼓勵作用還創造新的問題。

口 後遺症之 9：「大人沒有實現承諾」造成他對大人的失望

交換條件後，也有可能是父母無法兌現承諾。他做到了，但你沒有依照諾言讓他得到他要的東西。原因之 1，你忘了；原因之 2，你覺得他並沒有做到，因為你們雙方對「完成標準」的認定不同；原因之 3，當初你只是隨口說說而已，根本就沒有真的要實踐承諾的意思；原因之 4，事後你有了困難了（沒錢了、沒時間了）；原因之 5，你後悔而悔約了……總之，他認為你沒有守信用。比如，答應要帶他到動物園的那天，遇上了下雨，或是車子有毛病，或是家裡有人生病，而習慣了「期約」又不體諒別人的難處的小孩，就會以「說話要算話」「大人要守信用」來堅持必須照原訂計劃去動物園玩。無視生活中總會有意外，只要大人沒實現承諾，他就有受騙的感覺，繼而不再相信父母。「你沒有實現承諾」他得不到東西時會挫折，會對你失望。這樣的「狼來了」若有許多次會讓孩子從此不再相信你說的話了。那時，孩子的不講道理、不許融通與理直氣壯，就會讓父母後悔使用了「交換條件、許下諾言、親子訂約」的錯誤教養方式了。

口 後遺症之 10：為了獎賞而造假

事先約定高度的物質獎勵的刺激固然有效，有時候因為獎賞實在太誘人，因此難免產生造假說謊的人。竄改成績、說謊話、假造獎項，假傳聖旨，誇大成就……的事就會發生。小心「重賞之下有勇夫」的連鎖反應，因為他為了得到好處，會大膽偷改考卷分數、作弊、謊報……，因為此時孩子關注的已不是成果及行為，而是好處了。

□ 後遺症之 11：孩子懂得反向談條件，會要求補償或勒索父母

聰明的小孩會故意不做該做的事，就等著大人來「談條件」，以後他做任何事，都要先想想怎麼跟爸媽談判一下撈點好處……交易次數多了，成習慣了，這種孩子會技巧地對父母進行感情勒索：「如果你不給我……我就不高興、不樂意、不愛你們、不聽話、不吃飯、不上學……了。」當誘因疲乏後，聰明的孩子會反向談條件、主動來要求交換，他懂得了需索及補償的妙用，已形成品德上的缺陷，那就角色更加錯亂了。一旦孩子誤以為吃飯、睡覺、穿衣、出門、跟人打招呼、讀書、做事……這些本來就應該做的事，都可以拿來談判的話，就扭曲了他的人生基本價值觀。「媽媽，如果你不給我……我就不……」「除非爸爸……不然我就不去上課！」到時候你就被他將軍了。聰明的孩子懂得：「如果我自己乖乖先做了，那就得不到我想要的東西。」小小心靈裡會有這種自我對話：「我只要故意使壞，且使得越壞，能談的條件就越好。他們要做什麼我就偏不做，那我就可以跟爸媽要東西，才能使他們覺得給我的東西沒白給。」孩子因此學會哭得更大聲、撒野得更厲害，因為他知道「表演」得越激烈，就越會有人來和他談條件，這就是教養失控的原因之一。這就是「會哭鬧的孩子有糖吃」，孩子一旦懂得了討價還價和勒索，家教就越來越難。開始時是爸媽說：「如果你如何，我就如何。」到後來，是小孩說：「除非你如何，不然我就不會如何。」「除非你再加多……我才要！」

□ 後遺症之 12：他以拒絕交換或主動抵制為籌碼

濫用交換條件，大事小事都用錢打發，很快就會產生「沒有獎賞，我就不做」、做之前先設計好「談條件」的現象。「沒有獎賞，我就不做！」「條件不夠好，我就不做！」之後，怕的是孩子懂得了：「就算你給我，我也不要做！」你想給他？但他故意不與你交換，因為他已經懂得了，只要他不要你的好處，他就可以不做那些你要他做的事，而這樣的邏輯也是過去的交換經驗換來的。你想

與他交換，他也學會了談判，他用拒絕交換來變成他的談判籌碼，這真是「換場地打球」的大轉折。孩子覺得條件不再有誘因後，反而理直氣壯地拒絕去做他本來就該做的事，以拒絕來進行反制談判。因為，他認為「我只要不要酬勞，就可以不要做那件事啊」。先發制人的孩子，還會事先就「預告」父母，「我才不稀罕你的東西」。父母絞盡腦汁準備的豐厚報酬，孩子已不為所動，真是讓大人氣結。既然是談交換交易，孩子就有了接受或不接受條件，且可講價還價的立場。若條件談不攏，等於父母就失去了教養權、被迫成為管教無權無力的一方。交換條件中長大的小孩，懂得以拒絕與抵制為籌碼，父母真是因小失大啊。

□ 後遺症之 13：關係變質角色錯亂，孩子把父母變成「討價還價」的對象

諸多的角色錯亂是家教無效的原因，交換條件又加一個角色，雙方變成討價還價和勒索的對象。聰明的孩子只要聽到父母致歉又補償：「對不起，爸爸要加班，明天不能照約定帶你去坐船，那麼我先給你 500 塊讓你和媽媽去逛百貨公司買東西好吧？」爸爸為了加班賺錢應該得到家人的支持及體諒，而不是小孩因此得到「補償」，這就是價值觀錯亂。孩子看懂父母想要「空間」換取「時間」、想要用物質「爭取補償」及「原諒」的企圖，就學會加碼條件、討價還價和勒索。他會說，500 塊不夠，我要 1000 塊！此時此刻，爸媽只能語結了。有一個家長要孩子乖乖補習，條件是「給孩子和補習老師同樣的鐘點費」，但孩子反制回來：「我要 2 倍的錢才補習。」與子女「訂約」就是矮化了自己。父母訓練孩子把自己當做「討價還價」談好處的對象，就不妙了。「討價還價」是一種生活技能，但用在無條件的親子關係裡，是對象弄錯了。

□ 後遺症之 14：孩子成為情緒勒索、操控大人的一方

「期約」是一種交易，成交的那一刻雙方是契約的完成，而非愛的表現與感動。「交易」成習後，孩子覺察有這麼好用的工具，會對父母進行感情勒索：「如果你不給我……我就不高興了，我就不樂意了。」孩子算準了，只要自己胡鬧或拒絕，或提高條件，就能讓大人頭痛，就有機會要求更好更多的東西來交換他們的「乖」和「好」行為，這種模式一旦成型，父母就等於被孩子反制而被「束縛」與「制約」了。交換條件成習慣，孩子學會用行為來勒索：做了好事，馬上得談價碼；爸爸晚回家，就得罰；媽媽忘了帶東西回來，也得補償。父母先是自行角色錯亂，由教導者變成利誘者，當然孩子的角色也錯亂了，並成為主動發球、大喇喇地操控大人的一方。

□ 後遺症之 15：孩子在你沒有資源時成為理直氣壯不孝順的人

多少父母在兒女成年後還在繼續談交換，比如：「為你買房，如果你馬上結婚」，以及「給一筆巨款，快點生個孫子給我」「再生一個孫子，就給媳婦 100 萬」「把孫子帶回家看我，一個人 1000 元紅包」……與成年兒女談條件就更現實了，要小心，有一天，孩子回家要的不再是紅包而是你養老房的地產證，父母要不要給他呢？天下兒女多半是無條件孝順父母的，但從小習於談條件的兒女，可能會在父母年老時開的條件是：把房子給誰就由誰來養父母，而其他沒得到房子的兒女，就都躲得遠遠的正式逃避孝養責任，這就是父母從小用「交換條件」養大兒女的惡果。兒女會說：「我不要你的 100 萬，所以我就有權利不生孫子給你。」報上有這個實例：一個養成 8 個定居國外的博士的老父親，因為把房子給了老大去做生意，結果所有的孩子都拒絕奉養他，讓他孤苦地老死在養老院裡。因為他們認為老父已沒有資源跟他們交換「孝養」，連得到房子的老大也這麼認為。

不讓「交換條件的語言」出現的方法

□ 分析猶太人的財商：家教中的「做家事給工資」及「有償機制」

這裡要談一個重要的觀念，一個很難釐清、很難說得清的理念。那就是，是否應該學習西方人「有償機制」的想法及「做家事給工資」的做法？既然討論了「交換條件」的家教問題，這件事就必須探討。首先，我們要問，為什麼西方的家庭理財教育這麼誘人？因為，根據結果論，事實勝於雄辯，猶太人在各方面的表現真的是太優越、太令人羨慕了。自古以來，最懂得賺錢的猶太人就一直處於世界頂尖的財富階級。猶太人只佔全世界 0.4% 人口，卻擁有全世界 40% 以上的財富，諾貝爾獎得主的 1/4 是猶太人。猶太人在遭遇了各種迫害且流亡但依然很好地生存，在世界精英的名單裡，比爾蓋茨、沃倫巴菲特、洛克菲勒、哈特、安德魯卡內基、山姆沃爾、英格瓦坎普拉德、拿破侖希爾、傑克韋爾奇……都是猶太人。猶太人的金融表現尤為優異，股市大戶索羅斯、控制歐洲金融命脈的羅斯柴爾德家族、華爾街金融巨富 J.P. 摩根、洛克菲勒、哈默等企業巨擘，及格林斯潘等金融大咖等，他們都是富可敵國、舉世聞名的猶太富賈，猶太人操縱著世界經濟命脈。以色列的人均風險資本投資曾經是美國的 2.5 倍，歐洲國家的 30 多倍，中國的 80 倍，以色列在納斯達克上市的公司比全世界任何一個國家都多，以色列的經濟增長速度遠超世界發達國家的平均水平。美國大學中有 20% 的教授是猶太人，律師、醫生行業裡的佼佼者也常常非猶太人莫屬；猶太人有不勝枚舉的人才與天才：馬克思、達爾文、弗洛伊德、愛因斯坦、伯格森、卡夫卡、海涅、肖邦、門德爾松、梅紐因、夏卡爾、卓別林……。1900 年開始設立的諾貝爾獎，可以說是由猶太人所霸佔，獲諾貝爾獎的人當中，32% 的得獎人是猶太人，其比例是其他民族的 100 倍。我們可以肯定，這一定是猶太人教育子女的方式，有著值得探索的模式，其中我們想探討的，就是「有償機制」及「做家事給工資」。

□ 分析：洛克菲勒家族的家庭財商教育

由於自古以來嚴重欠缺理財教育，我們實在太想要借鏡與學習了。因此，西方人的家庭理財、尤其是猶太人的家庭理財觀就吸引了我們，而其中「有償機制」「不勞無獲」「孩子做家事換工資」最吸引我們的注意。有人看了美國的電影電視劇裡爸媽用「給工錢讓孩子做家事、整理花園、倒垃圾」的獎勵招式，覺得好酷好有效。而美國大富翁洛克菲勒家族的家庭管理零用錢科學，也吸引了全世界的人的討論。富有的洛克菲勒共有 5 個兒女，但他兒女童年並不像王子、公主，而是活得非常拮据，因為他們的零用錢是很「吝嗇」的。在他家，規定兒女們的零用錢按照年齡發放：7、8 歲時每周 3 角，11、12 歲時每周 1 元，12 歲以上者每周 2 元。每個孩子有一個小帳本，要記清每筆支出的用途，領錢時交給父親審查。記帳本清楚、用途正當的，下周還可遞增 5 分，反之則遞減。這讓孩子從小就懂得用錢的藝術及記帳的本領，老洛克菲勒真是聰明，連給零用錢都有科學管理的效果。而且，這套管理是隨物價及時間不同而調整的，到了孫子輩，洛克菲勒對孫子約翰零用錢的處理更有細則：

1・約翰的零用錢起始標準為每周 1 美元 50 美分；

2・每週末核對帳目，如果當周約翰的財政記錄讓家長滿意，下周的零用錢上浮 10 美分；

3・至少 20% 的零用錢將用於儲蓄；

4・每項支出都必須清楚、準確地記錄；

5・未經爸爸、媽媽同意，約翰不可以購買較貴的商品。……這樣的財商教育，是非常科學的。猶太富人讓富二代坐公交車及打工，以上的家庭管理零用錢很科學，都值得我們借鏡。

□ 分析：以「勞動教育」為基礎的西式家教

我的建議，要學習猶太人的財商教育，但有一個界限：要孩子去賺外人的錢，

而不該賺父母的錢。我們必須審視中西文化的差異，無論是家庭觀還是金錢觀，都有相當大的不同。美國的孩子做家事，可以得到工資；且被鼓勵到鄰居家打零工賺錢，由送報紙、牛奶、小保母、推草坪到剪樹葉，由一般家庭到富豪家，年輕人打零工是生活的一部份，是常態的成長方式。其實他們的用意，是勞動教育，認為責任感由做家事、做勞務開始。有調查報道：愛做家務的孩子與不愛做家務的孩子相比，長大後的失業率為 1:15，犯罪率為 1:10，前者比後者的平均收入要高出許多。他們培養富翁的做法是及早讓孩子擁有自己的錢，讓他體驗賺錢及擁有錢的感覺。同時也給他們見識什麼是親兄弟明算賬及做生意的藝術。這種教育的目的是「勞動教育」而非要孩子賺父母的錢。

□ 「論件計酬」做家務事是歐美兒女不回頭孝養父母的原因

其實，東西方的人彼此的瞭解是有限的，大多數的人對「有償機制」的概念一知半解，以為猶太人的孩子每做一件家事就能得到工資，在家吃飯洗衣都要付錢給父母，其實並非如此。猶太家庭鼓勵孩子爭取做家事換工資，但是並沒有硬性規定如此交換。如果孩子並不想賺工資，他們並不會就沒飯吃。也就是說，他們是把「家事」當做一個工具來訓練孩子的財商。美國的孩子打工賺錢是常態，幫人照顧小孩算時薪，但照顧自己的弟弟妹妹可沒有算工資這回事。有些孩子畢竟還太小，就先在家裡體驗打工的經驗。歐美國家是為了讓孩子體會一下賺錢的味道，就把家務事變成一個工具，讓孩子演練，做什麼事可以計分得多少報酬，這是財商的一種訓練。但歐美國家並沒有要孩子付錢吃飯，也沒有不做家事就不給零用錢，我個人的解釋，這是一種權宜。孩子應該要明白這是父母的愛心，而非理所當然洗個碗父母就得給錢。而我們普遍捨不得孩子做家事，與「做家事得工資」的目標，中間可說是還有巨大的距離：觀念上及實踐上的距離。

□ 別學沒有「孝順」觀念的西式家教

孝順是人性、天性的自然流露，親子關係不該有「交易」。做家事、孝敬父母，不該用條件。歐美兒女去念大學時就算完全獨立，成年後必定離家獨立、不會回頭孝養父母，父母也不會期待子女將來孝養自己到終老，所以西方人沒有「孝順」這個觀念及名詞。他們不像我們這麼強調子女的反饋，而是計劃著要孩子快點「獨立」成年，所以會用「做家事給工資」來達到快速行為管理的目的，這是他們的文化。而我們的文化及社會與其不同，我們對「孝」道觀念的執著是根深蒂固、難以去除的，它幾乎是文化的核心，若割除它，我們的文化傳統中軸就斷線了。我們對子女的「恩」及子女對父母的「孝」是不可以用金錢置換，不能談交換的。所以要避免交換條件，不可和孩子談條件，「我做了什麼，你就應該給我什麼」，不是為了成長、學習及責任，而是把獲取報酬當作是唯一的目標。

□ 我們不可能實施「做家事給工資」及「有償機制」

東方人是否適合「做家事給工資」的有酬機制家教呢？客觀而言，我們有我們的金錢觀，猶太人有猶太人的金錢觀。西方教育中以「論件計酬」方式，讓很多家長心動，但我判斷基本上是行不通的。基本上，我們的家庭根本談不上「有償機制」，大部份的父母，是孩子還沒有開口，就主動給孩子錢，一心只希望孩子能過得好。經常是父母給零用錢給得讓孩子覺得理所當然又理直氣壯，孩子根本沒機會、父母根本沒意願讓孩子以工作來換工資。我們的傳統及法律，都是死後所有財產都會給兒女，即使兒女不才或不孝。所以，工作換工錢這一招，我認為只會風聞，不會落實在我們的家庭裡。

□ 親子不應談交換：要賺就要賺外人的錢

我贊成打工賺錢，但應該是要賺做生意的錢，賺外面的人的錢，而不是賺家務

事的錢，賺自己人的錢，更不該賺勞苦功高的父母的錢。為自己的家庭做事，本質上不可計算金錢。洗碗、掃地就得工資，不合乎家庭關係與角色，不然家庭主婦也得算薪水。孩子到家外去打工賺工錢，這樣才是財商教育，讓他知道錢是怎麼賺來、怎麼運用。家事是每個家人的責任，若做家事就給錢，把父母的無條件付出變成單方面的責任了。在自家做家事，不可以換工資；到別人家去打工，當然應該拿工資；兩者意義全然不同。也就是說，把作業寫好、為長輩做事、照顧家人、分擔家務，這些都不應該得到報酬或獎勵，做家事，不可訂約與談條件，不應做交換。我的主張，親子不可訂合約，不可交換條件。給不合情理的許諾，會在孩子的心裡種下不切實際的的期望；不合情理的交換條件，會破壞親子關係的無條件及美好，與孩子「訂約」造成後患無窮的角色錯亂。

口 讓孩子明白：父母的付出一切免費 & 家裡有白吃的午餐

人們都說「天下沒有白吃的午餐」，意指世上沒有不勞而獲的事。這句話不全對，因為「天下真的有白吃的午餐」，在家裡就有！家裡就有白吃的午餐，因為我們是家人。父母為孩子付出，一切都是免費，是心甘情願的；所以，孩子洗碗也該是這樣：義務不可談報酬。做個努力的孩子、做家務、成績好的學生，是他本來就該做的事，就像爸爸媽媽本來就該養家及打理家事、讓全家白吃午餐，包括早餐晚餐一樣。大家一定聽過這個經典故事。孩子在桌上留了一張字條：「我今天洗了碗，你要把該給我的 5 塊錢放在我的桌子上。」這張字條讓媽媽覺悟自己的嚴重錯誤。所以她不再像以前那樣，立即把錢給孩子，而是回了一張紙條在桌上。紙條上寫著：「媽媽為你煮飯洗碗，免費；媽媽為你洗衣服，免費；幫你買書本，免費；媽媽會照顧你直到長大，媽媽會為你做很多事，一切免費！」這媽媽在教導她的孩子：「媽媽一切免費」的意義。一切免費是事實，是媽媽的心甘情願，既然如此，孩子為這個家做的事，也該如此。所以，怎麼可以讓孩子「做家事得工資」呢？還有另一個我親身聽到的真實故事：孩子向媽媽要

做家事講好的 5 塊錢，但是媽媽身上沒有 5 塊錢，只有 100 元大鈔，所以給了大鈔要孩子找錢，但孩子不想找錢，想要得到大鈔，於是親子開始爭執起來。孩子想要耍賴，媽媽堅持公事公辦，「只付」「講好」的 5 塊錢……沒想到孩子去換了零錢把 95 元交給媽媽時，竟啐嚷了一句「妳拿去吃藥好了。」這真實的故事，真是雙方角色錯亂的極緻版。唯有讓孩子明白：父母的付出一切都免費，家裡就是有白吃的午餐，他才會懂得，什麼是「無條件的愛」。

□ 親子關係不是選擇與談條件而來的

親子關係不是選擇而來的，不是談條件而來的。兒女表現得再不好、長得再醜，父母從來不會嫌；古話也說「兒不嫌母醜」，養育與孝順，雙方都不該談條件，因為「子不嫌家窮」。不管孩子成績、表現好或不好，父母都會帶他去吃好吃的、玩好玩的，這就是無條件的愛。事實上，考 100 分就給 100 元的家長，並沒有在孩子 3 科考不及格時，就把 3 餐減為 2 頓啊！現代社會已經非常物質化了，切忌用純粹的吃喝或金錢來讓孩子染上金錢至上的不良習慣。把成績和金錢掛鉤，更讓價值觀被誤導；為得到金錢或好處而努力用功，是很難長久堅持的。往往慾望被刺激起來，得不到獎勵就會更加洩氣，因為除了成績不好的挫折外，更多了原先承諾的好處的失落感。用事先講好的獎勵來利誘小孩，不但沒有鼓勵作用，反而是一種壓力及歧視，讓「無條件的愛」變質。親子關係是血緣，是恩情，不是選擇與談條件而來的。

□ 父母盡了力就不該試圖「補償」小孩

別讓孩子發現你為了「爭取補償」而讓你成為一個待宰的冤大頭。有些孩子，已經養成習慣：動不動就和爸媽談條件，或是沒好處就不做事、就故意不守規矩，這都是因為長期跟孩子以「交換條件」為教養工具的結果。提醒家境貧窮的父母，只要盡了力，就不該為自己的經濟條件向孩子抱歉，更不該努力用物

質來「補償」孩子。用條件來求得孩子的「諒解」，就是「讓孩子看不起大人」的另一種錯誤。天下沒有完美的父母，同樣的，天下也沒有完美的小孩，但是這種父母一樣愛不完美的小孩啊，盡了力就不要說什麼「犧牲」或「補償」。

口 吹牛兼黃牛：不要畫不靠譜的大餅給孩子

在「不要說讓孩子看不起你的話」的那一堂課裡，我們談到了父母吹牛兼黃牛的事。在此複習：孩子會看不起父母的原因之一，就是不當的、根本不可能實現的交換條件。很多父母給孩子交換的承諾，不是孩子的表現，而是自己的表現。比如：「等爸爸升官了，給你買玩具。」「等爸爸中了獎，你就不用讀書了。」「媽媽股票漲停板的話，這個暑假就讓你出國去度假。」……這種畫大餅的習慣，與「吹牛」類似，讓孩子期望父母的贏錢、加薪、升職、中獎、漲停板……真是渺茫啊，讓孩子對完全不靠譜的事充滿期待。「啊？我有說要給你買這個東西嗎？哦，說暑假作業提早做完就給買？哦，那是為了鼓勵你，隨便說說的。」這就是吹牛兼黃牛。吹牛的主題，孩子若覺得不可能，會因為你的吹牛而更看不起你；若他傻傻地相信了，但苦等多時也沒有等到結果，就會發現你黃牛而感到失望。也就是說，以自己的條件來期約給孩子好處，這也是一種交換條件，而且是更不靠譜的交換條件。

口 獎勵之後要開始理財教育

孩子需要給獎勵，但不該談條件，孩子最迫切需要的是幾千年來父母老師不教的「財商教育」。我當然贊成獎勵，只不過是反對事先「期約」，用交換條件來給予報酬。在孩子主動表現好，父母把好處給了他之後，繼而要關注並且指導孩子使用這些金錢物質的方法。教他儲蓄、花錢、增值及理財的觀念，提醒他可以把錢存起來或如何善用，教他如何買有用的物品。如果孩子的金錢累積到某一個可觀的程度，就要開始教導他如何分配：拿來增息，或捐助幫助孤苦

貧困的人。對待金錢、就是指導孩子人生觀的工具。如果父母用物質或鈔票來換品德或行為，就是一種破壞性的品德教育。灌輸「好行為是可以談判出來的」「愛是有條件」的觀念，後患無窮。用合理的方式獎賞孩子後，要馬上跟進非常重要的理財教育，自古以來，我們的家教嚴重欠缺「理財教育」，它與「美學教育」一樣，都是急待補足的家教課程。

口 物質無法讓人永遠滿足：精神獎勵才能持久

親子的管教關係，應該建立在血緣上的不可分離性、深情至愛及互相的信賴。鈔票或玩具能刺激孩子向一個暫時性的目標努力，但是卻很難、很少能激發孩子持續不斷地努力。據調查，穿 1 件新衣服能高興 3 小時，買 1 部新車能快樂 3 周，住進 1 個新房子能快樂 3 個月，在此之後，這個人一定又要去找新的東西來滿足自己了。唯有自動自發的動力，才能使一個孩子長達 10 年、20 年持續不斷地努力學習，才能讓一個成年人在社會上 30 年、40 年、50 年持續努力奮鬥。物質上的利誘，喪失了成就的驚喜，其弊大於其利。告訴他爸媽感到很高興、很榮耀、很幸福，甚至給他一個親吻，就是一種最好的獎賞。告訴孩子「我以你為榮」的一句話，可能支持孩子一段很長的時間；而一個玩具可能玩個一個星期就沒感覺了。物質獎勵和精神獎勵是有所區別的，切忌用純粹的吃喝玩樂或金錢來獎勵孩子。家庭及學校不同於商場，老師不宜和學生談交換條件。習慣行賄的結果，造成師生雙方品德上的缺陷。學生安靜、定時交作業、認真準備考試都是他們的本份，不該獎勵或給好處。且過了不多久，遲早會獎勵厭倦，效果疲乏。有人會問：在公司裡，獎勵不是很正常嗎？是的，很正常，因為商場本來就是交換物質的場所，而家庭及學校不是！角色、位置、關係不要錯亂。

口 徒步旅行比機器人更讓孩子開心：精神加物質的獎勵才
　　讓人難忘！

義勇救人的人，在救人的當下，絕對不是在想著報酬。義行之後，日後得到的美譽與獎金，都是驚喜。抓到通緝犯的警官會非常有成就感，而為了得到獎金而去捉拿懸賞人犯歸案的人，一點榮譽感都不會有，因為那只是一種工作與交易。最讓人印象深刻的、最令人快慰的是：事先沒有預期而發生的獎勵及報酬。出乎意料之外而來的獎賞，往往令人終生難忘。獎賞如果只是物質或鈔票，用快遞、手機轉帳、發紅包就完事了，沒感覺！只有物質的報酬(獎金)再加上代表著認可、榮譽和讚賞的精神獎勵，比如公開表揚，授與獎章，熱情擁抱親吻才是最美好的記憶。建議獎勵要以精神獎勵為主，再輔以一些物質獎勵才好。試問，帶著孩子去做一次徒步旅行，對孩子而言，是否會比買一個機器人更讓孩子開心？前者他會永生難忘，點點滴滴記在腦海中；但後者他會忘記，且會在機器人舊了壞了時把它丟掉。熱情地抱著他親吻，是否會比帶他去吃已經吃過很多次的漢堡來得更讓他喜歡？……父母常說的錯誤語言，多達 10 種，你都說過了嗎？懇請家長別再說錯誤的、有傷害性的、拒絕溝通的、打壓孩子想表達的話語，做完「複習」與「作業」，請開始有建設性的語言《親子乒乓球》，享受有笑有效又有孝的親子對話。

【複習】囗 父母用好處和子女談條件，通常是為了交換子女的：

1/　　　　　　　　2/　　　　　　　　3/

囗 「交換條件」變成習慣後，它的可怕後遺症有哪些：

【作業】這一堂課我學到的、將改變的是：

1/　　　　　　　　2/　　　　　　　　3/

第 **8** 章
不要說增加
　不必要壓力的話

8 不要說增加不必要壓力的話

口 重複就是壓力

很多話都是不必說的、都是廢話……我是靠說話為生 (演講) 的人，深深感到許多人說的話都是沒必要的。說話非常費神費力，開口說話要有目的及效果，重複嘮叨、比較、翻舊賬、預言 (預防) 災難這類的話都是沒有必要的。即使是好意的、表達愛意的話，只要是持續叮嚀，都會讓人「收聽疲勞」。過度要求表現及學習成績；製造孩子對自身存在壓力；指責常成判刑終生、直呼名字、一次說太多主題或太長的溝通時間……這都會讓子女成為膽小、害怕、想逃避、對父母厭煩、討厭讀書學習、甚至產生精神病症的人。

口 由清晨開始的家庭戰場

古代沒有鬧鐘，由雞犬相聞開始一天；在現代的都市裡，由鬧鐘或手機的響聲開始一天。孩子要刷牙、洗臉、穿衣、趕校車、坐公車……小小年紀得進入一天的時間表。雖然幼兒園的小孩本來並不該忙碌，但是因為父母要工作，所以為了配合大人的作息時間，孩子也感受大清晨就要開始「作戰」的氣氛。趕梳洗、趕早餐、趕交通車……想到擁擠的交通，大人心中一急，「快！快！快點！」大聲地催孩子快點出門，對全家打開催促的「錄音機」，開始重複播放「魔音」了。

口 與時間賽跑的晚上場景

到了晚上，則是催孩子快點完成作業及洗澡上床。求好心切，與時間賽跑的家長，脫口而出的就是：「快點！快點！快點！」……這樣的喊聲及斥責聲，且通常都是指責式的，緊張氣氛讓孩子也緊張起來。如果孩子是外向或靜不下來，台詞就改了：「慢點！慢點！慢點！……。急什麼？不要整天動來動去的讓我煩！」……父母本來應該是世界上「最有耐心」的動物，面對心愛的孩子，父母果真是非常「有恆心」的，可以從小到大耐心地念叨孩子十多年：「到底在做什麼事啊？慢吞吞的！」「快點念書啊」……且數十年台詞不改，就像為子女煮數十年的飯、為他添飯而永不厭倦一樣。

口 父母忙著「驗收」孩子的表現

為什麼你有些孩子很畏縮？沒有膽識？或是沒信心？厭學、想逃學？怕跟你相處、厭煩你？因為你長期在他面前說的話都是增加不必要壓力的話。且看看考試會場裡的陪考家長，有的孩子才考一科走出試場，家長馬上就追問孩子：「考得很好吧？你覺得沒問題吧？」「有希望考上第一志願嗎？」天哪，你這時候問，是不是太早，也太晚了一點，時機場合都太不適合了吧？不要再問：「為什麼我的孩子不喜歡與我交流？」「為什麼孩子表現得很沒鬥志？」「我的孩子看到我要跟他講話就逃避，為什麼？」……讀完這一堂課你就明白了：說了也沒用、已經重複說過很多次的、可以不說的，說了會破壞感情的話……最好就都別說了。開口又要說重複、嘮叨、比較、翻舊賬、預言災難的話時，請停止，讓大家放輕鬆，省省口水，維持感情。

冰凍三尺，非一日之寒，請停止不當語言，開始有笑、有效、有孝的親子溝通吧。

【增加不必要壓力的標準句子】

你是否曾說過以下這些句子？若有，就在 口 裡打勾！

□ 快點！快點！快點啦！快！快！都快要上課了，還賴在床上(還在慢慢吃早餐)⋯⋯ →讓孩子覺得人生很緊張。

□ 再用功點，就是第一名了！→ 永遠還有成長的空間。

□ 這學期會進步吧？有可能會得第一名吧？你覺得你應該會考得上第一志願吧？→下課回家後，經常還被提醒讀書的壓力。

□ 咱家只有你一個寶，如果你有個三長兩短，我們就活不下去了。→給予生存的壓力。

□ 你是我家的第 × 代孫，你必須⋯⋯ → 讓孩子覺得自己的存在是一件要對別人負責任、很緊張的事。

□ 把手臂穿過衣服，這裡，不是那裡！你看，怎麼這麼笨！→ 不讓孩子自己學習，因大人的急躁而讓學習變成壓力的事。

□ 某某同學能考 95 分，你為什麼只考 85 分？→只比高的，不比低的。

□ 從丙進到乙？太差勁了！只進步這麼點？為什麼拿不到甲呢？→永不滿足，造成永遠的壓力。

□ 你怎麼不明白我的苦心呢？ →苦心為何？怎樣才算明白，都沒有標準。

□ 你為什麼這樣笨！實在沒有用！⋯⋯ 洗個碗都洗不乾淨？還打破？⋯⋯連這麼簡單的算數問題都不會，還來問我？⋯⋯再這麼不用功就不讓你吃飯了⋯⋯如果這學期還考這麼糟糕，以後不給你零用錢了！⋯⋯ 趕快進浴室洗澡！→ 一次講太多麻煩事，讓孩子不知要回應那一個。

□ 又考壞了？是吧！我早就說過！⋯⋯會改進？騙誰？上個學期你就說過，結果呢？⋯⋯還有，你的「豬窩」也說過上個星期會整理好，現在呢？你說！⋯⋯不要以為我忘記了，你的老師罰你的寫的那些作業你也還沒有做好！⋯⋯我真是煩死了⋯⋯等你爸爸回來我們跟你一次算總帳，看你怕不怕⋯⋯(繼續⋯⋯) → 「數罪並罰」＋「舊帳新算」！

【增加不必要壓力的延伸句子】

1 ★ 家有慢動作、內向被動的孩子時，每天早晨的場景：

☐ 快點！快點！快點！ ☐ 趕快起床！這麼晚了還賴在床上。

☐ 快點起床！快點吃早餐！快點上學！快點！

☐ 你是豬啊？要叫幾遍才起床？ ☐ 太慢了！這樣會來不及了。

☐ 不早了！快點起床！每天都睡這麼晚，真討厭！

☐ 活該，誰叫你晚上不睡覺，早上遲到又考不及格。

☐ 誰叫你不早一點起床？早點起床就不會這麼匆忙了呀！

☐ 叫你老半天了，快把衣服快點穿好啊！哎（大聲），怎麼老半天了你衣服還沒穿好？ ☐ 現在！快點！不要讓我每次都要吼！

☐ 啊呀，先把手臂穿過衣服的袖子就好，這邊啦，不是那裡啦！這裡，不是那裡！你看，怎麼這麼笨！ ☐ 不要這麼慢吞吞地，好不好？拜託你！

☐ 看看你！又要遲到了。 ☐ 煩死人了！好煩，每天都要催你！

☐ 快點洗臉，快點出來，我要用衛生間。 ☐ 快點起床吧！時間不早了！

☐ 乖乖，趕快起床，洗把臉，早餐已準備好了。 ☐ 要看鞋帶有沒有鬆了。

☐ 看看你的帽子！帽子沒戴好，戴得這麼歪歪的，像流氓！

☐ 東西帶齊了沒有？帽子要戴得正正的才好看！ 我幫你戴。

☐ 喂，每次都要我提醒你，每次都還是忘了帶東西，你為什麼那麼不用心？

☐ 手帕帶了沒？書本都帶了沒有？飯盒、水瓶帶了沒？美術、勞作材料有沒有帶？硯台、毛筆有沒有帶？……☐ 媽媽幫你綁鞋帶！快把腳伸過來！

☐ 好孩子總是早睡早起的，你是好孩子，對不對？

☐ 我看你今天不遲到才怪呢！讓老師好好打你一頓，看你以後敢不敢再睡那麼久！

2 ★ 如果孩子是外向或靜不下來，台詞就改了：

□ 慢點！慢點！慢點！ □ 急什麼？不要整天動來動去的讓我煩！……

□ 給我坐好不要動。可以 10 分鐘不動嗎？

□ 不要動！叫你不要動就不要動！ □ 話怎麼那麼多，少講話多做功課！

□ 你是在急什麼？東西又忘了的話，我可是不會幫你拿到學校的。

□ 你是急驚風投胎的嗎？急著去 ××× 嗎？

3 ★吃飯的場景：

□ 快點吃飯！□ 吃慢點！趕什麼呀？ □ 慢慢吃哦，不要噎到了哦。

□ 快點吃，飯菜都涼了。□ 這個一定要吃！不吃你會變笨、長不高。

□ 飯粒不要掉在地上。□ 吃飯要專心，不要看旁邊！

□ 趕快吃！不要玩！趕快吃！快點吃！

□ 來，吃雞腿！兩只腿都給你吃。你爸都捨不得吃，都給你吃。

□ 你將來要做一個有用的人，不要像你爸那樣……

□ 今天做的菜都是你最喜歡吃的菜，對吧！盡量吃！吃吃看吧！

□ 多吃菜，飯可以不吃。□ 媽媽幫你盛飯吧！要一碗大碗的好吧？

□ 吃不下？大概你糖果、餅乾吃太多了，好！以後就不准你再吃餅乾！

□ 為什麼不想吃飯？怎麼可以不想吃飯？吃！□ 不餓？吃不下？怎麼可能？

□ 為什麼今天只吃一碗！說，是不是在外面吃了糖果？

□ 肚子痛？你就是零食吃太多，亂吃才會肚子痛。

□ 如果你不把飯好好吃完，以後就不給你錢買零食吃！

□ 多吃青菜！快點喝湯！排骨吃完！不要浪費糧食。□ 吃！現在！快點！

□ 趕快吃飯！不然會來不及做功課了。□ 吃飯不要玩我的手機！

□ 這麼大了還不會自己吃飯？連穿個衣服都穿不好。真是的。

□ 飯粒不要掉在地上。（孩子並沒把飯粒掉桌上）

□ 我看我的手機，你專心吃你的飯！

4 ★晚上孩子回家時的場景：

□ 你最棒了！你好優秀！ □ 趕快去做功課！要寫到幾點？

□ 回來了？今天老師有沒有罵你？功課多不多？明天有沒有考試？要考幾

科？……□ 回來了？今天在學校裡學到什麼？快說給媽媽聽。為什麼不說？

□ 今天美術課畫些什麼呢？嗯！你畫的嗎？太棒了。你真是大畫家！（其實畫

得很一般）□ 今天是不是上體育課了？不然衣服怎麼會這麼髒呢？

□ 衣服又髒了！你今天是野到哪裡去了？ □ 9點功課能做好嗎？

□ 給我做功課去！一定要每次都要我催你才去做嗎？

□ 快去洗個澡，換乾淨的衣服，趕快接著做功課，然後……不要忘了……還

有……□ 趕快寫完了功課，再玩遊戲比較好，對不對？

□ 媽媽為你準備了你愛吃的點心，寫好作業就可以吃，沒寫好就不可以吃。

□ 要不要休息一下？還是不要休息，先寫作業？還是先休息一下再去寫好作

業？累不累？一定很累！ □ 你是好孩子，我相信你會很認真先寫作業的。

□ 你最乖了，最認真的！你不會讓我操心的。

□ 別裝了，叫你做事你就會不舒服！剛剛看卡通（玩遊戲）時你為什麼肚子

不會痛？ □ 為什麼每次明天要考試了你就會肚子痛？

□ 功課到底寫完了沒有？怎麼這麼慢？你到底有沒有專心做功課？

□ 今天功課怎麼做得這麼快！你是不是隨便寫寫？

□ 你又應付亂寫了，看看！就像鬼畫符一樣。□ 看電視玩遊戲有什麼用？

□ 電視有什麼好看？一天到晚就看個不停，這樣功課才會不好。

□ 快點寫功課！…… 休息一下吧！…，休息一下再去寫作業……（沒多久）快點

吃點心！吃這麼慢。□ 一天到晚就玩個不停，所以你老是考最後幾名。

□ 快吃、快寫好功課、快去睡，不然你爸爸回來看到你在玩，小心他打你。

□ 今天考試考得怎麼樣？……不好？早知道會這樣，你為什麼不多下點功夫！

□ 一天到晚就在看手機玩遊戲……我問你，搞這些對你考試有幫助嗎？

□ 別鬧了！又把客廳搞得亂七八糟，每次你們放假，我就頭痛！

□ 快點去洗澡！你看你全身髒得像什麼！？再不洗，人家會以為你是沒人養的孤兒。□ 去！去！去！快去睡覺，不要在這兒浪費時間。

□ 還不快去洗澡？從沒見過像你這樣不愛乾淨的孩子。

□ 睡覺了啦！快去睡！聽到沒？

□ 你是當貓頭鷹嗎？這麼晚了還沒睡覺，你到底想幹什麼

□ 趕快去睡覺！你今天給我的麻煩已經太多了，還不快去睡覺！

□ 幾點了？看一看吧！時間不早了，好孩子總是早睡早起的，去睡吧！（由 9 點開始，每隔 5 分鐘就說一次）□ 你為什麼越大越不聽話？

□ 你為什麼就是不能和同學好好相處？□ 你怎麼不明白我的苦心呢？

□ 如果你這麼不講理，那你就一個人玩好了。

5 ★以下是帶孩子出門時催促的句子。

□ 再這麼慢，要丟下你走了！□ 再哭以後就再也不帶你出去玩。

□ 怎麼搞的你，不知道時間又不夠了嗎？哎喲！

□ 這個孩子動作真慢！他要是敏捷一些就好了！（不僅對孩子說而已，對親戚、朋友、鄰居也都要說）□ 無精打采的，丟我的臉。

□ 叫你下車你還要睡覺，再也不帶你出來了。

□ 見了人不叫人，讓人說我們沒家教。

6 ★不管孩子是否早就聽懂或做到與否，天天都要重複叮嚀的話。

□ 到了學校，要做個聽話的好孩子，老師才會喜歡你。

□ 去上學吧！媽媽希望你今天在學校很快樂！要快樂哦。

□ 在學校給我乖乖的，不要搗蛋，不然你爸爸晚上會回來打你。

□ 到了學校乖一點，別弄得全身髒兮兮的。□ 不要在外頭亂買亂吃零食！

□　不要闖紅燈！知不知道？聽到沒？□ 聽到了有 ～～～ 沒有？你是聾子嗎？

□　懶到抽筋了，房間髒到像垃圾場一樣，你是豬嗎？

7 ★以下是對孩子的表現及學習成績給予更多壓力的句子。

□ 這學期有可能會得第 1 名吧？至少前 3 名？ □ 快點去補習。

□ 不能輸，只能贏！□　你能行！你是最棒的，你一定會進步的。

□ 沒關係！下次再加油。（雖是這樣說，但是表情非常沮喪）。

□ 快聯考了，我想你一定可以考上個好學校，你說對吧。

□ 沒有什麼事比你的考試更重要了！□ 不讀書，你就不會有未來！

□ 拜託你好好讀書，全家就指望你能走出大山了。

□ 哇！你這套衣服好漂亮。都因為你爸爸辛苦賺錢，我們才能生活得這麼舒適。

□ 這次考試考得理想嗎？數學難不難？□　一定要進前 5 名！

□ 來，我幫你制訂「讀書計劃」，目標考前 3 名！

□ 你覺得你應該會考得上第 1 志願吧？□ 有沒有信心考上好大學？

□ 爸爸給你買的新衣服，漂亮不？要好好讀書啊。

□ 今天給你做你愛吃排骨，好好吃，好吃吧，要好好讀書啊。

□ 到底你想不想把功課做完？慢吞吞！（同時用力拍他的頭）

□ （對家人說）不要看電視！電視聲音能不能小聲點，孩子明天要考試。

8 ★負面的預言災難與武斷貼標籤

□ 我看你這輩子沒希望了。 □ 早就告訴你，你再這樣保證你會……

□ 不要忘了把錢包帶好、記得要把鎖放進那個包包裡……

□ 如果過馬路不看左右，小心會被車子撞、會變成殘廢、會成為智障……

□ 危險啊！我告訴了你，危險啊！□ 那裡很危險，跟你說 8 百遍了。

□ 當心，摔下來我可不管。

□ 外面壞人很多，別人跟你說話你誰都不要理！我跟你講了很多次，記得了 沒？記得了沒？到底有沒有聽到？□ 媽媽天天等你平安回家哦！

□ 帶傘！不帶？你等著感冒！快帶著。

□ 那裡很危險，千萬千萬不要去，你會丟了小命的。

□ 小心！小心！不要跌倒了！你不小心，等下一定跌倒！……

□ 哭什麼哭？為什麼哭個不停呢？再哭眼睛就會瞎了。

□ 這個很難，你不會、你絕對不會的。□ 快點認錯，小心你爸不要你了。

□ 我早就告訴你，你的那個同學會害你的。□ 難道你想做個長不高的人嗎？

□ 這寫的是什麼字啊？寫得亂七八糟，鬼畫符，老師一定會罵你！

□ 你要寫就寫好一點，要不然你就乾脆別寫，我就知道你不想寫。

□ 別參加比賽了，參加了也獲不了獎。□ 你肯定又闖禍了，看你怎麼辦？

□ 就你這成績？長大後能做什麼？以後掃大街去吧！

□ 你為什麼退步了？為什麼又退步了？

□ 為什麼你怎麼書念得越多，腦袋越不靈光？

□ 老是考不好，你將來肯定沒出息。□ 考不上大學你還有出息嗎？

□ 考好了獎勵，考不好就懲罰。□ 為了媽媽，你一定要考好！

□ 若考 100 分，我就給你買禮物；可是如果又考不及格，我就……猜猜我會怎 樣？

□ (孩子說「我愛你」) 愛什麼愛？你拿什麼來愛？不好好讀書！能聽話讀書就 行了。

□ 瞧你那副蠢樣。□ 我看你真是個扶不起的阿斗。□ 你真是讓我丟了啊。

□ 你這樣的孩子肯定沒出息。□ 這孩子太不爭氣，腦瓜笨得要命。

□ 我們家怎麼有這麼一個不爭氣的孩子呀。□ 你沒有一件事做得像樣的。

□ 你這個窩囊廢，真是沒用。□ 期末考馬上到，你要趕快振作精神。

□ 快點開始讀書，還等什麼？等老師來打你嗎？

□ 這學期你又考砸了，沒關係，這代表你的分數還有很多提升空間。

□ 你知不知道，考不上好學校你就完了。

□ 我吃苦沒關係，我所做的一切都是為了你！

□ 你不去燒香拜拜，這次就會考不好。

□ 你的考運總是不好，一定是上輩子做了什麼壞事。

9 ★以下是與人比較、讓孩子活在「對照組」陰影裡的句子。

□ 哇，你看這個孩子，能自己吃飯，整理玩具哦，寶寶你有看到嗎？

□ 你為什麼不像哥哥那樣用功？你看哥多棒？

□ 你比得上×××嗎？人家比我們強多了。□ 你為什麼不能跟×××一樣呢？

□ 你看看人家！如果我們也能一樣多好……是吧？

□ 你看隔壁的小華，比你厲害多了。□ 你怎麼就不能像別人一樣認真呢？

□ 這次比賽又沒有得名次，沒關係的，不行？我們就不要再比了。

□ 某某同學能考九十五分，你為什麼只考八十分？

□ 只是從丙進到乙？太差勁了！為什麼拿不到甲呢？

□ 什麼？退步了10名？你上學期不是這樣的呀？

□ 你為什麼不能學學人家的樣子？

□ 你的同學上課都會舉手發言，你為什麼不會舉手呢？

□ 別人很小就會鎖門了，你為什麼這麼笨呢？到現在還不會！

□ 你看小美多漂亮？大家都說她是小美女，妳覺得呢？

□ 就知道玩電動，一提學習就沒精神，不像你哥哥……。

□ 你知道爸爸媽媽為了你，吃了多少苦？你吃的穿的，都比你們班上個第一名的好得多，為什麼還這樣？□ 看某某某，每天還要幫忙賣菜，你什麼也不要做，為什麼連書都讀不好，你真是丟盡了我們的臉！早知道……

10 ★以下是製造孩子對自身存在壓力的句子。

☐ 這一輩子，爸媽最重要的就是你，你一定要快樂啊。

☐ 孩子，我們全家的唯一的希望就是你啊，你不能不爭氣。

☐ 咱家只有你一個寶，如果你有個三長兩短，我們就活不下去了。

☐ 你是我家的第 × 代孫，你必須……☐ 我們是不行了，孩子，就看你的了！

☐ 你是你爸爸的命根子，你凡事都要小心。

☐ 我千辛萬苦把你生了下來，你要處處小心不能出事啊！

☐ 我們這一代是不行了，就全要看你自己的了！

☐ 你愛不愛我？愛不愛？說呀！

☐ 我對你最好了，你最愛我了，對不對？將來會不會孝順？

☐ 唯一的歉疚就是你，爸媽對不起你，要請你諒解。

☐ 家裡再窮，也不能窮到你。放心吧。

☐ 家裡再苦也沒苦到你，對吧？你說呢？

☐ 我們一定要供你上大學，你不用操心錢的事。

☐ 爸媽對不起你，你爸吃藥看病，家裡沒有多少積蓄，沒法讓你過上好日子……

☐ 家裡沒多少錢，所以沒法給你留下遺產 (哭泣)。

☐ 養出你這種沒出息的小孩，我如何面對列祖列宗？

☐ 你再不好好讀書，我就把你送給別人。你住在山上的大伯家就沒孩子，你去
　　他家好了。☐ 唉，你這個孩子啊，造孽啊！……(一副他犯了天大的罪似的
　　表情，其實他只是犯了個小小小的小問題而已)

11 ★以下是直呼名字的壓力句子。

☐ 哎呀，王大華你怎麼又……☐ 王大華為什麼總是 (永遠)……

☐ 王大華總是這樣子。☐ 我再也不相信王大華了。」

☐ 王大華！你什麼意思？☐ 王大華，你到底想幹什麼？

□ 你給我聽著，王大華！我只說一遍！

12 ★平時一想到就會說一說、一再持續表達關愛、「念經」增加壓力的句子：

□ 餓不餓？渴不渴？想不想喝水？□ 好熱，我幫你搧扇子！要不要冰開水？我幫你倒一杯。不要？哪來一杯汽水？還是冰淇淋？

□ 好冷哦，對不對，再穿一件衣服！不要？為什麼不要？

□ 睏了吧？要不要睡一下？不睏？為什麼不睏？奇怪？你應該睏的呀？去睡吧。□ 不哭，不哭！寶寶最乖了，不哭！

□ 加油！你要加油！加油啊！□ 你知道我有多愛妳嗎？

□ 不要忘記關掉電燈、電視、電腦、手機！不要一面充電一面用啊。

□ 快走開啊！你傻呀。□ 小心啊，地上有狗屎。

□ 我不是叫你在那裡等我嗎？你為什麼總是記不得我跟你說的話？

□ 走這麼慢，我不管你了，讓你自己回家了。□ 你能不能敏捷一點？

□ 你真是個磨娘精啊，從小就動作慢得要命！

□ 別以為我忘記你上個月幹的好事。□ 這麼懶散，你什麼時候才能獨立？

□ 你的年紀不小了，應該知道這些了……□ 你什麼時候才能長大？

□ 你怎麼總是這樣？□ 你為什麼從不……□ 你為什不知道應該……

□ 你為什麼總是孩子氣？□ 你能不能……呢？

□ 我告訴你多少次了……□ 你太壞了，我再也不愛你了。

□ 你要把我逼瘋了。□ 為什麼連「是」都不肯說？快說呀！

□ 媽媽希望你今天做個很快樂、很快樂的夢。（一個晚上說了五、六次）

□ 你將來要做一個有用的人、難道你想做一個沒出息的人（孩子什麼都沒做，但爸媽一有空就講這些句，有時候一天講3次）。

□ 告訴你不要這樣，你懂不懂？懂不懂？媽媽問你呢，

□ 快點跟媽媽說，下次還敢不敢？怎麼不說呢？敢不敢呢？

□ 別忘了，我所做的一切都是為了你！□ 哇！你這套衣服好漂亮。都因為你爸
　爸辛苦賺錢，我們才能生活得這麼舒適。

13 ★以下是一次說太多主題（太長的溝通時間）的句子

□ 手帕帶了沒？書本都帶了沒有？飯盒、水瓶在哪裡？美術、勞作材料有沒有
　帶？硯台、毛筆呢，是不是都檢查過了？還有，聯絡簿有沒有帶？……

□ 叫你吃飯又不好好吃？你真是讓我生氣！你以為我忘了你昨天在幼兒園裡打
　同學的事？前天你打破爸爸的花瓶我還沒處罰你呢。你看，不好好走路，跌
　跤了吧？活該！自己不小心，哭什麼哭？再哭爸爸又要說，我把你寵成一個
　愛哭鬼了……（繼續）……長得這麼醜，哭起來更醜，知道嗎？

□ 你為什麼這樣笨！實在沒有用！…… 洗個碗都洗不乾淨？還打破？……連這
　麼簡單的算數問題都不會，還來問我？……再這麼不用功就不讓你吃飯
　了……如果這學期還考這麼糟糕，以後不給你零用錢了！…… 趕快進浴室洗
　澡。（繼續……）

□ 又考砸了？是吧！我早就說過！……會改進？騙誰？上個學期你就說過，結
　果呢？……還有，你的「豬窩」也說過上個星期會整理好，現在呢？你
　說！……不要以為我忘記了，你的老師罰你的寫的那些作業你也還沒有做
　好！……我真是煩死了……等你爸爸回來我們跟你一次算總賬，看你怕不
　怕……（繼續……）

□ 寶貝，那邊太熱了，有太陽，坐到這裡來才好……把帽子戴上吧？……坐正
　點，別一幅沒精打彩的樣子……餓不餓？來喝點這個飲料……
　吃個麵包吧……（繼續……）

□ 不要一邊吃餅乾，一邊看書……（才 10 分鐘後）要不要吃點東西？餓了嗎？
　眼睛太靠近書本了，再離開遠點一點！坐挺一點！……念書要專心，桌上東
　西亂七八糟也不收好！怎麼看得下書！………

□ 別以為我忘了你上個星期闖的禍！……還有……別忘了……對了……我想起來了……！快點！快點啦！……我想起來了，你……（繼續……）

□ 不要喝生水，別吃不乾淨的東西……水杯、飯碗要用我們自己帶去的……晚上記得，蓋好被子千萬別著涼……晚上上廁所，有沒有帶好手電筒呢？……別著涼！快把這包感冒藥放在包包裡……別到處亂跑……聽到沒？到底聽到沒？……（繼續……）

□ 不要一邊吃餅乾，一邊看書！……念書要專心，桌上東西亂七八糟也不收好！怎麼看得下書！……誰叫你現在就收拾，明天要考試了不知道嗎？……

□ 飛機飛過去也要你關心，看什麼天空啊？（拍的一記重擊打在孩子頭上）！……隔壁的老王也真是的，電視機聲音開得這麼大，不知道孩子要考期末考了嗎？……人家看卡通關你什麼事？人家考 100 分，你考 70 分啊！

□ 那邊太冷有風，快坐到這裡來吧！……坐姿姿勢要端正，坐好！坐好！……眼睛太靠近書本了，再離開遠點一點！再一點！不然近視會更深了。

□ 為什麼我跟你講話，會聽著聽著就睡著？（因為每次「溝通」就是 1 個小時以上啊）

讓「增加不必要壓力的語言」出現的原因

□ 父母的驚人耐心：重複噪音就是壓力

不必要壓力的話，首推重複的嘮叨。偶而、一兩次的叮嚀會讓孩子感受到父母的慈愛與關懷，但每天重複固定出現的錄音機，形同責備及罵人，就成了吆喝來吆喝去的折磨及壓力了。求好心切的父母能夠叮嚀子女數十年台詞不改，就像為子女煮數十年的飯永不厭倦一樣，這種耐心實在驚人。天下父母心，都是希望孩子成功、怕孩子失敗的。爸媽非常想陪伴著子女，分享著子女的一切苦樂，於是，父母使用的方法就是明察秋毫地、好像偵探般地關注子女的一言一行、一動一靜，並且發出指令，不斷地發出聲音來伴著孩子成長，而且是不厭

其煩地重複叮嚀。爸爸的付出讓人感念，媽媽的味道讓人懷念，爸媽的聲音也應該是孩子喜歡的。然而，即使再溫柔的叮嚀，久了也會成為壓力。

口「家長自動錄音機」成「疲勞轟炸」

這是天天上映的日常：每天的起床號，就是「家長自動錄音機」的自動撥放。昨天說：「快點起床 (吃飯 / 睡覺 / 做功課！)」今天還是說：「快點起床 (吃飯 / 睡覺 / 做功課！)」，大家都知道明天你會還是說：「快點起床 (吃飯 / 睡覺 / 做功課！)」……重複無數次；一有空就說「你好好聽話行不行？」「去念書」或者「去睡覺」…重複幾十年。「父母錄音 / 念經機」放出來的關懷聽久了，就是噪音。「不要忘記關掉電燈、電視、電腦！」住在同一個屋簷下數十年，日常生活總是千篇一律，沒有新鮮的。「嘮叨」成為「疲勞轟炸」，而好爸爸好媽媽卻強調：「我不是嘮叨的母親 (爸爸) 啊。」但孩子的感受卻相反。以我的耐心，在我老媽過逝前那段日子的天天念，我也曾衝口而出「妳很煩耶？」因為人都是有忍耐極限的。曾有學者做實驗，把一天中父母對孩子所講的話都錄下來，讓父母發現自己一見到孩子都在指導、指責、催促孩子。根據調查統計，男人最怕的老婆特徵，排第一名的就是「嘮叨」，小孩子最怕的也是父母的嘮叨。很多女人都承認，做了媽媽後自己變成嘴碎的人。現實生活的節奏及壓力，讓父母失去等待孩子成長、成熟的耐心，成為「疲勞轟炸」與「壓力」的源頭。

「增加不必要壓力的」的後遺症

口 重複就是壓力：關心變成操心、憂心、擔心、讓孩子沒信心！

前面提到的恐嚇、暴力、命令等錯誤語言，都是由上而下的指責性溝通，而叮嚀及嘮叨全是真心好意的語言，雖然它們比較不那麼負面與攻擊性，但目的仍是想支配孩子產生好行為，它還是一種壓力。這種叮嚀是讓孩子發瘋的「家長自動錄音機」「父母發散的毒氣」「愛的魔音傳腦」……。應景式的「我愛你」

「你知道我有多愛妳嗎？」操心式的有：「不要忘記關掉電燈、電視、計算機！」緊張式的有：「危險！哇！危險，跟你說8百遍了。」「那裡很危險，不要去。」「做這個很難的，你不會。你哪會啊，不要強求。」「快走開啊！你傻呀。」……而且怕孩子不記得，每隔一陣子就會說一次。為了不想聽到你講話，孩子會逃避，開始會躲著你。沒有人喜歡聽已聽了800次的念經。即使是「你最棒了！你好優秀！」的讚美詞他也不想再聽。喋喋不休的叮嚀，很容易使孩子「關」起耳朵，即使你接著說的「金玉良言」是有道理的，他也聽不進去了。重複的關心與愛心，已變成操心、憂心、擔心、沒信心的壓力源。再好聽的歌聽百遍之後，總會想聽聽別的新歌吧？只有那個年代的人才愛聽吧？不然的話，為何歌壇的新歌手會不斷地把老歌手推成過氣歌手呢？

口 「爸媽錄音機」反而讓孩子無法專心

神經質的父母無法停止嘴巴，不斷用聲音干擾子女，目的是要孩子專心。持續的重複叮嚀、干涉與打斷，形成一道囉嗦的天羅地網，因為隨時要迎接父母拋出的關心及指責，反而讓孩子無法把心神放在專注的事情上。孩子如果不立即好好應付父母的話，就會被罵……做功課時，外面天空飛來一隻小鳥，樓下有人在玩樂器，孩子去關注才是正常的反應，他們沒有「懸樑刺股」的能力。孩子的注意力本來已經就會被分散，若再加上「爸媽錄音機」的強力放送，孩子更無法專心了。

口 美食搭配叮嚀讓人不想與你同桌吃飯

吃飯時需要有食慾，如果用接近命令式的語氣強迫孩子吃好的喝好的，會讓人食慾不振。父母想要把握用餐在一起的難得機會，一面想要孩子盡量多吃，一面又想完成管教，想2件事一起做，於是，壓力來了。父母親邊夾菜邊訓話，孩子邊吃飯邊聽訓，美食搭配叮嚀，讓美食的味道遜色，讓吃飯成了辛苦的事。

6 加 1 的家庭裡，同時有好幾個人夾菜到已經很滿的碗裡，真是讓孩子吃得好有壓力啊。一日三餐，若要同步「配」上要擔責任的「配菜」，有可能讓孩子聽到吃飯就怕。如果孩子食慾不佳、或當場不合作，美食造成的關心及生氣、壓力的遊戲就上桌了。「吃雞腿！兩隻腿都給你吃。你爸都捨不得吃，都給你吃。」同時有兩個人把大大的兩隻雞腿塞到你的碗裡，此時你是吃？還是不吃？不吃，不領情，父母會生氣，會追問：「為什麼不想吃？胃口不好？為什麼？生病了嗎？媽媽煮得不好吃嗎？」雞腿本來是非常好的機會教育，比如讓孩子懂得把雞腿讓給長輩，或是分著吃，但疼孩子的父母，只願意讓孩子獨享雞腿。最可怕的還同時會「颱風掃到不只一個人。」比如：「快把雞腿吃了。你將來要做一個有用的人，不要像你爸那樣……」「好好吃，這個菜人家說補腦，多吃點，要變聰明，好趕上你們班上的同學。」「吃完今年的這頓飯，下次要帶男（女）朋友回來，我們等著抱孫子啊！」「來，這是你最愛吃的菜……成績要進步哦（什麼時候結婚呢？）」……，這樣拐彎表達期望的接龍接句，很無厘頭啊。新時代新場景，父母講話沒人理，因兒女都在滑手機……手機配飯菜，比聽訓輕鬆。孩子怕和你同桌吃飯，會想辦法逃避你的「流彈」。

口 重複的指責造成高壓式讀書

「你為什麼越大越不聽話？」「你為什麼退步了？為什麼又退步了？」「為什麼你怎麼書念得越多，腦袋越不靈光？」……說個一兩次沒關係，也是人之常情，但是若每天說，每天說個至少 3 次，就形成壓力。壓力會使孩子感到悲觀、失望，因而失去對讀書的自信和幹勁，在學校裡失去學樂趣，因為，成績已成為去學校的唯一目的，多無趣。讀書是成長期的主要壓力，有些人成年後還經常做夢，夢到沒有讀完、考試考不好。讀書本是天下樂事之一，但重複叮嚀指責讓它成為高壓力。

口 高壓式讀書：使孩子與同學為敵

考試把全班同學都變成了「假想敵」或「死對頭」，形同自己的敵人，多可怕。每當有同學說「我昨天都沒有讀」，就會有人認為他在騙人。與同學競爭成績的壓力過大時會導致身心失常，由過動、不專心、害怕、煩躁、失眠到責怪……他會猜測別人都在嫉妒他、或在背後說他壞話。精神科醫生處理許多這種孩子，時時認為別人都在窺探自己、看書時眼前浮現出張牙舞爪的考題、相信「腦子裡有神仙訊號傳過來指揮我的行動，告訴我考題」「我能聽見同學及老師正在說我的壞話」……不當的讀書壓力，會導致身心失調。

口 全家陪讀氣氛讓孩子厭學

在重視成績的家庭裡，孩子的學業或考試決定全家的氣氛。為了孩子的上學及考試，家人都變成圍著他轉的機器人。爸爸忙著去買最新文具、請家庭教師；媽媽請了補休假，放棄與朋友的聚餐活動，專心地陪著看功課進度，忙著安排整個學期的作息計劃表，還研究讓孩子大腦變聰明的菜譜及維他命補充劑；家人週末放棄旅遊與休息，陪著孩子去補習及尋找參考書籍試題，而老人家則積極地送水果做點心。學校考制一有什麼風吹草動的消息，就趕緊去打聽、去問長問短，生怕孩子吃了虧受了苦做了錯誤的選擇。這樣的壓力氣氛，孩子會厭學。現在很流行「陪伴」，但隨時的陪伴及關愛，並非好事。我的老媽在世時給我的最大壓力，就是她老愛看著我有沒有按時吃飯、我在做什麼、今天的穿著合宜否。她到我公司時，我總感覺到總有一雙眼睛在背後悄悄地盯著我，到了吃飯時間她就冒出來指揮該怎麼吃、指責我為什麼不吃……這讓我備感干擾。躲起來的陪伴、好意的關注，都是壓力。

口 沒完沒了的考試讓孩子厭學

不知為何學校要設計那麼多的考試？為何要學子一生得考無數次的「考試」？現實就是學校裡的考試不斷，所以壓力不斷，這讓有趣的學習生涯成為艱苦的事。不管是大考小考，考試時，孩子成為全家「重點保護對象」。全家進入「戒嚴狀態」，大人小心翼翼不敢弄出聲響來，生怕影響到孩子讀書，看電視要靜音減音消音，把門關得死死的，行動形同小偷在偷東西。作業本還沒寫到最後一頁，一本新的本子就準備好了；孩子還來不及說熱，只不過擦了一把汗，爸爸就趕緊去打開空調了。覺得孩子應該餓了或渴了，隔段時間就把果汁飲料或宵夜端到孩子桌上。才考完，大人就追問考得好不好？以平和平常的心態來對待，不要如臨大敵，天羅地網無出口，回家也得讀書這件事讓他感到沒完沒了的壓力，因而種下了厭學的種子。

□ 未來的美好藍圖讓他覺得壓力

許多青春期的少男少女的壓力源不是因為大人不肯定他，而是太肯定了。大人認為自己的孩子是世上最棒的孩子，為孩子訂製美好藍圖，不計一切代價進行打造工程：孩子一出生就為了他買保險、買學區房、學外語、上奧數、練鋼琴、學唱歌、學舞蹈、學口才……。24 小時關心及陪伴，加上全家省吃儉用籌備出國學費及未來買婚房的經費。越是好命而不愁吃穿的孩子，越是在過著這種全家總動員對他有期望的日子，他的精神越緊張。在眾人的期望下要活出美好的大未來，孩子沒有自己築夢的時間與空間，要完成大人的計劃，都是一種不必要的壓力。

□ 父母兼職老師：「陪伴」加上「培訓」是巨大的壓力

「陪伴」本來已是一種壓力，若再加上「培訓」，讓父母的形象與功能都變質，好意都變成恐怖的壓力。本來孩子心目中的父母就是人生的港灣，是避風港，但相信「父母是孩子的第一個老師」「好父母是好老師」的家長，喜歡做孩子

的「教師」。訂正功課就是糾正錯誤，恨鐵不成鋼的父母會出口惡言：「怎麼這麼笨？要教幾次才會？又錯了？怎麼會這樣？你到底是不我生的？」……孩子做功課時皺了皺眉，陪讀的爸媽就嚴肅緊張地告訴孩子：「冷靜！冷靜！沒事！沒事！不急！不急！我教你怎麼解這道題。」父母是「生活教養的教師」，若同時也是「數學老師」「英語老師」的「金剛合體」……好可怕。一整天面對老師，回家還是逃脫不了這個羅網，誰會喜歡？太累了。包辦父母無縫接軌地包辦教學工作，把握所有的時間無休止、無節制地培訓子女。「陪伴」外加「培訓」，讓家庭變教室，世上有這麼好學的孩子，想隨時面對教室及教師的嗎？一回家就聽到「今天功課有多少？」「明天考幾科？」「我陪你訂正考卷」……想想離開學校或補習班後，家裡還有好幾個「老師」在等著你，你會渴望回家嗎？連呼吸都困難了。家裡的老師之間還會有爭執（媽媽和爸爸意見不同），好累哦。不做父母做老師，讓孩子無法脫離學習環境，沒有喘息休息的時間，站在孩子的立場換位思考一下就能感受那種壓力。在一起相處都是「教學時間」，「教師」父母「不管教養管教學」，好為人師的父母要想想，父母畢竟不是老師，太認真做老師，孩子就失去了一對父母。

口 高壓造成行動及精神上的退縮

太重視成績的孩子，會產生精神上與行動上的退縮，比如，高度希望孩子得到音樂獎項的媽媽，花了許多錢給孩子補習，沒有得獎後，媽媽不但沒有給安慰反而是數落了孩子一頓，而且說自己很沒面子……失敗的壓力加上媽媽失望的壓力，孩子可能從此徹底放棄學音樂，也會產生與媽媽關係的退縮。考失敗的學生在學校裡，也會產生與同學的關係退縮，他會懷疑看不起他的同學在背後諷刺或陷害自己、總認為同學們在擠眉弄眼、嘀嘀咕咕時，一定就是在說自己的壞話；他會想像電動遊戲中出現的惡魔……到症狀加重的末期時，會出現幻覺、語無倫次、自言自語、甚至是咬舌尋短見等危險行為。以上，這都是成人

單方面將自己的標準強加於孩子身上的不必要壓力及不良結果。

口 「比較」的壓力：你「偏心」& 他見不得人好

你是否發現，當大人在讚美別人「很漂亮」時，有些孩子立即反應「難道我就不漂亮」；當你說老大很用功時，老二就心生不悅，因為他心裡認定你偏心。「你能不能和隔壁小華一樣認真學習？你看小美多乖？」即，當大人在肯定別人時，他認為你就是在否定他，他感到被冷落，受威脅，就對號入座。孩子禁不起別人被讚美，見不得人好，原因就是你經常用「比較」的方法給了他壓力。如果你沒有經常拿別人的優點來和他對比，那麼，當你說「隔壁小華學習好認真」時，他就不會覺得你在指桑罵槐。老是被拿來當「對照組」的孩子，會對差別待遇非常敏感且有不合理的期望。許多父母不明白為什麼自己對待每個孩子都已經盡量公平及豐厚了，但孩子還是認為父母有「偏心」？原因就是，以前的全家苦在一起，大家都什麼都沒有，也沒得好比較；而現在個個孩子都被照顧，比較就明顯了。以前一個玩具全家玩；現在哥哥有了一個玩具，弟弟也要一個，且要同樣的，不然就是偏心。「不患寡患不均」，對照讓人見不得人好，這是被激發出來的人性。

口 聽訓睡著：長時間的壓力讓人疲倦

這是真實的案例：有個家長問我為什麼，他在教訓小孩時，小孩經常會睡著了。我問他，通常他和孩子「溝通」時間多長？答案是半個小時……半小時？這訓話壓力太大了吧。這麼長的時間，大人聽訓都會累了，何況是小孩？孩子會睡著，理由很多，另一個是心理因素，訓話都是難聽的話，正常人的潛意識都會想用睡著來逃避。我很想跟這位家長說，訓話不能太長，也不能難聽，且要孩子聽得懂。若聽不懂，訓得再久也沒用啊！訓話這麼長，這種肉體加精神的壓力，造成的身心疲倦，誰受得了？

不讓「增加不必要壓力的語言」出現的方法

口 耳根清淨為宜：停止重複已知無效的教導及嘮叨

孩子何其無辜，要承受父母重複的愛的叮嚀？就算孩子沒有及時把事情做好，但沒做好的原因，可能是他的年紀及能力都還沒能做到，或他根本就不想去做……當然更可能的是父母沒有把孩子教好，也就是，管教不力。我們應換方法，研究新辦法去教好他，而不是重複已知無效的嘮叨。有些父母認為孩子不罵就會不聽話，其實孩子是愈罵愈壞，不是越罵越會好，正常的孩子是不罵也會好。建議家長無論孩子能否做到父母想要他做到的事，先停止不斷重複撥放「錄音機」般的陳腔濫調吧，至少讓孩子耳根清淨些吧。已知無效的教導及嘮叨，就停止重複吧。

口 讓餐桌成為歡樂進食的場合：趕走壓力

吃飯本來是最愉快的場景，同時也是順便噓寒問暖的機會，但在夾菜盛飯、殷勤的勸進中，還夾帶著重複的訓話叮嚀，餐桌就又成為壓力區了。我在旅行時大餐廳看到一家子伺候一個獨生子的畫面：孩子的碗同時出現 3 雙挾菜的筷子。一大桌子「嘮叨型家人」沒法停止嘮叨及碎碎念：「今天桌上的菜都是你最喜歡吃的菜，對吧！盡量吃！」「為什麼不吃，嫌燙，太鹹？我吹吹……」「這菜都涼了，我叫服務員去熱一下！怎麼可以吃？」「喜歡吧？這家餐廳有名的哦。」可以想像若是在家：「我前天就去買好菜，昨天就開始煮，今天才入味，還可以吧？好吃吧？」「吃好了就趕緊去做功課。」「今天功課多不多？」…………一面吃一面要回應回答三明治式的要脅，讓食欲全飛走了。請父母吃飯時就吃飯，讓孩子自己挾菜吃，不要勸菜勸飯，也暫時別訓話。讓餐桌成為歡樂進食的場合：趕走壓力，只要停止嘮叨。

口 關愛不要連結到有壓力的回報

成長不是唯一的目的，過程才重要。關愛若與回報連結，就是壓力，在教育普及的當代，家家戶戶孩子的表現及成績，與回報一掛鉤，就壓力加上壓力。對孩子的關愛，最好不要總是連結到他必須以用功讀書、考上好學校、將來孝順的回報。父母關心期待的「補習有效吧？這個學期總該進步吧？」「這學期有可能會得第一名吧？」或是在陪考時，孩子一出考場就問：「你覺得你應該會考得上第一志願嗎？」這都是沒必要的、很多餘的關懷。事實上，到了考試當天，自己的孩子成績有沒有可能考得好，父母應該早就瞭然於心。千萬別再補上：「你爸很辛苦，你要考好一點。」「考上這學校幫我爭口氣。」……說得都對，但這不等於「我對你好，你就該考得好」。「爸爸給你買的新衣服，漂亮不？要好好讀書啊。」前兩句很好，後面加那一句就是多餘的壓力。也別小題大作太誇張：「唉，你這個孩子啊，造孽啊，以後……」這實在是扯太遠了吧？何必一副他犯了天大的罪似的表情，其實他不過是一次考壞，一次失誤而已。

口 別說「還有成長空間」這句有壓力的話

孩子考砸了，主動表示安慰是很好的，但這樣的話也是壓力：「下次你還能做得更好」「沒關係，你的分數還有很多提升空間」……等於同時也在告訴孩子「你其實可以更好的呀」「你還不夠好」「你應該要更好才對」「你必須要進步才是」……這都是「司馬昭之心，路人皆知」的表示：你對他是不滿意的，表示我沒罵你，但你自己要心裡有數，敏感的孩子會解讀出你的意思。在漫長的學習過程中，會有無數次的考試，分數的「空間」有升有降，不必每次都期望提升，父母不該認定只能進步不能退步，更不該一次考壞了就如臨大難。「提升空間」就是一個無形的壓力名稱，「必需不斷成長」的觀念壓得孩子喘不過氣來，它讓抵抗力弱、自信心本來就不強的孩子可能就因為不勝負荷而終日鬱鬱寡歡了。

口 爸媽不要做「老師」：下課後讓孩子離開「教室」一下吧

期望太高、喜歡表演「賢妻良母 / 盡責爸爸」的父母，在孩子一回家就給予熱情的關心：「回來了？今天老師有沒有罵你？功課多不多？明天有沒有考試？要考幾科？……」「等下我幫你訂正考卷。」「功課到底寫完了沒有？怎麼這麼慢？你到底有沒有專心做功課？」「今天功課怎麼寫得這麼快！你是不是隨便寫寫？」「你又應付亂寫了，看看！就像鬼畫符一樣。」……孩子在學校已經面對功課一整天了，回到家裡還是逃脫不了「教師」的如來佛手掌心，太辛苦了。父母「教學」和「教養」不分。先是做「老師」，等到時間晚了，又搖身一變、變成「老爸老媽」，開始催促睡覺了。父母隨機轉換角色，讓孩子無所適從。建議老爸老媽不要急著做「老師」，因為任何一個人都不會想一整天都生活在教室裡。親子的原始關係是「愛」是「養」，是「教養」，而不是「教學」。別讓家庭也成為「教學」的教室，成為孩子下課的另一個壓力場合。

口 「陪伴」也是一種壓力：「教導」「引導」與「領導」
重於「陪伴」

再次強調，陪伴這個觀念的為害。當下流行以負罪感來告訴孩子「我應該要多多陪你」這句話，反而造成子女的需求及不滿。我們要適度的「陪伴」、但不要全程「陪著孩子長大」，我們更該要做的是「帶領著孩子長大」「領導著孩子長大（成長）」，前者的大人是低姿態的，後者的大人是高姿態的。教育、領導，本來就應該是高姿態的，子女需要的是高姿態的領導者，不需要低聲下氣陪他玩、陪小心的低姿態的人。孩子得到「陪伴」還不如得到「教養」與「指導」。如果只有「陪伴」而沒有「教導」與「領導」，「陪伴」的價值為何呢？而「教導」與「領導」的方式有上百種，並非只有「陪伴」才能做到！

口 指責或讚美時不要牽扯到別人：別創造「對照組」的比較壓力

為什麼孩子說你「偏心」，而且他見不得人好，聽到別人被肯定就吃味吃醋？為什麼當大人在讚美別人「很漂亮」時，有些孩子立即反應「難道我就不漂亮」？為什麼當你說老大很用功時，老二就心生不悅（心裡認定你偏心）。因為，你經常在指責或讚美牽扯到別人，創造「對照組」的比較壓力。所以，當大人在肯定別人時，他認為你是在否定他、冷落他。也就是，孩子禁不起別人被讚美，他見不得人好，別人被讚許就讓他感到受威脅，就有對號入座的不良反應。如果你經常說：「你能不能和隔壁小華一樣認真學習？你看小美多乖？」他的感覺是你老是用讚美別人來批評他。「比較法」也會挑撥他和朋友及手足的感情。如果你沒有經常拿別人的優點來和他對比，那麼，當你說「隔壁小華學習好認真」時，他就不會覺得你在指桑罵槐。老是被拿來當「對照組」的孩子，會對差別待遇非常敏感且有不合理的期望。不要讓孩子活在「對照組」的陰影裡，以免他在比較壓力下說你「偏心」，且會見不得人好。

口 教育孩子不要用比較來「挑撥離間」

不要用「人家的孩子怎樣、怎樣」來衡量自己的孩子，每個孩子都有不同個性與特點，遭受挫折時需要的是家長的體諒和安慰，而非總會出現個「對照組」來讓他感到壓力。刻薄的話語只會傷害孩子脆弱的自尊，使孩子喪失自信；越是跟孩子說他不如別人好，他就越表現得不夠好。我們要協助孩子接受自己的短處和不足，要挖掘孩子的優點和長處，而不是增加他的壓力。不要讓孩子活在被挑撥離間、「對照組」的的陰影裡，拜託家長只要直接講：「我希望你用功。」不要用比較句：「你看某某某多乖？」「你能不能和隔壁的誰誰一樣認真學習？」「你為什麼不像哥哥那樣用功？」因為這樣他的焦點就是放在「哥哥」身上而不是「用功」這件事上了。什麼宗教都好，最不好的宗教是「比較」與「計較」。

孩子最怕父母拿自己與人比較，因為這是一件永遠比不完的事、也是讓孩子不知該怎麼回應的事。如果你問我：「你唱歌為何沒有像×××（國際音樂家）唱得好？你為何長得沒有×××（國際明星）漂亮？你為什麼不像×××（全國首富）那樣成功？」……這類問題會有答案嗎？你也答不出來。當事人本人產生羨慕是進步的動力，但父母對別人過度的羨慕，則是孩子的壓力源頭。說別人好時，就說誰不錯，不要牽連到他；說孩子不好時，就只說他的不好，不要牽連到別人的好。父母不想常被孩子冤枉「偏心」，就別再說製造比較壓力的話。

□ 別讓獨生子女承受沉重壓力

獨生孩子享受了心肝寶貝待遇，但同時也承受沈重壓力：「你看，家裡就你一個小孩，全部都是你的，多好命。」「以前我沒有過的好日子，全讓你過上。」「我以前想做一個鋼琴家，我是沒可能的，你可以。」「這一輩子，爸媽唯一的快樂就是你，你一定要快樂。」「我們全家唯一的希望就是你。」「爸媽對不起你，爸媽吃藥看病，家裡沒有多少積蓄，沒法讓你過上好日子。」「我們是不行了，孩子，就看你的了！」……把孩子的發展當成家庭未來唯一的指望，壓力好大哦。父母的人生自己負責，不要把自己的過去、要求子女、獨生子女來承擔，把沒實現的夢想要子女來完成。這種期許的話，全是壓力。

□ 不要老是算舊帳

有時候，孩子什麼壞事都沒做，但你一時興起或是有空，就算起舊帳：「別以為我忘記你上個月幹的好事。」常常這麼說，孩子就活在隨時會「東窗再次事發」的焦慮中。「今天你又這樣了，你上個禮拜、上個月、你去年、你以前都這樣……」孩子本來天天就會犯錯，但每次一犯錯、或根本沒犯錯就被提及以往曾經犯的種種過失，「錄音機」不斷回帶陳年舊事，自動倒帶的「錄音機」「學習機」與「三令五申」一再出現，是任誰都會聽膩的。

口 先改變教養方法，才能改變孩子的行為

為何會同樣的錯一直出現？就是因為父母的教養無效，這代表要檢討的人是父母而非小孩。須知，你「嘮叨」卻沒有效果的話，代表「說了沒用」，那麼與其繼續白說，不如不說。要改變的是教養方式，而非重複無效的說教。唯有改變教養方法，才能改變孩子的行為，試著先改變說話內容。如果當下、短期內孩子無法改變，就先接受一下現狀吧！

口 溝通的原則：別把話說得太遠，也別一次說太多事

為什麼聽訓很有壓力？因為有些家長很會扯得太遠，愛穿越的「時光旅行」：「你看看隔壁的 ×××，我們養出你這種小孩，我如何面對列祖列宗？」家族的傳承與家庭的困難要轉移到幼兒身上，重何以堪？不用把生活和學業問題老是連結在一起：「就知道玩，一提學習就沒精神。房間整理好了沒？」談到他吃好穿好的當下，就只要談到這部份就好；想要討論他的功課？就找別的時間去討論，不要穿越，不宜同時講兩種以上的主題。效能家長訓小孩，請一次只說一個人，一件眼前的事、不扯陳年舊帳。一次訓話的主題太多，或是翻出好幾個舊帳出來一次「大鍋炒」，大人孩子都無法招架，真是讓人不想回家了。「穿越牽扯」的習慣，孩子承受壓力，父母自己也很累。

口 重要的事情得說 3 遍？且一次說 3 種事？

放輕鬆，不要重複念經、且一次念許多經，這會讓「聽眾」抓狂的。有些家長認為重要的事情得說 3 遍、3 遍以上。好有耐心的父母啊，常常一句話一件事講 10 遍、100 遍！講了之後，孩子沒有回應，就會以更大的聲音、更壞的口氣繼續講，重複講更多遍：「我們講過的，所以你要做到。為什麼做不到？為什麼？為什麼？為什麼？」更可怕的是，一次要說很多事：「……不要一邊吃

餅乾，一邊看書……餓了嗎？……眼睛太靠近書本了，再離開遠點一點！……念書要專心，桌上東西亂七八糟也不收好！怎麼看得下書！……要不要吃點東西？」……真是魔音穿腦啊！出門時家長的愛心：「不要喝生水，別吃不乾淨的東西……水杯、飯碗要用我們自己帶去的……晚上記得，蓋好被子千萬別著涼……晚上上廁所，有沒有帶好手電筒呢？……別著涼！快把這包感冒藥放在包包裡……別到處亂跑……聽到沒？到底聽到沒？……」「不要一邊吃餅乾，一邊看書！……念書要專心，桌上東西亂七八糟也不收好！怎麼看得下書！……誰叫你現在就收拾，明天要考試了不知道嗎？」「飛機飛過去也要你關心，看什麼天空啊？（拍的一記重擊打在孩子頭上）！……（說完自家，得說一下別人家）……隔壁的老王也真是的，電視機聲音開得這麼大，不知道我的孩子要考期末考了嗎？……（孩子往隔壁家卡通節目的聲音方向張望）……人家看電視關你什麼事？也不想想，人家考 90 分，你考 70 分啊？」……這麼長長一連串的干涉與囉嗦，本來是為了不要孩子因為外面的刺激而分心，結果反而讓孩子更受干擾。父母的責罵聲、提醒及指令讓孩子又多了應付的工夫。還需要更多的例子嗎？好，再講個例子：「你知道爸爸媽媽為了你，吃了多少苦？你吃好的，穿好的，什麼也不要做，為什麼連書都讀不好……（嘆口氣）……你真是丟盡了我們的臉。早知道，還不如讓你姐姐去讀書……」最誇張的一次是我聽到孩子對父母說「我愛你」時，得到的回應竟然是：「愛什麼愛？你拿什麼來愛？不好好讀書！能聽話讀書就行了。」哎喲喂，太多的壓力一次一起來啊！

□ 不要用連珠炮的「罪名」把孩子嚇壞了

開口教養，目的是為了感情與行為，不是為了增加壓力，不是嗎？「你為什麼這樣笨？實在沒有用！……洗個碗都洗不乾淨？還打破？……連這麼簡單都不會，還來問我？……再這麼不用功就不讓你吃飯了……如果這學期還考這麼糟糕，以後不給你零用錢……什麼時候才要進浴室洗澡？」連珠炮般的「罪名」，

嚇都嚇壞了，那還能正常回應呢？「又考砸了？是吧！我早就說過！……會改進？騙誰？上個學期你就說過，結果呢？……還有，你的『豬窩』也說過上個星期會整理好，現在呢？你說！……不要以為我忘記了，你的老師罰你的寫的那些作業你也還沒有做好！……我真是煩死了……等你爸爸回來我們跟你一次算總賬，看你怕不怕……(繼續……)」。天哪，「數罪並罰」加上「舊帳新算」，這種類似燥鬱症的表現，太可怕了，這個壓力太大了。

□ 少說「無期徒刑」的話

極端的用詞都是不必要的壓力，比如：「你太壞了，我再也不愛你了。」「你遲早要把我逼瘋了。」「你總是這樣子，永遠不聽話。」「我再也不相信你了。」……「總是」「再也不」「永遠」都是極端的用詞，加上小題大作、言過其實的語氣，都是壓力。「你為什麼總是(永遠)……。」「哎呀，你怎麼又……。」「你每次都……」「我絕不……。」「我再也不……。」這類類似「無期徒刑」的話，真是壓力啊。

□ 少說「預言災難」的話

為了孩子貼身不發生危險，父母會預言災難。且看多少陪著孩子去遊樂場玩的媽媽，緊張地近距離陪在孩子的身邊，甚至是不肯讓他和別的孩子玩在一起，理由是「太危險」，這讓孩子玩得緊張，或是只能旁觀並羨慕別的小朋友能「自己玩」。或是不斷叮嚀：「小心！小心！不要跌倒了！你就是這麼不小心，等下一定跌倒！你等著看吧！」「當心，別跌下來！」……媽媽的大聲驚叫，讓孩子聽到媽媽的聲音就緊張，結果呢？果然孩子就「心想事成」、實現媽媽的「預言」，從溜滑梯上掉了下來。這種媽媽的本意是想保護自己的孩子，但警告反而成為讓孩子提醒出事的預言。「預言家」傳遞這樣的信息：你一定會摔跤的。孩子不斷「犯錯」「出狀況」的過程，其實正是不斷改正錯誤、完善自身的過程，

剝奪孩子自己動手的權利。做父母的，不要那麼愛說預言災難的話，這種隨時碎嘴、隨時警告孩子的習慣，改了吧。

口 不讓叫全名代表有麻煩

「王小明（大聲）！！我今天不得不講你了。」有些父母很有趣，花了好大的工夫，翻遍古書，找算命先生，全家研究，很慎重地去為孩子取了家族排行、有意義又好聽、全家開會才決定的名字，但平常多半是親暱地叫他小名綽號或暱稱，比如「寶貝」「帥哥」……等到生氣要責備他時，就會叫他的全名。這會讓孩子聽到父母叫自己的全名時就會發抖而不敢回應，因為這代表麻煩事及皮肉之苦要來了。他，會把自己的全名和恐嚇及災難連結在一起。這實在是太詭異了，讓孩子不喜歡、怕自己的名字，何苦來哉呢？建議平日就要叫他全名，讓他熟悉而不是要在找他麻煩時讓他聽到全名。

口 不要建立與「學校」之間的對立

最後，提醒家長，不要說否定讀書與學歷的話，孩子將來要不要走學術的路，由他自己決定。孩子的學業進度及長期學習必定要靠老師及學校，我們只能教導他們「尊師重道」，如果在背後批評老師，比如：「你們的老師太較真了，有那麼嚴重嗎？我們換個學校好了！」「你們老師真沒水平。」「我覺得你們老師偏心。」但是，又叮嚀他：「到了學校就要聽老師的話。」那麼孩子該如何看待老師？如果又說：「開始上學了，你以後就沒這麼好命了。」「千萬別得罪老師。」「你不聽話的話，老師打你可是不會客氣的。」，這樣又醜化了、妖魔化了學校與老師，讓他對學校很先心生恐懼，這樣就阻礙了健康正常的學習。批評學校，除了讓孩子和老師的感情及信心被挑撥外，若再介入功課，告訴孩子老師教得不對，認為自己教的才對，同時就讓孩子在做功課時無所適從。學校、家庭和社會三者要形成和氣的教育網，要支持和鼓勵孩子愛學校愛老師。

「啊，念書有個屁用？念個什麼大學，只是要那一張文憑。我沒學歷還不是一樣賺大錢。」「考不上好學校沒關係，等你高中畢業了，我就讓你出國去念書。」「看，我買了這些彩券，等爸爸中了獎，你就不用讀書了。」父母若對課業的好壞不在意或加以否定，孩子也會不積極向學，甚至成績優秀也失去意義感。應試教育是無法消失的，不重視學業的想法不宜推崇。21 世紀裡，學歷已遭遇正面撞擊，因為學力比學歷管用，但正確的做法是推崇「學習」與「學力」，同時也要追求「學歷」。許多失學的成功人士，都在自傳裡強調，他們的成功靠的是在校園外的學習，他們沒有學歷但有學力，但「學歷」也是一種「學力」，許多人成功後，就會回到學校補回學位。求學階段的孩子若被教導「學歷」無用而沒有同步領悟「學力」的話，就讓他喪失成長的基本態度了。不要建立父母與「學校」、「學歷」之間的對立。

□ 人生邊戰邊走：讀書考試的同時兼顧生活，訓練自主適應壓力

父母越是催促孩子讀書、逼他嚴肅面對考試，越是盡職盡責幫他，就越會讓孩子喪失自主讀書的負責意識，讓孩子誤以為：讀書是唯一的重要，學習是替父母學的，考試是替父母拼的。既然是為別人做的事，當然就欠缺自己的動力了。要讓孩子明白讀書真的是自己的事情，父母最多給予一些輔助性的幫助，並且不要因考試而造成他是一家的中心特權的的錯覺。考試時必定會緊張，但學習的過程比分數及考試更加重要，不要用過分關切成績來增加孩子的心理負擔。要準備考試，也要正常吃飯、聊天、散步，因為這都能轉移注意力，進而紓解壓力。千萬別讓他只聽到你們說：「你只要好好念書；除了念書，你什麼都不要管。讀書最重要。」父母本是引導夢想與導航的人，一面要求讀書一面正常生活，孩子的人生夢想及自主就有了跑道。

□ 父母放輕鬆：讓孩子自然自動長大，不成才也沒關係

現代父母太緊張了，知識型的家長尤其是如此。所有的小孩子都是既有優點又有缺點的，請放心，即使沒有額外的鼓勵或支持，他們也都會自己、自然地長大。若真有「注意力缺乏症（ADD）、注意力缺乏多動症（ADHD）、胎兒酒精或藥物綜合症、自閉症、感覺統合失調、代謝紊亂、運動障礙以及發育遲緩……」的問題，當然就要交給醫生，但大部份的孩子都是正常的。孩子反正都會自然自動長大，建議家長不要太焦慮、太積極。我在 3 歲是還是個光頭女兒，我媽急得不得了，後來我的頭髮如雲，所以不要太早就為孩子下標籤，給雙方壓力。我常這麼無厘頭地勸「學習型、目標型」的父母：「有沒有可能你傾全力去栽培他，結果還是一樣？沒有有可能讓他補習了，成績不但沒進步，分數還退步？若是這樣，為何不選擇輕鬆少做？就算他不能成才，但你賺到了少花錢、少花時間、感情好，你們雙方賺到了輕鬆？這樣不好嗎？」不成才，說真的你也不敢斷言預言，成不成才，讓孩子自己負責。建議父母放輕鬆，少給雙方壓力：讓孩子自然自動長大！……父母常說的錯誤語言，多達 10 種，你都說過了嗎？懇請家長別再說錯誤的、有傷害性的、拒絕溝通的、打壓孩子想表達的話語，做完「複習」與「作業」，請開始有建設性的語言《親子乒乓球》，享受有笑有效又有孝的親子對話。

【複習】
曾經對孩子說過的、原本都是好意、但因此製造不必要壓力、今後要盡量減少重複的句子有那些：

【作業】這一堂課我學到的、將改變的是：
1/　　　　　　2/
3/　　　　　　4/

第 **9** 章

不要說
　　挑撥離間的話

9 不要說挑撥離間的話

挑撥離間手足、激起孩子認定父母「偏心」的誤會；挑撥離間家人、要孩子選邊站，惡化家庭關係；在配偶之間清算教養責任，讓孩子感到尷尬與負罪；肯定外人卻否定他；挑撥、否定他朋友；讓孩子對學校不信任；激化社會貧富階層；強化重男輕女思想……讓子女對親情懷疑、強化手足不和與親人矛盾的同時，也強化了仇富、隱藏式嫉妒、及兩面人的不良性格。於是父母就有了這些困惑：「為什麼我的孩子不喜歡交朋友、不愛說話？」「為什麼我的孩子不合群，也沒什麼朋友？」「為什麼家裡只有兩個孩子，但他們感情卻不好？」「我都公平對待小孩，但孩子總說我偏心。」「為什麼我的孩子在我的面前，和在他爸爸面前是兩個樣？」………想知道為什麼會這樣嗎？想知道是你說的哪些話造成這樣的現象嗎？冰凍三尺，非一日之寒，請停止不當語言，開始有笑、有效、有孝的親子溝通吧。

【挑撥離間的話的標準句子】

你是否曾說過以下這些句子？若有，就在 □ 裡打勾！

□ 為什麼你不像哥那樣用功？→挑撥孩子的手足認同。

□ 哥哥考試都考前 3 名，你不可以吵到哥哥的讀書。媽媽帶你去百貨公司買一盒彩色筆。→不但弟弟嫉妒了，同時哥哥因為必須讀書，又不能去玩，也沒有彩色筆，所以哥哥也討厭弟弟弟了，褒了哥哥貶了弟弟弟，可典型的「未蒙其利，先受其害」。

□ 你最喜歡誰？是爸爸還是我？→挑撥孩子對全部家人的認同。

□ 妳奶奶什麼也不懂，別聽她的話，否則媽媽不疼妳。→挑撥孩子對長輩的認

同。

□ 那你最喜歡誰呀？爸爸、奶奶、我，只能選一個！→挑撥三代之間的關係。

□ 你為什麼不像你班上的 ×× 那樣聽話（用功）？→ 在肯定別人時否定孩子，
　　結果讓孩子討厭了本來並不討厭的同學。

□ 你離 ×× 遠點，最好別和那群壞傢伙混在一起！→挑撥孩子對同學的認同，
　　並阻止了正常的友誼發展。

□ 如果老師欺負你，你就回來告訴我。→讓孩子不信任並藐視學校。

□ 你就是這個樣子，當然會被爸爸打；誰叫你不用功，難怪被老師罰站；
　　你活該！→落井下石。

□ 我對你們明明就一樣好，為什麼說我「偏心」？我哪有偏心？我哪有說哥哥
　　比你聰明（此地無銀三百兩）？→不覺察你老是在比較、挑撥他們手足之間的
　　差別。

□ 考這麼差？……沒關係，還有成長空間！（還有很大的成長空間）→表示：我
　　沒罵你，但你自己要知道，我認為你是應該要繼續進步（而且有進步很大）的。

第 9 章 不要說挑撥離間的話

【挑撥離間的話的延伸句子】

1 ★以下是挑撥離間手足、激起孩子認定父母「偏心」的句子。

□ 老大是沒話說，但老二就……　□ 你姐這麼乖，為什麼只有你不聽話？

□ 早知道就不生你，有聽話的哥哥就夠了。

□ 兒子（女兒）不如女兒（兒子）好帶。

□ 猜猜媽媽最喜歡誰？今天媽最喜歡你，因為你吃飯吃得比哥哥快。

□ 不懂？不會？那就死背啊！你妹妹就是死背也考 90 分啊！學學她啊。

□ 你哥哥、表姐、堂弟都這麼乖，為什麼只有你不聽話？

□ 男孩子，哭什麼！你不是男孩子嗎？你要讓妹妹笑話你嗎？

□ 我哪有偏心？我只不過因為老二比較小比較可愛，所以就比較疼他。

□ 當哥哥的，年紀大，應該讓弟弟。□ 吵什麼吵，再吵，兩個都處罰。

□ 一天到晚吵不完，你們有仇啊？要打，打死算了。我不管你們死活。

□ 你們是兄弟，要相親相愛，弟弟要尊敬哥哥，哥哥要友愛弟弟，懂嗎？還吵

什麼？ □ 誰說我偏心，我哪有偏心？

□ 你看，有弟弟你就倒霉了吧！哈哈哈，早知道我就不生他比較好吧。

□ (討人厭的鄰居或親戚) 啊呀！你媽媽要生弟弟妹妹了！以後你媽媽就沒法愛

你囉！□ 弟弟生出來後，以後你的玩具就要分一半給他哦。

2 ★以下是挑撥離間家人、要孩子選邊站的句子。

□ 你最喜歡誰？是爸爸還是我？ □ 對你最好的是我，對吧！叫我第一名！

□ 你長大以後，會孝順我吧，因為我對你最好。 □ 全家誰對你最好？

□ 那你最喜歡誰呀？爸爸、奶奶、我，只能選一個！

□ 我昨天都給你買玩具車了，你還是說你爸爸對你比較好？

□ 瞧你爸爸天天把妳捧上天？。他是哄你的……你別相信他。

□ 你說，你愛媽媽比較多還是爸爸比較多？

□ 你認為：媽媽比較愛你，還是爸爸比較愛你？

□ 你怎麼長得跟你媽一樣？連個性也一樣！真是的。

□ 你比較愛爸爸？你認為你爸比較好？那以後你就跟你爸好了。

□ 別怕，不要管你媽是不是又在生氣了，反正你有爸給你當靠山。

□ 這學期又考這麼差，等你爸爸回來，挨罵的又是我。

□ 你老爸對我們這個家、對你，一點也不關心，對吧。

□ 我已經管不動你了，都是讓你媽媽給慣的！

□ 你真討厭，老是叫我叫個不停，我懶得理你，叫你爸爸去！

□ 你們都一樣的不聽話；和你老爸一個樣子。

□ 你以為你爸很愛你？你別上當了！

□ 你如果只聽你媽媽的話，就別喊我這個爸爸！

□ 你是聽我這個做媽的，還是聽這個很少回家的爸的？

□ 死丫頭，哭什麼哭！又不是我讓你哭的，想清楚，讓你哭的是誰！

□ 這麼大了還不懂事，妳媽媽被你氣得快中風了，都是你！

□ 到現在才說這些有什麼用？一切還不都是你爸的主張，要怪就不要怪我。

□ 你在你爸面前講一套，到我這邊又講一套，你到底對誰會講真話？

□ 你爸爸每天都這麼晚才回家，難怪你這麼叛逆。

□ 你們都一樣的不聽話；和你老爸一個樣子。

□ 別怕你媽生氣，有爸給你靠，不用怕。

□ 如果你覺得你媽媽比較好，那你就認她這個媽不要認我這個爸好了。

□ 我和你媽媽，你最喜歡誰？媽媽？我都給你買玩具車了，你還是說你媽媽
好？ □ 都是你，待會等你爸爸回來，挨罵的又是我。

□ 這麼大了還不懂事，快去叫妳媽媽別哭！

□ 你喜歡你爺爺？他喜歡你嗎？你從小他就不抱你，你不知道嗎？

□ 有奶奶替妳作主，用不著怕妳媽媽！

□ 妳是聽你媽媽的，還是聽姥姥的？

□ 妳奶奶什麼也不懂，別聽她的話，否則我就不疼妳……

□ 你如果只聽爺爺的話，就別喊我媽媽！

□ 死丫頭，哭什麼哭！還不快去請奶奶別生氣！

□ 你爺爺一直看不起我，你看不出來嗎？

□ 有爺爺替你作主，用不著怕你爸爸！

第9章 不要說挑撥離間的話

3 ★以下是在配偶之間挑戰教養責任，讓孩子感到尷尬與負罪的句子

□ 你有本領？以後孩子就全交給你管好了！□ 都是你，孩子才變成這樣！

□ 孩子越來越不聽話了！你到底管不管孩子？

□ 我是懶得管了，這是你的兒子，你管，我不管！

□ 你這老媽這麼不負責任，你還關心你的寶貝兒子何時回家嗎？

□ 你有本領？以後孩子就全交給你管好了！

□ 如果我們離婚，你要跟誰？想清楚。

□ 孩子又不是我一個人的，為什麼他一回來，我也跟著挨罵？

4 ★以下是肯定別人而否定孩子的句子

□ 你怎麼就不能像別人一樣呢？你看別人家的孩子，能自己吃飯，整理玩具也是自己做。 □ 你看隔壁的小華，比你厲害多了。

□ 你為什麼不像你班上的 ×× 那樣聽話（用功）？

□ 你該多向 ××× 那樣聽話（用功、努力……）？

□ 好好學習！看看 ×× 多好呀！□ 為什麼你不能學學大伯家的規矩？

□ 你看 ××× 多乖啊！多聽話啊，哪像你？

□ 這麼簡單也答錯？你總是這麼粗心，瞧，×× 就比你細心多了。

□ 真丟臉，你怎麼考得比 ×× 那麼笨的人還差？

□ ××× 是學校代表，××× 是班長，你什麼都不是也沒關係，至少你不要闖禍啊。 □ 你看，人家多能幹，你只會玩。

□ 他沒補習，你有補習，竟然考這種分數，真不知道你以後還能做什麼。

□ 你明明比 ×× 聰明，竟然考試輸給他？你說，為什麼？

5 ★以下是挑撥、否定他朋友的句子

□ 不要帶朋友到家裡來胡鬧！□ 你不要相信 ××……他都是假好心。

□ 你離 ×× 遠點；也不准跟 ×× 交朋友！

□ 你離 ×× 遠點，最好別和那群壞傢伙混在一起！

□ 你老是跟 ×× 一起玩？你看，你就變壞了。

□ 你看，現在你跟他一樣，變得一樣笨了。

□ 也不過是他家有幾個臭錢，上學時少跟他來往。

□ 不要告訴那個 ×× 你在家有補習，這個學期你要趕過他。

□ 你看看 ×× 的衣服，他的父母一定太不負責了，竟然讓他穿有破洞的褲子。

□ 不要理那些窮人家的小孩，他們不和我們在一個檔次上。

□ 他有什麼了不起，還不就是他爸爸靠關係當上官的？

□ 不就是有錢嗎？有什麼了不起！

□ 我們是憑本事考上，聽說你那個同學是走後門進去的。

6 ★以下是讓孩子對學校不信任的句子

□ 如果老師欺負你，你就回來告訴我。

□ 不要得罪老師，不然你在學校裡就會有麻煩。

□ 別相信老師說的，他們就是想多收費就對了。

□ 你的老師就是勢利眼，只把送禮獻殷勤的家長看在眼裡，根本就沒把我們當回事。

□ 家庭作業沒寫沒那麼嚴重，你爸只有小學畢業不還是一樣買房買車！

□ 你們老師太糟了；你們老師真沒水平。

□ 老師為什麼不喜歡你？他老是刺你？是不是因為我們沒有送禮？

讓「挑撥離間的語言」出現的原因

□ 矛盾的家人關係：大人會逼孩子「選邊站」

有些大人老愛要孩子表態：「我對你最好了，對不對？」「你比較愛我，還是愛爸爸？」「你喜歡你外婆還是奶奶？都喜歡？外婆比較好，姥姥不是對你不好嗎？」而且還軟硬兼施要孩子選邊站：「我和你媽媽，你最喜歡誰？」「爸爸媽媽你比較喜歡誰？」、「你最喜歡誰？是爸爸還是我？」「全家誰對你最

好？」「對你最好的是我，對吧！叫我第一名！」「那你最喜歡誰呀？爸爸、奶奶、我？要說實話，只能選一個！」「你長大以後，會孝順我吧，因為我對你最好。」……大人的爭功邀寵，讓孩子成了三明治的夾心。第一次孩子不懂，可能如實回答，結果也許招來一頓奚落：「我都給你買玩具車了，你還是說你爸爸好？」不久孩子就懂得了「不該說真話」，他開始學會了誰問他就說誰好，免得當場被罵而吃虧。逼孩子表態選邊，孩子學會了要說大人愛聽的奉承話，從此他不再講真話。教孩子說別人期待的話，誘導了孩子學會要說假話、學會與「現實的環境與家庭的矛盾」妥協。如果家長平時應對人情世故，表現的就是人前一套背後一套，那麼孩子看在眼裡記在心裡，早早就學會了虛假與說謊。

□ 要孩子選邊站，是一種聲東擊西與指桑罵槐

「長得跟你爸一樣，個性也一樣！真是的！」「你老爸對這個家、對你一點也不關心，你說對吧？」……這是一種聲東擊西、指桑罵槐、強迫選邊。大人的批評與較勁，讓孩子經常要表態自己是「哪一國、哪一邊」的，這也真是難為了小孩。老實的回答讓他倒楣及得罪人後，以後他就學會了沈默或說謊，你怎麼問他他就是木然地不回答，因為他要自保。「你比較愛爸爸？那以後你就跟你爸好了。」「不要理你媽，管她生氣不生氣，有老爸給你當靠山。」把婚姻裡的矛盾轉嫁到無能為力的孩子，孩子要在這樣的屋頂下討生活，真是太辛苦了。家長有意識的挑撥較勁，都在教導孩子學會做虛偽的人來明哲保身。所以，兩面人、馬屁精、鄉愿就這麼出現了。

「挑撥離間的語言」的後遺症

□ 挑撥出來的「冷漠求生術」：不說真話也不選邊

離婚率節節升高的時代裡，孩子會被問：「如果爸爸媽媽離婚，你是要跟爸爸還是要跟媽媽？想想，跟你爸（媽）你以後會有好日子嗎？」如果並不是真的在

談離婚，何必說這麼愚蠢的話呢？如果已經真的在談離婚，更不該說這些挑撥的話來讓孩子無所適從。不可否認，社會上有人是「人前一套，背後一套」，孩子看在眼裡記在心裡，他自會觀察學習，不用大人明言教導。學會了說奉承話、不要講真話、不必講真話、知道大人愛聽什麼話就說什麼話，其實這也一種學習。為了求生，不說真話也不選邊才是上策。這樣的孩子，在父母看來是冷漠，殊不知是自己造成的。

口 男人也成了挑撥的角色

當前父權衰退的緣故之一，就是離開「三從四德」時代，女人敢於對抗男人了。強勢的母親會批評父親，挑戰孩子對父親的崇拜，讓這種弱勢父親沒能再「齊人驕其妻妾」。本來挑撥好似是女人的技能，但處於弱勢的父親被矮化身份，降低威信，這種失落會讓父親也淪為挑撥孩子情感的人。難解、無解的家庭矛盾，不該為難孩子得明確表態選邊站。在社會上「選邊站」是個難題，在家裡也得「選邊站」更痛苦。

口 「兩面人、馬屁精、鄉愿」源自何處？

孩子的說謊行為往往是大人「教」與「鼓勵」出來的，大人訓練小孩說謊的原因有好幾個，其中一個就是父母曾「挑撥離間」，讓孩子失去對家人的信賴，讓孩子學會了對家人不要說真話。「兩面人」兩面說話，不說一樣的話，很快地就會造成行為也是兩面的。因此，有些孩子在學校很勤快，但在家裡做小皇帝小皇后、不肯幫忙做家事；有的孩子在學校對老師同學都很守禮，但回到家裡卻像霸王暴君，甚至對父母不孝、刻薄、出言不遜甚至辱罵毆打家長，這都是因為他學會了「在不同人的面前應該有不同態度」所致。成人世界的不良習慣過早地影響孩子，讓孩子使用過於成熟的態度去看待世界，小大人般地用大人的思維去思考事情、衡量輕重，這讓孩子失去童真。

☐ 多問多挑撥：沒生老二之前就造成手足不和

思考該不該生老二（或老三）時，不聰明的家長竟然去問老大的意見。新聞出現了，老大不同意，竟用尋死來要挾父母不得生老二，即使父母一再保證：老二出生他們還是會愛老大，不會偏心的。這就是沒事找事的自我挑撥、把家庭的重要權柄送到小小年紀的小孩手上，讓還沒出生的老二就成為老大爭寵嫉妒的對象。網絡上有這麼一段：「小學生的作業是寫『家規』，規定爸爸幾點回家、媽媽不得如何如何……」就得到了許多「讚」，真是角色錯亂。家庭大事，當然是父母做主，讓孩子接受就好。多問多挑撥！少問不問無挑撥。不要沒生老二之前，就造成手足不和。

不讓「挑撥離間的語言」出現的方法

☐ 給孩子「有安全感的人際關係網」

世上的問題，都是「人」的問題，但人的問題比人多，人際關係決定一個人的幸福指務。對小小年紀的孩子而言，一個有安全感的人際關係網是非常重要的。每個人都須要感到安心的社交網，人際網，這個關係網是他的定位及安全感來源。信賴父母、同學、老師、世界的人，就是最幸福的人；在家裡活在安全感之中，這是最基本的需求。父母要試著給孩子這份禮物，讓他在家裡無須面對關係的破壞及挑撥。每個家庭難免都有其矛盾，我們只能盡量簡化、單純化關係問題，盡量不要說彼此衝突、破壞信賴、有所挑撥的話。

☐ 區別、區隔「家庭」與「社會」

社會上當然有潛規則、有自私、世俗、虛榮、欺騙……等等黑暗負面的東西，孩子遲早要面對社會真相。就因為社會上有黑暗面，所以家庭是一塊淨土地基。一個單純的家庭、簡單明朗正面的關係才能讓孩子有個安全感的人際關係網，助他在面對人性及世界不完美時有抵抗能力，才能把恐懼感降到最低。所以要

區別、區隔家庭與社會的不同，如果家裡也要勾心鬥角，也要防備「暗算」「挑撥」、也要過著如同「甄嬛傳」宮鬥戲的日子的話，那就太恐怖了。

口 別逼孩子選邊站：不要挑撥離間家人的關係

給孩子有安全感的人際關係網，較勁的家長不要經常要求孩子「選邊站」。別逼孩子表態：「你最喜歡誰？是爸爸還是我？」不讓孩子左右為難，以免他與一邊親熱時會有恐懼感或負罪感。有的小孩在和某一邊家長親熱時，會避開另一個家長耳目，目的是要求自保。人生最單純的關係應該是家人關係，如果家人之間都要勾心鬥角、都要較勁、要分「派別」的話，生活就累了。不要讓大人之間的矛盾影響孩子的立場及態度，禁止挑撥離間的氛圍造成孩子的焦慮及說謊。人情世故，有「人前一套，背後一套」的時候，孩子看在眼裡記在心裡，他自會觀察學習，不用大人明言教導。學會了說奉承話、不必講真話、不可講真話、知道大人愛聽什麼話就說什麼話，其實這也一種學習。孩子學會了「見人說人話，見鬼說鬼話」、「誰問他問題就說誰好」的「求生術」，也是一件好事，重點就是大人不要去挑出孩子說話不一的問題，要他明確表態選邊站，這樣實在是太為難小孩了。

口 可以扮黑白臉，但不要真的黑白相向

管教可以不一致，通常管教也不可能一致，但切忌製造不同管教的人的彼此身份衝突與較勁對抗。可以「一個嚴、一個鬆」或各自唱「黑白臉」，你可以笑著說「你爸爸疼你，我可是不會饒你的」但不要追加上一句「我看你爸能怎樣」「看著吧，最後聽誰的！」因為這一句話就成了挑撥與衝突、另有所指的遷怒行為了。爸爸可以強調自己對孩子好，但不要補上一句「你媽媽就不夠好」「別理你外公外婆的那一套」自古以來，夫妻、婆媳、姻親妯娌之間難免有衝突，很正常。小家庭紛爭矛盾更直接，這些大大小小的定時炸彈經常爆炸，就會讓

孩子如驚弓之鳥。父母不要對家庭矛盾小題大作，神經過敏。在三代複雜糾結的關係中，逼孩子「選邊站」，逼孩子評價，這樣的家庭生活，多麼地讓孩子緊張啊。我們要盡量減化、淡化、不要讓子女介入大人的矛盾。孩子的想要的，只不過是父母都愛他，因為他想愛爸爸又愛媽媽的。「你老爸這麼不負責，你還關心他何時回家，你有病啊？」「你喜歡你外婆嗎？她喜歡你嗎？」這樣根本就是「不是要答案的陷阱假問題」真是差勁，有必要問嗎？父母可以扮黑白臉，但不要真的黑白相向！

口 預防「偏心」的誤會

經常被「挑撥」的孩子見不得人好，見不得別人被讚美。前面提到過：不要讓孩子活在「對照組」的陰影裡，因為最麻煩的就是「比較」。「誰說我偏心，我哪有偏心？」你越說沒有，他就越覺得你就是偏心。調查的結果：90% 的孩子認為父母親不疼愛他（她）而偏愛兄姐或弟妹，2/3 以上的女生認為母親不愛她而偏愛哥哥或弟弟，2/3 的男生認為父親偏愛姐姐和妹妹。手足不和，讓親子關係也不幸福。手足不能兼容的下場史上最慘烈的，就是最著名的七步詩：「煮豆持作羹，漉鼓取作汁；其在釜下燃，豆在釜中泣；本自同根生，相煎何太急。」雖然此詩使曹植免受斬首的大刑，但終因哥哥的再三刁難後來抑鬱而死。在生育人口有限的時代時，手足是非常珍貴的，但手足竟然會不合，就是因為感到資源的分配不均，「不患寡而患不均」，於是反而造成「偏心」的誤會。有個小學生在作文中寫著：我長大後「要遠走他鄉，不但要改名，而且要改姓」，而其中原因只是認為父母偏愛家中的老二，咬定了父母的偏心，就是最大的心魔。預防之道，就是在教養他時，不要做比較。

口 不要挑撥離間孩子與外人的友誼：否定他的朋友就形同否定他

人的存在感，起先建基於家人，接下來就是建基於親密的朋友。「不要和

×××玩，他是壞小孩。」「×××成績那麼差，你不要和他在一起！」「小心，×××會偷你的錢。」「你離×××遠點，最好別和那群壞傢伙混在一起！」「不准跟×××交朋友！」……若他認為你說的不是事實，那麼他會一面衛護自己的朋友，一面會對你心生反感。若這樣武斷的指令挑撥成功，會讓孩子日後對同學心生恐懼與排斥。「你跟×××一起玩？你看，你就變壞了。現在你跟他一樣，變成壞孩子了。」如果是老師在全班同學面前這樣說，那後遺症就更大了。因為：日後孩子若還和×××做朋友就有了壓力；若不再和×××做朋友，就有了罪惡感；而×××也被傷害到了。×××被貼了標籤，孩子想要義氣相挺的話，很容易一起被打成壞孩子。真情流露、掏心挖肺、肝膽相照的好朋友，卻被家長或老師批評或攻擊，這孩子就學會了保留態度的假面習慣。爭取友誼並不容易，如果火上加油：「你為什麼就是不能和同學好好相處？」「如果你這麼不講理，那你就一個人玩好了。」就有了新壓力。不要挑撥離間孩子與外人的友誼，因為否定他的朋友，就形同否定他本身，否定了他的判斷力。

□ 不要錯誤表揚別人：不要暴露自己的錯誤判斷

不要挑撥離間他和朋友的關係，也不要用肯定別人來否定你的孩子。在你高度肯定別人時，等於是在展示你的判斷力。比如：「你該多向×××學習！」「你看某某多好啊！多聽話啊，哪像你。」這類說法往往是只看表面的、先入為主的、沒有根據的比較，有可能你讚美的孩子，是孩子群最讓人討厭的一個。你沒有和那個孩子相處，而他知道那個孩子的真面目，你還要孩子向他學習？就會被孩子瞧不起你的判斷力及眼光，同時他會因此更討厭那個孩子。錯誤的表揚，不管對別人還是自己的孩子，都會被孩子看不起。多少高官達人巨富，前一天還在媒體上侃侃而談，後一天就新聞爆光醜聞，中箭落馬，人不到最後，好壞難斷。所以肯定一個人時，最好保留一些，別用肯定你不確定好壞的別人來否定自己的孩子。長他人的威風，滅自己的志氣，這也是一種挑撥離間的行為。

□ 接納「重視同儕甚於父母」：這是成長的必經過程

批評孩子的同學，會讓他不知所措，不知該和誰交朋友；若對他喜歡的朋友加以批評或阻擾，就等於是否定了他的審美觀及價值觀；若公開阻擾他們交往，也是一種公眾羞辱，愛面子的孩子肯定會有強烈的反彈。渴望、重視同儕關係的青少年，為了捍衛自己的朋友，有時候會選擇和父母翻臉，這是青少年成長的過程。父母想挑撥他和朋友的關係，通常不會成功，而且還會讓孩子更堅定與外面朋友的感情。同樣的道理，父母反對的結婚對象，會讓子女更覺得那份愛情的偉大。父母不斷阻止孩子與人交往、挑撥意圖成功的話，就會養成孩子孤獨的習慣，讓孩子就成為一個缺乏友誼的人。所以父母要接受孩子重視同儕甚於父母的成長過程。

□ 不要剝奪或阻礙孩子重視的友誼關係：人人需要同儕的「歸屬感」

善待孩子的朋友就是善待孩子，不宜以功利的態度來阻止孩子交友，更不能簡單地以學業成績的好壞做為選擇交友的標準。不可以說「某某的學業成績那麼差，對你不會有什麼好影響的！」一個人的人品好壞不能能用分數來衡量。學習退步，要找自身的原因來反省，不能指責其他人。把孩子退步的原因歸結為受了「壞孩子」的不良影響，是推卸父母和孩子本身的責任。從「朋友」那裡得到心理上「補償」的孩子，會增強對家庭的厭惡及對父母仇恨的反抗情緒。由童年到青春期，孩子的需求包括友誼，這是他們的精神食糧；沒有同儕關係就是一種人生缺憾，只有父母的愛而沒有團體和同伴的接納是很痛苦的、是寂寞與孤獨的。如果從小父母就灌輸他排斥、戒備朋友的觀念，日後他就會成為宅男宅女。無法與人合群的人，往往會有悲劇人生。沒有朋友，不會交朋友，會造成孩子心理上的「歸屬感」的匱乏，會讓壞朋友更有吸引力。同儕的關係是再親密的父母也給不了的，所以不要批評孩子的朋友或阻止他的交友，不要

剝奪或阻礙孩子重要的友誼關係。

口 向孟母學習「孟母三遷」而不是阻止孩子交友

與其告訴孩子不要和某人做朋友，不如協助他改變社交圈，或提供其它的交友選擇。古代孟母就具體採取行動：她搬家換環境，留傳下了「孟母三遷」的母教事跡。如何轉換孩子的需求及環境？最直接的就是給予一個良好的家庭環境及其它朋友圈的選擇。家庭以外的關係，可以補家庭的不足。人是因為與同儕有同樣的穿著，用語，感受，需求，默契和理解，才找到社會性的歸屬感及存在感。所以，要保護孩子的社交圈，要鼓勵孩子交朋友，而不是挑撥孩子與朋友的感情。不但不要阻止孩子交朋友，最好還要鼓勵彼此到對方家裡做客，這是鍛鍊待人接物的最佳學習機會。環境影響至大，真的有必要時，就要「孟母三遷」。

口 維護「尊師重道」而不是妖魔化學校

當代教育危機之一，就是「受教」變成一種消費行為，間接地對老師及學校產生了「不信任」、進而「不尊重」態度。一方告訴孩子：「老師如果不認真教學，我們就換學校。」「這個家教是我們每個月花錢請來的，他如果遲到我們就扣錢。」讓孩子覺得自己是「消費者」，可以要求及批評老師的服務質量。想想，如果在孩子上學之前就有這樣的印象，等於是讓孩子一開始就沒法對老師、學校有好印象，就讓孩子不尊重學校與學習，讓「傳道、授業、解惑」的功能大打折扣。另一方面，父母無意識地暗示孩子「千萬別得罪老師」「你如果不乖，老師是會打你的」「等你上學你就知道你沒好日子過了！」……這類醜化學校及老師、將之妖魔化的話，讓孩子對老師及學校產生恐懼與戒備心理。「尊師重道」，有利更多的人幫助你的孩子成才。

□ 不要建立老師勢利眼的印象

不要建立與學校的敵對立場，要培養孩子對學校及老師的信賴、信心與好感，不要挑撥師生間的關係。「不送禮老師就會對你不好」，或是明言「老師就是勢利眼，只照顧送禮家長的小孩。」「開學前送老師一點禮物，這樣老師以後就會對孩子好，不要忘記了！」「老師偏心，我們找校長說去。」「才不相信老師說的，他們就是想多收費就對了。」「千萬不要惹老師生氣」……這些醜化學校的、不經意的夫妻交談，會影響孩子對老師及學校的印象，甚至讓孩子害怕老師。師生關係好，不該是靠送禮及巴結，老師都是有教無類的人才會選擇這個職業。惜才養才，不期待收家長禮物的教師居多。別讓「討好巴結」心態出現，沒有能力送禮的家長，不要有酸葡萄心理，勢利眼的老師只佔少數，不要讓孩子看不起老師，勢利眼的老師只佔少數。

□ 不要挑戰學校及教學法：讓孩子適應學校與老師有助學習

「家庭作業沒寫沒那麼嚴重，你爸只有小學畢業不還是一樣買房買車！」否定學校和老師，以對立的角度去處理與校園的關係，對孩子沒有好處。「不對，你老師教的不對，我教的才對。」父母不該介入學校的教學，若父母也擔當老師的角色，就會讓孩子不知道該聽誰的才對、才好。挑戰學校及教學法的做法，徒增孩子的困惑。學習是快樂的，學校是美好的，老師是善意的，父母一定要在孩子對學校有這樣的印象。這是公認的學習理論：當我們喜歡一位老師時，就比較會喜歡這個老師所教的科目，這是一種移情作用。人才的產生，除了父母的啟蒙外，良師益友的幫助是非常重要的。唯有借助老師的教學熱情，才會教出人才。讓孩子期待上學，認定老師會喜歡他、學校很好玩，有助日後的學習。要子女成才的父母，一定要尊師重道，不挑戰學校的管理及教學法。

□ 父權衰退 & 教師權衰退不是好事

當前父權衰退的原因之一，就是離開「三從四德」時代，女人與男性平起平坐，有能力及勇氣對抗男人了。強勢的母親會批評父親、挑撥孩子對父親的崇拜，父親被矮化身份，讓父親的威信大為降落。以前家長對老師也是崇敬有加，現在會批評老師，把接受教育當做消費行為，讓孩子看不起學校及老師，讓「尊師重道」的美德受到打擊。但醜化父親及老師對孩子的一生都不利。所有快速成功的人都會告訴你，良師益友是他們成功的重要元素之一，一個良好的父親形象也是關鍵。心中有像山一樣的父親，像海一樣的老師，能讓孩子長得又高又大又快！靠自己，很慢；靠貴人、靠老師的教導、提攜及引薦，就會「馬上成功」。你跑得再快，也比跛腳的馬慢。父權衰退，及教師權衰退，都不利孩子的學習與成材。

□ 不要培養「仇富」與「嫉妒」心

要注意：嫉妒是人之天性，我們至少不要培養它、強化它。當別人比自己強、比自己好、比自己的東西多時，要培養樂觀其成的心態，要預防孩子的嫉妒心滋生。父母愛比較，就等於是挑撥出孩子的競爭心、嫉妒心及鬥爭心。因為匱乏，傳統社會看到別人擁有的就羨慕嫉妒，結果，在過去的歷史中，形成一股仇商、仇富的心態。比如「為富不仁、十商九奸」「九商十丐」的說法，古人的愛錢但恨有錢人的心理，曾把「商人」打到最低下的社會位置上。富有到某個程度就會被打壓，這種起伏情況在歷史上不斷出現。但是，歷史明鑒，凡是仇商仇富、閉關鎖國輕商的朝代，就必定加速衰敗及滅亡。歷史借鏡，我們要從家教避免重演仇富，不要挑撥、強化嫉妒與仇富心理。

□ 不要再繼續「用權力掠奪」的民族性

過去，地位、權力及關係代表著「可以去掠奪別人」的特權，但真正的權力，代表的是有能力、有責任去為人做更大的貢獻及更多的服務。21 世紀的我們一

定要改變傳統習性，要認定：權力不是掠奪的工具，而是服務的機會與責任。這可以靠家長在家裡不再說那些挑撥貧富感情、激化階級矛盾的話。保留美好的美德，去除傳統中不良的系統，由家教做起！

口 二胎時代來臨：不要問老大「要不要生老二」

能夠生二胎，是好消息。家長們的新功課：如何讓老大老二和睦相處。在自以為民主的家裡庭，父母問孩子該不該生老二，是不適當的。「沒事找事」「製造問題」的父母，會自找麻煩，傻傻地問老大：「要不要生老二？」或是「你喜歡我生弟弟還是妹妹？」根據調查超過一半以上的人，對於要不要生老二，都會徵詢家人的意見，除了會問長輩、配偶的意見，也會問孩子。調查結果顯示，父母會因老大的意見而決定生，或不生。即，若孩子表示不要，就會考慮不要，但這是錯誤的做法。該不該生老二，本來就是大人的事，就是一件自然而然的事，是成年人要成熟考慮的事：經濟問題、照顧問題、家庭空間問題、婚姻問題，時間問題……是大人要考慮，不是孩子要承擔的。而老大既然不是老二的經濟供養者及照顧者，應該沒有權利及立場回答這個問題。事先不要問，生或不生都好，大人自主決定，不就沒事了嗎？父母不要怕老大不高興，你怕老大生氣，老大就成為決定者。而這樣的話，家庭做主的人就亂套了。到底誰是大人，誰是家長呢？目前社會倫理的問題，就來自於家長的角色錯亂，由「和孩子做朋友」到「問老大要不要生老二」都是角色錯亂的行為。做了決定後告訴大家，且讓每個人都歡喜迎接這個未來，那麼老大就會在這個情境下自然而然接受這個決定。父母做主，孩子接受。很簡單！

口 二胎問題：問對人，才能解決問題

要諮詢別人時，先要確認對方是合適的對象。企業找顧問，先要問對方是否具備商場經驗及資格；要買手機的人，一定是問懂手機的人，而不會問沒有用過

手機的人。問的對象不對，會有後遺症。太太問先生：「我可以買這個東西嗎？」若先生說「不可以」，但太太還是買了，平白讓先生覺得「既然我說不，你還是要買，那你是故意氣我，還是藐視我？」先生如果問太太：「我可以去打牌嗎？」若太太說「不可以」，但先生還是去了，請問太太是否也會不高興：「既然這樣，那你問我乾麻？以後不要再來問我……」。要買新房子時，不會去問子女「我們該買嗎？」孩子連話都說不清時，父母也不必問：「我們家晚上吃飯 6 點還是 7 點好？」……，父母是家中做主的人，不必讓還不懂事的小孩來拿主張。生孩子更是夫妻自我負責的大事，除了雙方的長輩、同事朋友醫生之外，不該也不宜由小孩來做決定。問幼齡孩子該不該生老二？對象搞錯了。一個小孩，完全不具備回答「該不該生老二」的條件與權利，卻被問了這個問題，無論他說「要」或「不要」，都是沒意義的事。如果問了，孩子也表態了，那就可能產生好幾種後遺症。

口 二胎問題：如果孩子說「要生」……

接著有幾種結果。第 1 種是你也就決定生了，日後，你說，「是我的孩子讓我生的」你的孩子說：「因為我同意所以媽媽才生了我的弟弟 (妹妹) 的」……這種說法，是否很可笑？讓人覺得你家做主的是個小孩。他日老二聽了，感到「自己的存在是由哥哥 (或姐姐) 決定的」，而手足的感情好或不好，會決定他的感受如何。第 2 種結果是，孩子說「要生」，但你卻決定不生，孩子會很失望、甚至生氣，這就是沒事找事，因為如果決定權還是在你手上，那當初何必去問他？這等於是開他的玩笑啊；第 3 種結果是，你竟然生不出來，這讓孩子多麼失望啊，你掀起了他的討論及熱情，但結果是零，等於白說。還有，因為你不能決定老二的性別，所以也不要問孩子「你喜歡弟弟還是妹妹？」若老大說了他喜歡弟弟或是妹妹，結果你沒生出他要的性別，不懂事的天真孩子也會生氣。

□ 二胎問題：如果孩子反對你生……

「我不要弟弟，也不要妹妹！」「我不准你生！」甚至用激烈的方式來反對（新聞裡已有孩子用「死」來相逼，不准父母生老二），會有哪幾種結果？第1種是你果真就不生了，這讓孩子覺得他在家裡是說話的主子，他說了算，可以決定這麼大的事，從此家庭角色身份更亂了；日後說成「是孩子反對，所以我沒有再生」，想想看，多年以後你的這種說法，是否會造成老大的責任及壓力？是否傳達了你的後悔及遺憾？孩子哪裡承受得起呢？若父母很想生老二，卻因孩子堅決反對而只好不生的結果很複雜，一種是你就這麼接受了，日後看到別人家有老二若不會羨慕，那就還好；若你很羨慕且後悔時，那就麻煩了。當你後悔時，可能已年紀太大，沒法生了，日後你們談到這份後悔與遺憾時，孩子如何自處？你可能會怨他，他也可能會有負罪感，也可能依然理直氣壯。無論是那一種，你家沒有老二，即使你嘴上說不怪他，但他內心必然感到有責任。因為老大反對而沒生老二，老大長大後懂事了，第一種可能是感到對你的遺憾心生愧疚，第二種可能是為了掩飾而故意施展對你的不滿，甚至會說「是你自己不生，還來怪我？」……啊，沒事找事。另一種狀態是，老大明白表態抵制且堅持大鬧不要老二，但你們不顧他的激烈反對，還是去生了，想想老大會不會抵制老二？他會不會抱著敵意來迎接老二？這可能會加深日後手足的怨恨，種下不合的種子。

□ 二胎問題：不要說「我對你們的愛是一模一樣的」

不管會不會生老二，千萬別向孩子強調保證：「我對你們的愛是一樣的」「將來弟弟（妹妹）生出來我對你們的愛都會是一樣的」……不管是在準備懷胎時，還是已懷孕時對老大這麼說，都將製造未來的手足不合或家庭不和。為什麼？因為，「我對你們的愛是一模一樣的」是不現實、不可能發生、不可能做到的啊。世上沒有絕對平等的事，誰都沒有可能對每個人有一模一樣的對待。父母對不

同的孩子，一定會因為孩子的年齡、性格、性別、當天的表現而有不同的對待。本來孩子並未預期有一模一樣的待遇，可是父母在懷二胎前就主動向老大強調他的權益不會受到一丁點兒的影響，這種「爸媽對他保證對他的愛一毫不減」的話，孩子當然就照著父母的「承諾」去檢視父母的付出。結果，就一定會找到沒有兌現之處而不高興了。父母強調一樣的愛，就讓孩子有了期望而成為一個小心眼的人。時間上一定會重新分配，家庭的空間也會調整，感情的付出一定有所消長，父母應該是讓老大知道日後家裡的狀況會大幅改變，要老大一起開心地迎接日後不同的關愛。事先提早打這種預防針，反而能培養成熟的「老大個性」。強調一樣與公平，只會讓老大心生期望、開始計較與比較。二胎時代，不要一開始就製造兩個孩子的緊張關係與期待心理，就要由不要對他說「我對待你們兩個都會一樣」開始。二胎家庭要學的是「排行學」教養法，因材施教，因排行序而給他們最適合的教養。我們當然不會對老大說「以後我不愛你了」「以後愛你會變少了」，因為這更是沒事找事，世上沒有這麼無聊的家長吧？我們只要不要主動強調說「會一樣」就好了。

口 世上沒有平等，只有平衡

不要強調「平等」，我曾寫過一篇文章，多達 20 多個雜誌報社等媒體轉載，文章題目很簡單，就是「世上沒有平等，只有平衡」是的，凡是越主張平等的地方，不平等的情緒就越多，社會就越不安定。「平等」是必須的也是應該存在的，但那只是社會上 (1) 法律、(2) 教育、(3) 機會、(4) 待遇的平等 (但事實也無法做到百分百)……，除此之外，世界、社會、人類在生理上、心理上各方面上來說，從來都沒平等過，我們只能努力不斷地去「平衡」。生出來的孩子有胖有瘦、有高有矮，有健康有殘疾。何況，家庭是個根本就不平等的組織。有許多人誤以為所有的人際關係都該有絕對的平等，結果就造成了許多強烈的「預期失落」與「失望」。而這都是我們大人自己沒事找事、製造出來的多餘的事。「平等

「意識」越強的人，越是會明察秋毫地檢證別人是否有偏心及不公正之處。

□ 二胎問題：不要讓外人來挑撥手足關係

生老二或老三，是喜事。大人仔細考慮決定後就宣佈，不要製造老大的壓力及困惑。挑撥的人，包括外人，小心多嘴的三姑六婆。「你看，有弟弟你就倒楣了吧！哈哈哈。」「啊呀！你媽媽要生弟弟妹妹了！以後你媽媽就沒法愛你囉！」「有弟弟妹妹以後，你媽媽就沒時間陪你了。」「你家馬上就有老二囉，以後你的玩具就要分一半給他哦。」準備二胎的家庭，最怕遇上這種熱心的「熱心人物」，因為他們會隨口嚇唬小孩，他們挑撥的話讓老大害怕、心生對老二的排斥，等於是預先製造手足的緊張關係。父母和親友千萬不要讓老大有「日後必須和老二做競爭」的想法，所以要避開這種挑撥的人，以後遠遠見到這種「三姑六婆」，最好就趕緊帶著孩子繞路避開這種「大嘴吧」的人。……父母常說的錯誤語言，多達 10 種，你都說過了嗎？懇請家長別再說錯誤的、有傷害性的、拒絕溝通的、打壓孩子想表達的話語，做完「複習」與「作業」，請開始有建設性的語言《親子乒乓球》，享受有笑有效又有孝的親子對話。

【複習】曾經對孩子說過的、原本都是好意、但因此製造不必要壓力、今後要盡量減少重複的句子有那些：

【作業】這一堂課我學到的、將改變的是：

1/

2/

3/

第 **10** 章
不要說讓他無所適從的話

10 不要說讓他無所適從的話

「為什麼我跟他說話，他總是一臉茫然的樣子。」「什麼都不說，說了他，就呆呆地看著我，像個呆瓜一樣。」「看著他就氣，一點兒也沒反應。」「優柔寡斷，做事猶豫來猶豫去，看了就讓人煩心。」「為什麼孩子沒有主張？這麼地不主動、不積極？」「為什麼孩子這麼膽小？而且常常沒有立場，好怕他將來進入社會就會被人騙！」……許多父母感到孩子的茫然、死氣沈沈、無所作為、甚至是沒出息，這都是錯誤語言造成的。比如：以拐彎抹角的問句方式指出孩子的缺點進行揭短；針對他的表現向他質問、質疑、挑戰、挑釁；以嘲笑、挖苦、諷刺、雙關語、幸災樂禍、既褒又貶的「三明治說法」讓孩子困惑；夫妻較勁鬥氣；出爾反爾、此一時彼一時、前後不一、爸媽態度不一；不讓孩子主張，搶著幫他表達他的意願、強行把大人的意願套在他頭上；用名字、小名、綽號、外號來攻擊他的生理、身體、長相、美醜特質……這些複雜語言表達了父母的錯亂角色，會造成孩子對身份及價值觀的混淆，因而成為定位迷茫的人。

竟有會出賣孩子的父母？父母批評孩子應該是關起門來，但有些父母竟會對外出賣孩子，讓他在外人面前丟人現眼，讓他不知如何自處，日後無法面對同學、老師及鄰居。當別人客套的讚美自家的孩子時，卻否認且強調孩子笨得可以，還當場提醒孩子別當真了。我自己小學時有一個創傷，我的媽媽對老師說：「我的孩子您儘管打，儘管罵，感謝老師！」同時還深深地向那個天天毒打全班同學的老師鞠躬，那是我童年一個無法抹滅的記憶。怪異的是，我媽媽從來就沒

打過我，但她為何會捨得請老師打我呢？好困惑。「爸媽已管不了你了，就讓學校好好管教你，所以老師越凶越好！」還有，最不認同的就是家長到學校裡去說自己的孩子缺點：「老師！我家的孩子很笨（懶、髒……），請老師特別……不用客氣。」所以每當我聽到家長說這類的話時，就會特別反感。揭自己孩子的短？要求外人虐待自己的親生孩子？這實在太無聊，家裡的問題帶到學校多無能。最誇張的一位媽媽竟然倒過來這麼說：「你這個壞孩子，不要把鄰居的孩子一起帶壞！隔壁媽媽已經這麼說了。」我真是無言，世界怎麼會有這樣出賣自己孩子的父母？冰凍三尺，非一日之寒，請停止不當語言，開始有笑、有效、有孝的親子溝通吧。

【讓他無所適從的話的標準句子】

你是否曾說過以下這些句子？若有，就在 囗 裡打勾。這種句子這麼多種，你是否和我一樣也嚇了一跳？

☐ 為什麼成績這麼差？→他就是不知道為什麼呀？你叫他如何回應你？也沒有教他解決的方法，他就只好呆呆地看著你不回答。

☐ 為什麼不吃這個？→孩子也不知道原因啊。

☐ 你到底能不能安靜個幾分鐘？→正在興頭上無法靜下來的孩子，不知該怎麼回答這個質問式、質疑式的句子。

☐ 你說，你愛媽媽比較多，還是爸爸比較多？→要孩子選邊站，製造壓力同時讓他不敢表態。

☐ 你如果不說「愛媽媽（爸爸）」，我就把你的玩具全都送給別人！→不懂兩者有何關連？結果並沒有送走玩具，讓他不知日後是否該把你說的話當真？

☐ 天天要讀書，現在的孩子真可憐！→不懂為何要他做可憐的事？

☐ 你又闖禍了？看我這次原不原諒你？（但馬上又準備許多點心要他趕快吃）→孩子來不及學習及反省，馬上又被伺候得舒舒服服的，他就認定了父

母說的都是廢話，根本拿他沒辦法。

□ 你說啊！你說啊！你到底說不說？→逼問質問式句子，他不是不說，是不知怎麼說，甚至是不敢說。孩子在困惑與壓力下不知該如何回應，說了不知會被罵還是被打，他無所適從，只好閉嘴呆在那兒。

□ 你去啊！你去啊！你有膽就去試試看。→不知道你的意思，到底是要他去？還是不要他去？

□ 你很乖，可是你也很讓我煩。→他不知這兩句話他要接受、相信哪一句？

□ 你這個孩子為什麼就是長不高啊！→父母都不知答案的問題，他也想知道答案啊？沒有教他解決方法，孩子也根本回答不了，結果就是不回應你的問題。

□ 你是有天份的，但是你的數學實在不行！→既褒又貶，讓孩子困惑。

□ 咱們是朋友，是兄弟，我們家最民主了（過了10分鐘）你又闖禍了，你為什麼總是這樣自做主張？→讓孩子感到父母的態度是不真實的、隨時會變的。

□ 不要和他們往來，不過是有點錢而已；他家這麼窮，小心他們會偷你的東西。→醜化及否定了不同背景的人，讓孩子無法建立健康的社會階層價值觀。

□ 今天好熱，開冷氣吧！----（半小時後）電費很貴的，乾嘛整天開空調？→此一時彼一時、前後不一的句子，讓孩子不知到底該怎麼辦才對。

□ （罵完之後氣消後，覺得孩子很可憐）已經很晚了，功

□ 奇怪了，今天你竟然自動去讀書啦？→挖苦、諷刺的句子讓孩子不該如何回應。

□ 誰叫你不聽我的話，你活該了吧！→幸災樂禍的句子。

□ 我是一個苦命的人，兒呀，你千萬不要跟我一樣，所以我的話你要聽呀。→悲情的告白及預言，讓孩子不知該認同還是不認同。

□ （心情不好時）考這樣的成績是不行的……（心情好時）其實分數沒那麼重要！→狀似開明的家長，為了不給小孩壓力就告訴他分數沒那麼重要，讓孩子不知該如何看待分數這件事。

□（心情不好時）就知道打遊戲、就知道吃好吃的……（心情好時）爸爸媽媽只
　希望你快樂！→目前流行狀似開明的家教，被鼓勵要向小孩強調快樂，養成
　享樂主義的王子公主。

□（平時）叫你聽話就聽話，這麼不乖！……（有事發生時）一點主見都沒有，
　沒出息！→到底該做「乖寶寶」還是「能幹的人」？

□ 你只會吃飯、只會要錢，你還會什麼？→ 是你天天叫他吃飯、拿錢的啊。

□ 你什麼都可以跟我說，（過了 5 分鐘）你跟我說有什麼用啊？→孩子不知到底
　該不該跟你說。

□ 媽媽知道寶寶不喜歡喝湯（去公園），媽媽也不喜歡！→其實是媽媽不想喝湯
　及煮湯，代替他表達他的意願、強行把大人的意志套在他頭上的話，讓他搞
　不清他自己是喜歡還是不喜歡去公園，讓他對自己的嗜好不敢肯定。

□ 我知道你在想什麼？你又想偷懶了，對不對！→ 強行判定孩子的感受及意
　圖。

□ 我知道寶寶只想跟我待在家裡就好。→ 先斬後奏，不讓孩子出去玩。

□ 這是我家的「醜小鴨」，夠醜的吧？你說他聰明？呵呵呵，他笨得可以
　的。→用名字、小名、綽號、外號取笑他的句子，當眾取笑孩子的缺陷及缺點，
　讓他無地自容。

【讓他無所適從的話的延伸句子】

1 ★以下是有關讀書與學習、讓孩子不能理解、否定式、質疑 & 質問的句子。

□ 為什麼成績這麼差？為什麼不吃這個？□ 你為什麼和同學處不好？

□ 你應該要把功課在 9 點前做完，為什麼沒有？□ 你一定要進步才對，為什麼
　沒有？

□ 想考上好學校，你必須多用功，為什麼沒有？□ 你到底還要不要前途？

□ 你知道嗎？你只配在放牛班上課，你說對吧？□ 你到底是幾年級的？連這個

也不會！

□ 你不覺得你拉琴拉得像殺雞一樣嗎？好難聽！

□ 彈琴一點也不用心，我看還是告訴你媽媽放棄算了吧？

2 ★以下是針對他的行為向他挑戰、挑釁讓他不知如何回應的句子。

□ 別人打你，你有本事就給我打回去，還敢回來哭給我看？

□ 你愛怎麼著就怎麼著吧，誰管得了你啊？ □ 你又被人打了？你這沒出息的。

□ 別人打你，你就打他！怕什麼怕？我的臉都被你丟光了。

3 ★以下是有關彼此的溝通、讓孩子不知如何回應的句子。

□ 你為什老不聽話？ □ 為什麼我問你，你都什麼都不講？

□ 到底聽懂了沒有？ □ 你說啊！你說啊！你到底說不說？

□ 你這是什麼莫名其妙的想法？ □ 為什麼？為什麼？……你倒說個理由啊！

□ 說你幾句就不高興？那我以後就不說你好了。 □ 誰讓你撒謊的？你爸爸教
  的吧？

□ 那個人真不是東西，你說對吧？

4 ★以下是質疑、質問的句子。

□ 你很乖，但是你為什麼有時候又讓我很煩？ □ 天助自助者！你到底懂不
  懂？

□ 怎麼才考這麼點分？ □ 你又說謊了，是不是？

□ 孩子啊，有志者事竟成。你有沒有志向啊？ □ 就憑你？就你那樣？

□ 我對你不抱任何指望、再也不管你了，你知道了吧？

□ 你能不能安靜幾分鐘？ □ 你怎麼會犯這樣的過錯呢？

□ 你怎麼會是我的小孩呢？ □ 光一門課學考的好，有什麼用？

□ 當個小組長沒什麼值得驕傲的，會影響學習。 □ 你在模仿明星嗎？無聊不無聊？

□ 你怎麼這麼不聽話呢？ □ 你腦子裡到底在想什麼？

□ 你的房間為什麼總是這麼亂？ □ 你什麼時候才去做功課？

□ 你到底玩遊戲要玩多久？

□ 每次我叫你做什麼，為什麼一定逼我要說 10 遍以上才行呢？

□ 看什麼看？看什麼小說啊！想當作家嗎？可能嗎？

□ 整天就在追劇，你要去當演員嗎？你以為你是某某某 (大明星) 嗎？

□ 唱什麼歌，能當飯吃嗎？參加什麼比賽？有幾個人是某某某 (大明星) 啊。

□ 東西丟在那裡？你不可能不知道，快想出來。

□ 這個是花了很多錢買的，你知道嗎？一點都不珍惜。

□ 我真懷疑，你到底是不是我生的。□ 你說過你會改，為什麼沒有？

□ 你告訴我，你到底有什麼優點？□ 為什麼？為什麼你這麼沒出息？為什麼你這麼笨？

□ 這件事我重複說了有多少遍了？你是聾子嗎？ □ 那麼你為什麼沒聽見？

□ 你野的就像是流浪漢一樣，你是不是想去山裡過活？

□ 你想去看世界？窮游的都是沒出息的人。

□ 你腦子裡到底是在想什麼？你是白痴，還是腦子灌水了？

□ 你會變乖？變聰明？怎麼可能？ □ 你到底在搞什麼鬼？

□ 你講的到底什麼意思啊！口齒不清，大舌頭，誰聽得懂你啊？

□ 你為什麼要怕呢？根本一點也不可怕的啊！□ 誰不知道你就是個不聽話的孩子？

□ 難道你不知道大家都知道你好吃懶做？□ 你在想什麼我早知道了！還想騙我？

□ 憑你，你能瞞得過我們嗎？ □ 我永遠不愛你了，知道嗎？永遠。

第 10 章 不要說讓他無所適從的話

□ 你為什麼不獨立？長這麼大了都不會自己管好自己？

□ 其實分數沒那麼重要，對吧？ □ 你們讓我煩死了！故意要吵死我對吧？

□ 誰不知道你好吃懶做？你這個孩子就是長不高。

□ 你就是想當名模，可能嗎？ □ 你們老師偏心，不是嗎？

□ 你和那個壞孩子能有好事？ □ 你的老毛病就是不改，對吧？

□ 誰都看得出來，你不就是和你爸一個德行？ □ 那麼難看的東西，你還喜歡？

□ 到底為什麼你一點男子氣概都沒有呢？ □ 你爸爸說你簡直就是破壞專家，
　 對不對？

□ 你千萬不要跟我一樣一生苦命啊，我的話你不聽的話，想和我一樣嗎？

□ 我瞎了眼才會嫁給你爸這種沒出息的男人，我苦了幾十年把妳養大，結果你
　 一樣想嫁這種男人，妳也瞎了嗎？

5 ★以下是有關他的天生生理特質、讓孩子不知如何回應的句子。

□ 你這個孩子無麼就是長不高啊？ □ 到底為什麼你一點男子氣概都沒有呢？

□ 你為什麼口齒不清，大舌頭？你講的到底什麼意思啊！誰聽得懂你啊？

□ 你為什麼要怕呢？根本一點也不可怕的啊！

□ 為什麼你就長得一副討人厭(讓人生氣)的樣子？ □ 你是耳朵有毛病嗎？你
　 聾了嗎？

□ 為什麼動作這麼慢？ □ 你胖得像頭豬(你真是隻醜小鴨……)。

□ 你看你怎麼穿的？就是個鄉巴佬。□ 你怎麼搞的？自己搞得那麼醜？哈哈。

□ 說話都說不清楚，難怪你的同學都不喜歡你，對吧？

6 ★以下是嘲笑、挖苦、諷刺的句子。

□ 奇怪了，今天你竟然主動去讀書啦？□ 唉～喲！有沒有搞錯哦？自動做功
　 課了？

□ 你要是會主動做功課，那是太陽從西邊出來了。

□ 你是不是不喜歡念書，所以不想要學？是不是想去當流浪漢？

□ 是啊，真會玩，如果你愛玩和愛學習一樣就好了。

□ 看這種書有什麼用？看得這麼認真？浪費時間。

□ 哇，天要下紅雨啦！你今天這麼安靜？

□ 你從來不會整理房間了，是不是做錯了什麼事？

□ 今天這麼乖，怎麼回事？你是不是在學校幹了什麼壞事？

□ 八成你又闖禍了。 □ 你是不是又在學校闖禍了？說！你給我說！

□ 今天你是吃錯藥了，為什麼變得有禮貌了？你是哪裡不對？

□ 你長大了哦？翅膀硬了是吧？ □ 你可真行啊！你最屬害呵？

□ 你可真屬害，居然做出這種事！□ 真聰明，連這種藉口都想得出來。

□ 你膽子可真大，什麼都敢做，了不起。□ 你還真覺得自己很屬害呀？

□ 你有多能幹呀？你還真有能耐！□ 你以為你是誰？不知天高地厚！

□ 你可真行啊！這下子你最屬害呵！□這下好了，大家都知道你的毛病了！

□ 丟臉丟到家了，這樣你滿意了吧。 □ 你眼裡沒有父母，當然自作主張啦。

□ 你可真屬害哦，居然做出這種事！誰會相信呀？ □ 你能搞出什麼好事情？

□ 誰叫你前世沒燒好香，沒讓你生在有錢人的家？ □ 自己不會想啊、自己看
　　著辦。

□ 你就是長心不長肉啊。 □ 你可真屬害，居然做出這種事。

□ 如果你讀書能像打電動遊戲就好了。□ 你膽子可真大啊，現在什麼都敢做
　　囉？

□ 真聰明，連這種話都想得出來，能騙別人也想騙過我？

□ 你真是把你老爸的毛病學得很到位啊！

□ 煩死了！吵死了！都是因為你，你爸才會離開我們。

□ 你長大了要當明星？啊！你當真了啊？哈哈！

□ 你這小小年紀就談戀愛？真是厲害，我真好命，很快就要做婆婆囉！

□ 你想要跟成龍一樣？去拍功夫片，看看你的身材，可能嗎？

□ 成績這麼差？還有臉來說要買新衣服？

□ 哭什麼哭？怎麼這麼愛哭？竟然一點都不害臊！我都覺得丟臉。

□ 哎，我家的哥哥娘娘腔，哎，偏偏妹妹男人婆。反過來的話，該有多好啊！

7 ★以下是幸災樂禍的句子。

□ 我早就告訴你了，看吧！活該。□ 看吧！看吧！我早就說了！

□ 不聽老人言、吃虧在眼前；我早料到了！□ 誰叫你不聽我的話，你活該了吧！

□ 哈哈哈，你就是這個樣子，當然會被爸爸打。□ 告訴你好多遍，我說過很危險的。

□ 誰叫你不用功，難怪被老師罰站。你活該！□ 終於逮到你了吧！又出錯了吧！

□ 你有多能幹呀？這下好了，闖禍了吧。

□ 這下好了，哈哈，我等著看你好戲。

□ 嘿嘿……我早就料到會有這個結果！

□ 我說了，你會跌倒、一定會跌倒的啊；你看，是不是就跌倒了吧。對吧。

□ 我希望這回老師不要放過你，最好讓你退學！

8 ★以下是既褒又貶讓孩子困惑的句子。

□ 你是有天分的，但是你的數學實在不行！□ 我好愛你，但你也常常讓我生氣。

□ 你是要我喜歡你，還是要我討厭你？□ 你好棒！真棒！可是你也讓我很煩。

□ 我最喜歡寶寶了……（半分鐘後）啊！你在幹什麼？真讓我火大。

□（微笑）明天我們去公園玩！----（沒過幾分鐘後-發怒）你為什麼又把房間搞

　得這麼亂？

□ 我知道你很用功，但是用功沒有用，看你的成績就知道了。

□ 好了！我知道你又打破東西了，你真是個壞孩子。……(3 分鐘後家裡來了客

　人）哇，我的孩子好乖啊！

9 ★以下是混淆關係、身份、價值觀 & 角色的句子。

□ 咱們是朋友，是兄弟，什麼都好商量，我家最民主了（可是剛才才打罵了他）。

□ 我們家，母女像姐妹花，父子像兄弟（可孩子根本覺得你是權威式父母）。

□ 爸媽是你的好朋友，什麼話都能說、能商量的（但平常大部份的事都是沒得

　商量的）。 □ 小孩說謊，鼻子會變長（但鼻子並沒有變長啊）。

□ 你是垃圾桶裡（馬路邊、郵筒、醫院門口…）撿回來的。□ 爸爸小時候也會

　尿床，沒關係，尿床沒關係。別理媽媽！長大就會好（但是媽媽只要他尿床

　就暴打他啊）。

□ 我老實告訴你，我小時候就常偷家裡的錢（所以，偷錢是可以的，這是一種

　鼓勵嗎？）。

□ 我知道你下午偷吃了蛋糕，只要媽媽沒發現，就沒事。

□ 你媽媽對你溺愛，我可是不會饒你（那麼孩子該聽誰的？）。

□ 昨天是昨天，今天是今天，以前可以，今天就是不可以。

□ 你懂不懂？別跟我說你不懂！ □ 你們有仇啊？一天到晚吵不完！

□ 要打？乾脆打死算了。 □ 沒事，爸爸替你找關係！

□ 你媽媽讓你不高興了？打她！我幫你打她！哈哈哈。

□ 都是爸爸不好，讓你沒吃到蛋糕！我罰我馬上跑去買。

□ 哈哈哈，叫你爸爸給你當馬騎！你用**鞭**子打他，他才會跑。

□ 這孩子喝酒的本領不輸給他爸爸，真棒！□ 來吸一口，這煙很香的，沒騙

你。

□（爺爺）你怎麼可以打奶奶？不可以！你要打人？來打我，不可以打奶奶！

□ 你小小年紀就懂得談戀愛，女朋友一大堆，和你爸爸一樣，真是厲害！呵呵呵！

□（每次為了逃避責任，在犯錯時就先哭起來）啊，你這孩子說哭就哭，好厲害！將來可以做個好演員。□ 你這孩子可以騙到大人，連你老師都被你騙，好小子，你真行哦。

□ 呵呵，我家的孩子別的都不行，就是打架不輸人。

□（對配偶）你也不管管孩子，都讓我做壞人。

□ 孩子出事了，那你呢？你有負責任嗎？□ 我不管了，這是你兒子！

□ 都是你，兒子（女兒）才變成這樣！ □ 難道你一點都不愛自己的孩子？

□（責問丈夫或妻子）你為什麼不跟其他父親（母親）一樣稍微盡點責任？

□ 小寶我已經管不動了，都是你這爸爸（媽媽）慣壞的！

10 ★以下是讓孩子無法客觀定位貧富與階層的句子。

□ 他的父母以為自己是土豪嗎，不然怎麼會讓孩子穿得這樣囂張？

□ 不要和他們往來，不過是有點錢而已。□ 為富不仁，我們離他們這種人遠點。

□ 他算什麼呀，他能成功還不是因為運氣好。□ 不就是有點錢嗎？有什麼了不起！

□ 不要跟××玩，他們家沒水平。□ 站遠一點，他家這麼窮，小心他會偷你的東西。

□ 那個人太壞了，我們不要和他們做朋友。□ 外面壞人很多，你不要相信任何人。

□ 叫阿姨做事、跟她說話不用客氣，她是爸媽請來伺候你的傭人。

□ 傭人想偷懶，我們就有權力講她，沒關係。我不在家時，注意她有沒有偷錢。

□ 你再不好好學習，長大了就去當工人！

□ 吵什麼吵，再吵，我不管你們誰對誰錯，兩個都處罰。

□ 念書沒用啦！我賺的錢還比博士生還多！ □ 等爸爸股票賺了錢，就給你買玩具。

□ 不掙錢怎麼過日子啊？… 我沒時間管你，能怪我嗎？誰叫你不是富二代？

□ 想過好日子，那你去別人家當兒子好了。

□ 你看隔壁的王媽媽醜得像頭豬！……但是你不能告訴她我有這麼說她。

□ 媽媽告訴你，你那個姨媽根本就是個假好心的人。

□ 不要吵、坐好！你再吵的話，司機會開槍打你！

□ 你們的老師太認真了，有那麼嚴重嗎？我們換個學校好了！

□ 你們老師真沒差勁。……(1 小時後) 到了學校就要聽老師的話。

□ 你們老師就是偏心。 □ 千萬別得罪老師。

□ 如果我不送紅包給老師，他就會欺負你。

□ 對老師有禮貌，常送禮物，就可以當班長！

□ 老師說？那去問老師，是媽媽說的對，還是老師說的對？

11 ★以下是出爾反爾、此一時彼一時、前後不一的句子。

□ (罵完之後氣消後，覺得孩子很可憐) 已經很晚了，功課就別做了，先睡吧！……做不完？那這次媽媽幫你做！……

□ 你才幾歲，不懂就不要去做。……你的年紀不小了，應該知道這些了……

□ 你還沒長大……你都這麼大了，丟不丟臉？

□ 這次不讓你去旅行！昨天是昨天，今天是今天，以前可以，現在就是不可以。

□ 不要到外面玩，在家裡玩……不要光在家裡玩，偶爾也出去玩！……不要再玩了！開始念書吧！ □ 今天好熱，開空調吧！(起先爸爸說的)---- 電費很

貴的，幹嘛整天開空調（過了一會兒，媽媽又說了）。口……別看書得太久，休息一下吧！……叫你休息一下而已，到底要休息到什麼時候啊？真是的。

口 姿勢要端正！要挺胸------ 幹嘛一直挺著胸，不服氣嗎？要酷嗎？

口 認真讀書，要專心看書！------ 眼睛太靠近書本了，再離開遠點一點！

口 不要一邊吃東西，一邊看書！------ 這個餅乾好好吃，來一片吧。

口 桌上東西亂七八糟也不收好！------ 要考試了，你怎麼浪費時間在做打掃，考完再整理也不晚啊。口 不要玩得太久！------ 什麼？你問我「多長時間才算太久」？你說呢？

口 和同學要相親相愛，彼此尊敬友愛。------ 啊，他打你，你打回去啊！

口 你什麼都可以跟我說 ------ 你跟我說有什麼用啊？

口 你什麼時候說都可以……為什麼不事先跟我說？你現在說太晚了。

口 什麼？我哪有變來變去？還不是因為你不乖，我才這樣。

口 你說真話，我保證我絕不生氣。……什麼，（大聲）你打破了什麼？你丟掉了你的手機？

口 什麼？都三年級了，連這個都不會……口 什麼？都四年級了，連這個都不會……

口 什麼？都五年級了，連這個都不會……（任何年齡好像都不對）……（過了一會兒，又說）沒關係，好好加油！

口 你為什麼不獨立？……（過了一周）你怎麼什麼事都自己做主？連問都不問一聲。

口 考 100 分就有獎品哦……（一個月後）開口閉口都要獎品，你本來就該考 100 分！

12 ★以下是出賣孩子，讓他丟人現眼的句子。

口 （對讚美孩子的朋友）你說他聰明？沒什麼啦！其實他笨得可以。

□ 阿姨這樣誇你，很開心了嗎？別當真了。

□ (對老師)我孩子您儘管打罵，感謝老師！

□ 爸媽已管不了你了，就讓學校好好管教你，所以老師越凶越好！

□ 老師！我家的孩子很……，請老師特別……(揭自己孩子的短)

□ 不要把鄰居的孩子一起帶壞！隔壁媽媽已經這麼說了。

□ 如果爸爸媽媽離婚，我告訴你，你爸(媽)是不會要你的。

13 ★以下是代替他表達他的意願、強行把大人的意志套在他頭上的話。

□ 我知道你在想什麼？你又想偷懶了，對不對！

□ 媽媽知道你不喜歡喝湯，媽媽也不喜歡喝湯！

□ 我知道寶寶不喜歡到公園去玩！

□ 你只想跟我待在家裡就好，對吧。

14 ★以下是用名字、小名、綽號、外號、美醜來取笑他的句子。

□ 真是個膽小鬼，當時怎麼會給你取個名字叫「大勇」？好好笑。哈哈哈。

□ 你真是個「傻四」，你爺爺怎麼就知道我家孩子真的就是個傻子？

□ 我家孩子屬虎但就像病貓，膽子好小，一看到老鼠早嚇得半死。。

□ 我的孩子生出來時我都嚇了一跳，黑得像老鼠似的。來，快給這個阿姨看看
　你小時的的照片，看有多黑多醜，是不是像我說的那樣？

□ 這是我家的「醜小鴨」，夠醜的吧？呵呵呵。

□ 我的女兒從小就是「矮冬瓜」，就是長不高！你的女兒應該長到 160 公分了
　吧？(每次見面都會說)

「讓他無所適從的話」的原因

原因只有一個：當代教養最大的誤區根源、父母的角色錯亂。不知何時開始流

囑「和孩子做朋友」？強調長輩是子女的朋友，所以已有「千萬別管孩子」這樣的書出版。歐美社會有所謂的「文明」作風：兒女叫父母名字，強調咱們是朋友，什麼事都民主好商量，母女像姐妹花，父子像兄弟；我們陪你成長；我們來訂合約講條件……，等到有事必須管教時，就沒法有效的管教了。「咱們是朋友，是哥兒們，什麼都好商量，我家最民主了。」「我和女兒就像姐妹花，別人都看不出我們是母女。」……平時，不像父母、卻像朋友，有時又像老師、奴才、書僮、玩伴……必須管教時，教官、法官、判官角色就出現。不同角色時說不同的話，這讓孩子無所適從。

「讓他無所適從的話」的後遺症

口 讓孩子成為「兩面人」

父母示範了矛盾衝突的話，讓孩子無法理解那個才是真的。「媽媽告訴你，你那個姨媽根本就是個假好心的人。」「誰叫她長得那麼難看，天生一張苦瓜臉，看了就生氣。」「王媽媽的女兒醜極了，還好意思說她女兒長得不錯。」但見了面時卻親切地說：「啊，王太太，你的孩子長得好可愛哦。」親友鄰居往來有兩面說法，背後批評見面誇；醜化學校與老師，但見面時又對老師恭敬致謝……對年紀還小的孩子，你的人前人後表達不一樣，到底哪一個才是真的？他無所適從。

口 取笑、諷刺（幸災樂禍）讓孩子無所適從

「看你老師明天會怎麼對付你！」這是幸災樂禍同時落井下石，很不厚道。受挫的人期待的是安慰、支持、鼓勵與指導，若結果得到的是取笑、諷刺式的幸災樂禍，孩子會錯愕不已。孩子若表現得無所是從，沒有定見，原因之一，就是聽了太多取笑、挖苦、諷刺、幸災樂禍式的話。當什麼是「對」、什麼是「錯」的概念還很不清楚，不能清楚自己做的事錯在哪裡時，孩子只能從家長的神態、

語氣中去察覺事情到底是怎麼回事，父母若以揭短、諷刺、譏笑的方式回應，孩子會無所適從。挖苦，往往使孩子變得感情警戒，對父母失去了信賴和依靠繼而會冷漠。孩子和父母之間有了感情壁壘後，會對家庭有厭惡與反感，會引發孩子的反抗和報復心理，很容易造成。

□ 「三明治讚美法」讓孩子無所適從

聽過一種「三明治」讚美法嗎？既褒又貶而讓人困惑。比如：「你很乖，可是你不要讓我煩好不好？乖乖啊！」「你是有天分的，但是你的數學實在不行，要知道你是很聰明的。」先是讚美小孩，再來提出對他的批評和否定，所以他不知是該開心還是要反省？他搞不清父母到底是喜歡自己還是討厭自己？是挺自己，還是等著看自己笑話的人？做父母的，本來就該求全責善，責備時就責備，管教時就管教，直接告訴他對錯，不必夾雜著討好或讚美。父母不必怕孩子生氣、不該怕得罪孩子、若有這些顧忌，管教當然就「無效能」了。

□ 出爾反爾、前後不一：降低信任感

「今天好熱，開空調吧！---（沒過多久）電費很貴的，幹嘛整天開空調？」「你們要相親相愛，彼此尊敬友愛，不可以打鬧。--- 啊，什麼？他打你，那你馬上打回去啊！」「你什麼事都可以跟我說的。----（過了2小時）這事有什麼好說的？-----（第2天）你跟我說這個有什麼用啊？」……今天對孩子說要他好好讀書，可是明天卻說「你看那個人讀書讀得多有什麼用，賺的錢還沒有你爸爸多」，請問到底哪個是對的？比如跟孩子說「快點吃飯，好快點去做功課」，過了10分鐘他吃還在吃飯時，你又說「你吃那麼慢幹什麼，不是跟你說過了嗎，明天要考試！」（第2天）又說：「吃飯要慢一點，吃得快的都是工人。」你的這些話讓孩子真的是無所適從啊。今天說寶寶好聰明喔，明天罵孩子怎麼那麼笨，像飯桶一樣。「不行，我說不行！昨天是昨天，今天是今天；以前可以，現在

就是不可以。」出爾反爾且沒有給具體理由，孩子會不再信任你說的話。所以很多孩子經常犯錯，言行擺蕩，前後標準不一致，時好時壞，起因往往是家長自己表現得不明確又沒立場，然後還怪孩子「搞不清楚你到底怎麼回事？」

口　指令互相衝突：多頭馬車的「踢皮球」與「太極拳」

「我是不答應的，你那麼想要買氣墊鞋？你去找你爸（媽／爺爺／奶奶……）說去！」其實你事先就跟孩子的爸講好不要給他買。多頭馬車，讓孩子無所適從。孩子察覺大人是在「踢皮球」與「打太極拳」，讓孩子失去信賴感。起先爸爸說：「今天好熱，開空調吧！」這明明是個很好的關懷句子，但是把空調開了後，過了一會兒，節省的媽媽發現家裡的冷空氣，馬上就開罵：「不知道電費很貴嗎？幹嘛整天開空調？就算明天要考試也不必把空調開得這麼低吧？」不同時間不同長輩的不同指令，那麼到底是該開，還是該關呢？這樣的立場相左，讓孩子不知該聽誰的。曾有夫妻為了開燈或關燈、孩子的牛奶該放幾顆方糖而爭執，大人想法發生衝突，孩子就成了大人轉變心意、或是與另一個家人較勁的「夾心餅乾」了。出爾反爾、不同價值觀及做法，太常出現，讓孩子不知何為標準。

「讓他無所適從的話」出現的方法

口 不要混亂小孩子的價值觀系統，也不要強迫他「選邊站」

要孩子「選邊站」，造成孩子的焦慮。「你說，你愛媽媽比較多，還是爸爸比較多？你認為媽媽比較愛你，還是爸爸比較愛你？對你最好的第一名是誰？誰是全世界最愛你的人；（正在進行離婚的家長）如果你覺得你媽媽比較好，那你就認她這個媽不要跟我這個爸好了。……」啊呀，這類的質問實在是太難為小孩了吧。當前的大眾媒體、電視、廣播、網絡、手機等多媒體裡已夠多互相衝突的信息了，如果父母還不給孩子簡單明確的語言，那麼孩子就會徬徨。選邊站的問句，讓孩子無所適從，不敢表態到底要跟誰好，跟誰走。

□ 別讓家裡的「派別」與「分裂」讓孩子無所適從

年輕人想要染頭髮，但父母覺得染頭髮是犯天條……到底那哪個才對？孩子想追星，父母嗤之以鼻……且意見不同。「價值觀衝突」「偽道德」「假順從」的行為，跟著會出現。成年人最好給孩子明確的定位及價值觀，對孩子的行為才有導航的功能。千萬不要在家裡就造成「保守派」與「激進派」的「派別」與「分裂」，讓孩子不安又恐懼。「誰說我偏心，我哪有對你偏心？」但孩子就是覺得你有不同的表情及做法，要他相信自己的眼睛還是耳朵呢？他的困惑如何化解呢？竟有這樣的家長會開玩笑地問：「如果爸爸媽媽離婚，你是要跟爸爸還是要跟媽媽走？」，如果並不是真的在談離婚，就不該問。如果已經真的在談離婚，更不該問讓孩子左右為難、無所適從的話。

□ 刮別人鬍子時，應當先刮好自己的鬍子

還有，刮別人鬍子時，應當先刮好自己的鬍子。當你說「我們家裡不要不會讀書的人」時，不妨想想你自己的學歷很高嗎？你自己每天都有讀書嗎？「功課有什麼用，一文錢逼死英雄漢」，但你為何天天要他好好讀書？兩面的價值觀、單行道的要求，孩子會困惑。「聰明點，苦差事讓別人做，我們躲著點。」有些疼愛孩子的父母會教小孩耍小聰明，逃避分工，教孩子做人不要太勤奮，這種孩子日後就沒法與人合作，因為他沒有被訓練付出。所有的教養都是習慣及觀念，希望孩子成為一個能與人合作社會人，就不能教他逃避付出。如果大人自己的言行不一，前後變化，孩子該學哪一個？先刮好自己的鬍子，再教刮別人鬍子。

□ 父母不該挖苦、諷刺孩子及對他落井下石！

不要急著揭短：「誰不知道你好吃懶做？」「你這個孩子就是長不高。」……孩子百口莫辯，不知該如何回答，因為大人說得非常武斷，語氣如此強烈，如

何辯解呢？不要對孩子落井下石：「你就是這個樣子，當然會被爸爸打」「老師罰你一定是有道理的」更糟糕的是，竟有家長會用挖苦、諷刺與幸災樂禍的句子，讓孩子更不知該如何回答：「看吧！看吧！活該吧？」還有，「唉～喲！有沒有搞錯哦？主動做功課了？」……這般戲劇化的問句，常把孩子說得一愣一愣的。經常被當眾貶低或受指責，會使孩子產生自卑心理、對自己缺乏信心，變得懦弱，會影響潛能的發展。挑剔過失、說話刻薄、嘲笑孩子，會使孩子對自己沒信心，對父母產生怨恨，嚴重影響親子關係，搞僵的話，會造成難以挽回的局面。說話不顧輕重的家長，往往說話內容超越了孩子的理智及感情上能夠接受的程度。若先對兒童的人格有了羞辱與刺傷，那麼行為不但不會得到糾正，反而會適得其反，產生後遺症。本來孩子並非完全不服管，但父母說的話已判定了孩子不服管，就讓孩子覺得努力也沒用，認錯也沒必要，那就放棄努力向善吧。孩子犯錯時需要及時進行「行為教育」，而不是先情緒反應。處理過當，會使孩子變得不以為恥、習以為常、並持續不好的行為；錯誤的語言加深助長不良行為，變得越來越不誠實和任性。

口　互相衝突的話也讓孩子無所適從

比如：「這是公家的東西，不用白不用，帶回家。」「只要沒有警察，紅燈也可以過呀，你傻呀！」「勞動時間到了時，別光傻幹，學會躲著點。」「學校叫你們去做志工勞動，有報酬嗎？沒報酬不要去。」「是你的命不好；一定是你上輩子做了什麼壞事。」「人定勝天，你努力就行了……不過這就是你的命。」「不去燒香拜拜，這次就會考不好（媽媽說）……（爸爸說）別信妳媽說的。」「中性服裝很好看……一個女孩怎麼會想穿男孩的衣服？」……這些自我衝突的話讓孩子無所適從。

□ 不要扮演互相衝突的角色

當代教養最大的錯誤源自父母的角色被誤導了，自從「和孩子做朋友」的觀念被引進後，整個社會就亂了套。強調長輩應該做子女的朋友，所以已有「千萬別管孩子」這樣的書出版。歐美社會的所謂「文明」作風：兒女叫父母名字，強調彼此是朋友，什麼事都民主好商量，母女像姐妹花，父子像兄弟；我們陪你成長；我們來訂合約講條件……，等到有事必須管教時，就沒法有效的管教了。「咱們是朋友，是哥兒們，什麼都好商量，我家最民主了。」「我和女兒就像姐妹花，別人都看不出我們是母女。」……平時，不像父母、卻像朋友，有時又像老師、奴才、書僮、玩伴……必須管教時，教官、法官、判官角色就出現。這些功能衝突的角色說的都是不同的話，每種個角色出現的時間又沒有固定的時間表，所以我常開玩笑，若父母角色錯亂，孩子沒有精神分裂就不錯了。想要進行笑能家教，父母的當務之急，就是不要角色複雜、矛盾及錯亂，以免造成小孩價值觀混淆及人格分裂，後患無窮。拜託各位父母，不要角色複雜衝突，只要做一個角色就好：「父母」。

□ 不要說孩子無法理解的話

不要說孩子根本就聽不懂的話。比如，孩子進入書房把手機玩壞了，爸爸盛怒之下脫口而出：「永遠不准你再進我的書房！」幼童嚇破膽，不明白為什麼大人要發這麼大的脾氣？不懂為什麼手機壞了和進書房找爸爸親熱有關？以他的年齡也根本聽不懂什麼叫「永遠」。「你不好好讀書，考試成績這麼差，將來就無法成為有用的人。」如此籠統的陳述，太抽象了。應好好讀書，該讀什麼？如何讀書？而成績得多少才算好？還有，「有用的人」又應如何定義？不要說孩子無法理解的話，徒增困擾而已。基本上，質問孩子聽不懂的事，注定是白問。「你為什老不聽話？為什麼動作這麼慢？」孩子不知道所謂「快」的標準，也不知要多慢才不算慢，因為大人的速度是他所不能及的，而且他也不知道自

己為什麼「慢」，甚至他根本不覺得自己「慢」。真的想解決孩子的行為問題，應該是在提出問題時也提出解決方法。如果只是一昧質問，就徒然讓孩子無所適從、不知該如何回答了。這些否定式的、質疑或質問句子充斥在許多家庭裡，從「為什麼成績這麼差？為什麼不吃這個？」到「你為什麼和同學處不好？」「為什麼學不會？」「到底聽懂了沒有？」太多孩子沒有答案的難題了。孩子若知道成績差的原因因，他的成績就不會差了啊？孩子說不出行為不良的原因才是正常的，問了等於白問。

口 不要質問孩子無法解決的問題

責備小孩子根本就還不懂的事情，也是白忙一場。比如大小便、吃飯、穿脫衣服這類事情，年齡不到就是不會，逼著孩子要會，就是不合理、不必要，孩子「尿床」或「便秘」並不是小孩子故意的行為，問他也是白問。控制排泄的神經系統和肌肉系統的成熟有一定的生理進程，何況還要加上適當的訓練才行。命運論的父母，喜歡用八字及命盤來解釋人生並向孩子做預言，比如「我是一個苦命的人，兒呀，你千萬不要跟我一樣，所以我的話你要聽呀。」這種悲情的告白加預言，讓孩子不知該認同還是不認同。至於「我瞎了眼才會嫁給你爸這種沒出息的男人，我苦了幾十年把妳養大，結果你一樣想嫁這種男人，妳也瞎了嗎？」更是超級複雜的組裝句，即使是成年人也很難妥當的回答。命運與命盤，都是玄之又玄的事，兒女怎麼知道如何解釋呢？

口 違反天性的要求，會造成「不敢快樂症」

不要禁止他玩樂，因為人類，尤其是兒童，就是愛玩的生物；孩子還是動物天性，不玩樂的孩子肯定是有病的。如果不允許他喧鬧，會讓他從小失去動力及創造力，更失去找快樂、享受快樂的能力，而這是最可怕的，因為會讓他成為不快樂、不敢快樂的人（即使他功成名就），所以不要要求孩子做違反天性的事。

278

「小孩喝咖啡會生病 (但是並不會)；你老是看電視，眼睛遲早會瞎掉 (眼睛沒瞎啊)」……父母一直在反對的行為偏偏又是他喜歡的，這就造成了焦慮及猶豫，日後他就不敢快樂、無法快樂、失去了快樂的能力了。

口 不要遷怒與牽扯

當天心情不好時 (夫妻吵架、老闆罵人) 可能會突然說：「煩死了！吵死了！」這是一種遷怒，千萬不要再加上「都是因為你，你爸才會離開我們」類似的話。就事論事，不要遷怒及牽扯：「叫你準時回家你不回家！你爸就說都是我慣的。」「都是你們讓我頭痛 (生病)……我又得去看病。」父母可以說「不要天天吵！」但不要說「都是因為你們天天吵吵鬧鬧，我今天上班被老闆罵。」

口 給孩子的指令，不要前後矛盾、抽象、模糊

「如果你不好好讀書，就無法成為有用的人。」這是非常籠統的陳述，因為，太抽象了，應好好讀書，該讀什麼？如何讀書？要讀多久？如何才是好好讀書？而，有用的人應如何定義？「出去玩，如果太晚回來，小心我不饒你」孩子聽到了，但是，「不要玩得太晚」是指 1 小時，2 小時，還是 3 小時呢？只要說：「玩到 8 點就要回家！」「吃晚飯的時間，6 點一定就要回來。」要規定明確時間，這樣的講法才是合宜的。不要說「該回家就要回家！」「天黑就要回家……」因為雙方認定的時間會不一樣。心情不好時罵他「就知道打遊戲、就知道吃好吃的」，但心情好時竟然告訴他：「盡量玩，爸爸媽媽只希望你快樂。」平時叫他聽話要乖，可有事發生時就罵他：「一點主見都沒有，沒出息。」心情不好時罵他「考這樣的成績是不行的」，但心情好時卻說「其實分數沒那麼重要」。有些父母對孩子，有時候暴力語言相向，有時候又寵愛備至地甜言蜜語，有時候很傳統，有時候很新潮……有時候是文明的朋友，有時候還是打罵伺候，前後矛盾。多種版本的父母角色，隨機出現 3 個口頭禪「乖乖聽話」、「快樂重要」、

279

「分數不重要」的交插出現，有時暴力、有時寵溺，態度不一，讓孩子更為無所適從。

口 不要把不相干的話題包裹成「三明治」

當你該讚美他時，就直接讚美，不必又「趁機」說教。讚美時讚美，批評時批評，管教時就管教，兵分三路的管教法。不要在管教他的行為問題時，同步又揭短：「誰不知道你好吃懶做？你這個孩子就是長不高，昨天又忘了帶課本回來，真是的。」因為，「好吃懶做」和「長不高」之間並沒有關係，連結在一起徒增困惑。如果當場有外人在，大聲說孩子的缺點，又多了「面子」問題，家醜不該外揚，有什麼要說的，沒有外人時再說。

口 孩子不需要「代言人」：不要幫他叫人

我一再提到「存在感」，家教不過就是給孩子存在感而已。錯誤家教語言，讓孩子失去存在感。遇到陌生人，對方會問小朋友：「你叫什麼名字呀？」孩子還來不及、或還不敢回答時，家長就搶著代替孩子回答：「他叫某某某。」同時給孩子壓力：「快說，你叫某某某啊。」對方又問：「你幾歲了？」家長又多嘴多舌，在孩子還來不及回答前就替他說：「他4歲了！」這等於是不讓孩子自己回答，這種做法形同把孩子當啞巴，剝奪了他的存在認知。如果孩子因為你已經說了而不高興就沒有接腔，或是本來就不肯說，父母就繼續指揮：「你這孩子，4歲了呀！說呀，說你現在幾歲。阿姨喜歡你喲，快說！」這就把孩子自己定位存在感的機會搶走了。「叫阿姨！叫啊！叫阿姨！怎麼不叫啊？」孩子沒叫，你自己叫了7、8次阿姨，最後，他也覺得不必叫了。這是一種互為因果。老是幫孩子「代言」，孩子就更不說話了。見了生人會怯場，會畏畏縮縮、扭扭捏捏，若不是像個呆瓜地愣在那兒，就是會立即躲藏到大人的身後，且任你怎麼引導及開罵，也不會大方會客。沒見過世面，見不得世面，都是父母沒

有訓練及代言過度的結果。孩子不需要「代言人」！

口 孩子不需要「代言人」：不要幫他表達意見

到人家家做客，上了餐桌，主人問：「小朋友，你要吃什麼呀？」「這個想吃嗎？想吃就自己拿，不要客氣。」可能媽媽就在旁立即替孩子說：「好的，好的，謝謝。」或是更沒禮貌：「不用，他什麼也不吃，這些東西他都不愛吃。」「不用，我們吃得飽飽才出門的。」「啊，我家孩子不吃罐頭裡的東西，都吃新鮮的。」「到了晚上，他就不喝水了。謝謝，謝謝」……急著代替孩子說話，父母往往說了並非孩子本意的話，這也是讓他無所適從的原因之一。許多父母抱怨孩子膽子小，怯見生人，認定了孩子一定會怯場，搶說搶答之下，剝奪了孩子演練的機會。不善言談、怯場、不長於社交的孩子，通常都是「話」太多的家長養出來的。即使孩子的口才不好，這樣的孩子也不需要「代言人」，不要代他說話！社交能力由口語溝通能力開始，在我們引導他學會之前，至少不要讓他失去學習的機會。

口 讓孩子自己表達他的意願

強勢的、包辦型的父母搶著代孩子表達他的意願，等於是強行把大人的意志套在他頭上。比如：「我知道你在想什麼？你又想偷懶了，對不對！」當大人好意地、有時候是假裝明白孩子的感受及意圖時，孩子不知該接受還是拒絕。「媽媽知道寶寶不喜歡喝湯，媽媽也不喜歡喝湯！」其實是媽媽不想讓孩子喝湯，或是媽媽當天不想煮湯。代孩子發言，常發生在三代之間的「較勁」場合，「（對長輩）孩子不喜歡運動，幹嘛要他去？來，爸爸做決定，不要去，危險。」「外婆知道寶寶不喜歡到公園去玩！我跟媽媽講，今天不要去。」孩子夾在大人之間，無所適從！

口 不要嘲笑孩子的天生體質

「他們叫你『肥豬』？這有什麼關係？誰叫你本來就長得這樣胖？以後少吃點。」父母老師對孩子弱勢的取笑，是孩子所受到的嘲笑中最嚴重的一種。孩子若生得醜或黑，或是笨拙遲鈍，原本就是父母給他的本質或性格，如果生養他的父母也來取笑他是膽小鬼、傻子、醜小鴨的話，就太不厚道了。拿孩子的外型、身材、髮型開玩笑或取負面的外號綽號，隨便幫孩子取負面的外號，並非是幽默的開玩笑。嘲笑，是在貶低的同時還把孩子當做笑話與笑柄。取笑、諷刺是另一種很複雜的幸災樂禍，孩子也很難理解及接受。經常把取笑當做一種遊戲，孩子也會有樣學樣、如法炮製，變得喜歡嘲笑其他人、去幫弱勢同學取傷人的外號，這樣他在學校或社會上就成了得罪人的人了。不要用名字或綽號來取笑孩子，別讓他學會用名字或綽號來取笑別的孩子。

口 尊重孩子的名字，不要取讓他尷尬的名字。

慎重為孩子取名，為孩子取的名字叫起來不好聽或有諧音、或名字本身帶有不愉快的含義，就會為孩子帶來困擾。吳宰亞與「我宰鴨」諧音，林玲玲類似「零零零」，「陶郁範」像「逃獄犯」，「李沙珠」念起來與「你殺豬」諧音，不要讓孩子的名字被同學取笑。為子女命名時要想到名字是第一印象、要用一輩子的，務必謹慎取名。不要筆劃太多，免得在同學們已經在寫考題時，你的孩子還在寫名字，比如姓龔的父母竟然為子女取這麼難寫又多筆劃的名字「龔鼎鼐」。要用不同的各省方言都念一念，免得有些方言念起來會有不好的含義或叫起來好不好聽。別取帶有不愉快含義的名字，不適當或不雅的名字，這會帶給子女一生的困擾。

口 不要用孩子的名字、綽號、小名或外型取笑他

不要為孩子取不宜不雅的名字、小名、綽號、外號，讓他尷尬的綽號或小名會

造成困擾，在家裡喊他「小寶」、「小乖」等「乳名」沒事，但出門在他的同學面前就不該再叫他「憨三」「呆三」「傻四」「二傻子」「傻妞」「傻逼」「頭號笨蛋」「山猴」「小暴牙」「小三八」「膽小鬼」「醜小鴨」「小黑人」「醜八怪」「臭頭」「賽無鹽」「矮冬瓜」「竹桿」……這類取笑的名詞。這種貼標籤的嘲笑式小名或綽號，很容易造成孩子的自卑感，足以造成孩子的不幸。

口 面對嘲笑「精神勝利法」很難做到

光說「不要理他們，不要在意別人的看法」這種「精神勝利法」沒有用，因為太難做到了，成人都未必做得到，孩子也做不到。別說「他們這樣說，就因為你真的很胖啊，你再不減肥門都要過不去了。哈哈哈。」別把嘲笑當做「幽默」，若把取笑當做一種遊戲，日後孩子也會有樣學樣、如法炮製，變得也喜歡嘲笑其他人，讓他成為同學朋友之間不受歡迎的人。孩子遭到小朋友的嘲笑而不高興時，不要也一起嘲笑孩子。

口 不要論斷輕視別人＆給人不當的評價

「他算什麼呀；他能成功還不是因為運氣好（關係好）。」等於否定了努力可以成功的機會。不要武斷地論定別人的身份及職業：「他家這麼窮，小心他會偷我們的東西。」「別看他們現在住樓房，我知道他家以前是揀破爛的，別來往。」不要教他輕視窮人，要訓練他從小對服務員客氣，要用和善的口氣與傭人進行溝通，傭人犯錯避免當著孩子的面處理。若從小對傭人不尊重，他會一生瞧不起勞力階級，也會無法接受自己將來從事勞力工作。社會上需要各行各業的人，職業沒貴賤之分。我們不可輕視經濟條件較差的人，同樣的，也不該培養孩子的仇富心理。我們都希望孩子能與各種人友好相處，這是必須的處世技能。父母不宜輕易地就批評自己的朋友，以免小孩有樣學樣。

口 不要說「幫他走後門、找關係」的話

「爸爸替你找關係！」為什麼不要這麼說？社會本來就是關係世界，怎麼能不重視關係呢？再能幹的人，若沒有關係（貴人）與運氣（機會），很難成功的。但是，即使是如此，也不要對小孩子這樣說，原因是要他先學會憑本事、做本份、做對的、合法的事，不要讓他很早就以為只要「有關係就沒關係」，就可以為所欲為或犯錯也沒事。先有本事再找關係，可以！不可在他還沒有本事之前就告訴他有關係就行，這樣，就培養了一個廢人。「童蒙養正」，要引導童年即走踏實、勤奮之路。兒童或少年的比賽是非常好的訓練，但是不要讓他們誤以為靠財力、靠關係就能得獎，這樣就不是參賽的原始目的了。舊社會本來就是「關係世界」，走「後門」是大人世界的遊戲與潛規則。為了幫助孩子得獎，有些父母到處找人投票、點讚、甚至投入許多錢，在已商業化、娛樂化的世界裡，這是到處都在發生的事，我們沒法避免，也覺得無可厚非，只要參與比賽有著基本實力，沒有作弊或陷害別人就好。孩子還小，在新時代他們有機會能憑實力成功，我們要給他們這種「靠自己成功」的機會，我們要盡可能教育孩子不靠「投機」「搞關係」也能成功。用效能教育法，讓孩子發展實力，先不談「關係」為宜。

口 不要讓孩子在「以暴制暴」與「和平共處」之間糾結

「他不仁，我們就不義。」這是成人世界的遊戲，小孩沒法懂。史上多少流血戰爭，都是因為這種理直氣壯而造成了「冤冤相報，沒完沒了」。千萬不要教育孩子「以眼還眼，以牙還牙」的想法，「別人不講理，你就不講理。」等於「秀才遇見兵」就改變身份。孩子已經一副垂頭喪氣的樣子了，可別對他幸災樂禍兼挑釁、沒有幫他也沒有訓練他有能力對抗暴力時，就給孩子這樣的指令：「你去啊！你去啊！你有膽就去試試看。」「別人打你，你有本事就給我打回去」……這就是「不教而害之」。沒有瞭解狀況、沒有解說與人衝突時該如何妥善處理、

就直接用諷刺及挖苦的口吻去批評已經被打了、心理和身體都等待呵護的小孩，還用「敢不敢與人打架」來訓練孩子競爭意識，這實在是太強人所難了。若真的不想讓孩子吃虧，應該是帶他去學跆拳道、武術、健身及做好心理建設。負責任的父母是教他和解之道及脫身之道，而不是在他根本打不過人家時要他「暴虎馮河、有勇無謀」地去製造更大的傷害與糾紛。「別人打你，你就打他！怕什麼怕？我的臉都被你丟光了。」也不問問對方比自己的孩子高多少，對方有幾個人來對付他一個？只想到孩子丟了自己的臉，沒想到實際身體的傷害與涉及法律的危險。若要孩子反擊的原因是因為對方的父母曾經與自己有過過節，那處理這種事就立馬變得更複雜了，就更為難小孩、給他製造更巨大的壓力了。我們不該教導「別人做強盜，你也要做強盜」「他打你，你就打他」這種隨別人起舞的想法。社會普遍共識是「和平」，不要讓孩子在「以暴制暴」與「和平共處」之間糾結而無所適從。

口 法制社會應以法律先行

我們非常幸運，活在法制社會裡。法制社會應以法律先行，何況還有社會倫理在。要解決衝突？有 100 種方法，不該讓孩子直接訴求以暴制暴。想想，多少犯罪世家的孩子，是否從小就聽到、看到的是：「別人偷你自行車，你就偷別人自行車；別人做壞事，你就做壞事……」呢？想想吧，違法犯罪的人，衝動惹事的人，小事變大禍的人，是如何養成的呢？一個防備世界、對抗別人、不學習關心與同情別人的人、被教導以暴力對付別人、沒有得到合適教育的孩子，就算能很好地保護到自己，但同時他不會是個能贏得友誼的人。一旦種下了暴力與犯罪人格的因子，這孩子的一生堪憂。若不教育孩子學會處理紛爭、善待他人的能力，也沒有教他對待壞人也要試著持有同理心或同情心的心態，反而是激起他「不吃虧」「人善被人欺，馬善被人騎」的憤怒的話，就等著你的孩子出事吧。

口 父母要減少孩子左右為難的難題

這個世界有很多不公、黑暗與錯誤，我們不是不知道，但是父母的責任是先給孩子美好正能量的態度，再告訴他們世界的黑暗面。如果每個家庭都教出以正能量來處世的下一代，那麼很快的我們的世界就會變得美好。每個人過好自己的生活，做好的事，說好的話，在太平盛世的時代，我們能這麼做就是很有福氣，所以也應該這麼做。在社會上，傷害別人情感，批評、指責、抱怨、謾罵等無益於身心健康、工作與事業的事，我們都應該選擇不做，我們要這樣教導我們最愛的孩子。有人說世界薄情，但至少家人要深情的。即使「溫良恭儉讓」已不再適合現代社會，這不等於說我們就要提倡「以暴制暴」，製造矛盾與衝突。父母要減少孩子在黑白之間左右為難而無所適從的難題，要在衝突中教孩子學習邁向和平，找到平衡點，總得這樣做吧！

口 在衝突中學習邁向和平

面對強者，父母教給他的是對抗，而不是協調處理、理解與同情，那若孩子感覺的是弱者就活該被打，他就不會愛護身邊的弱勢同學與小貓小狗。孩子與人衝突，是教育孩子危機處理、甚至是慈愛、理解、同情、關心、體貼、愛護他人的寶貴教育機會。處理得當，孩子們打打架反而能創造友誼。社會應該越來越文明理性，不要再培養「強權」意識來保護孩子。我們要期待的是，奉公守法就能被社會公平對待，用平和的方式來解決爭端，而不是訴諸武力，這才是最上乘的教養。透過統一的、和諧的引導，教育孩子如何進行真誠的理解，培養出同情心、和人情味，在衝突中學習邁向和平。別讓孩子無所適從，「世界和平」的口號要落實，從家教開始。

……父母常說的錯誤語言，多達10種，你都說過了嗎？懇請家長別再說錯誤的、有傷害性的、拒絕溝通的、打壓孩子想表達的話語，做完「複習」與「作業」，

請開始有建設性的語言《親子乒乓球》，享受有笑有效又有孝的親子對話。

【複習】

曾經對孩子說過的、原本都是好意、但因此製造不必要壓力、今後要盡量減少

重複的句子有那些：

【作業】

這一堂課我學到的、將改變的是：

1/

2/

3/

《總複習》

1 不要說拒絕溝通的話

父母因為忙碌、在不耐煩中不經意說出的這些話，形同阻止孩子說話及發問。拒絕溝通、訓練孩子不敢表達、不願表達的言語，會讓子女不願、不敢、不習慣與你交流想法與感情。

2 不要說貼標籤式、否定他存在感的話

用嫌惡、不耐煩、否定的句子否定彼此的身份關係及他的存在感。否定孩子的能力及動機；侮辱、人身攻擊、栽贓、誣賴、污蔑、羞辱、星座命盤、生理殘疾這類武斷的負面標籤的句子來否定他的說話內容；用取笑他的方式來提醒他在生理上及行為上無法改善及逃避的缺陷……這類否定的「貼標籤」語言，會讓子女喪失身份、感情、自信心、存在感及能力的確認，會讓孩子一生帶著迷茫感，許多人的人生無目標及無鬥志，皆因此而來。

3 不要說暴力攻擊的話

以高壓、權威身份，運用質疑、恐嚇、威脅、攻擊的話，把「暴力教養」合理化、示範「以暴制暴」；以指揮、強迫與命令來讓孩子習慣於被權威控制；以孩子他還不能理解、不知如何回答的質疑、質問、挑戰的句子讓他迷惑；以恐嚇、發怒、下通牒、激將法與威脅的句子來羞辱或攻擊小孩；把處罰變成恐怖的攻擊……結果讓子女對父母感到恐懼，繼而產生叛逆、冷漠、不真誠（說謊）或敵視的情緒。人人討厭鄉愿、小人、兩面人、奴才、馬屁精、邀功精性格……它們都是不良家教養成的。

4 不要說情緒勒索的話

帶著眼淚或生氣的表情，製造孩子覺得自己不夠好的感覺，用來捆綁、窒息及束縛孩子，這是一種不自覺的管教把戲。藉邀功、搶功來爭取同情與回報；強調犧牲、付出及光宗耀祖的期望來製造孩子的罪惡感及壓力；把婚姻問題嫁接給孩子讓孩子來負責；以迷信來控制孩子；運用自己的情緒與健康（生氣、生病的痛苦）來創造孩子負面情緒（讓他負罪、害怕）……這都會讓子女感到無奈、害怕、或受脅迫而恐懼、討厭及逃避父母。鄉愿、小人、兩面人、奴才性格……的養成又一個原因，就是這種家教。

5 不要說讓孩子看不起大人的話

不分青紅皂白、過度的讚美、全盤肯定、形同拍馬屁而自我貶低、自我矮化；讓孩子覺得父母是罪人、自覺不如人、跟著大人一起徹底沒信心；與孩子一般見識、讓孩子沒大沒小；角色錯亂地向孩子認罪、求饒、主動補償；悲情地強調自家弱勢、家庭不幸、表現內疚、處罰大人、讓孩子倫理錯亂、身負悲情與重大壓力；邀功、訴苦及吹牛加上情緒勒索的話，讓孩子無所適從且倍感壓力……這類負面語言會讓子女覺察你對他過度表揚及不當讚美，背後是急於想取悅討好他、拍他馬屁的意圖，若再加上你習於哀求他、自我矮化的習慣，兒女會對你越來越輕視及厭惡，並聰明地成為主控者。最終他們會因為已養成壞脾氣或高傲的習性，成為不討人喜歡、讓別人嫌棄的人。

《總複習》

6 不要說創造弱者（陪伴式、包辦式、恐嚇式教養）的話

「包辦父母」強調「乖」、「聽話」及「陪伴」；家人彼此競爭取悅小孩、搶著為孩子服務包辦一切、不給孩子成長機會、讓孩子活在舒適區，成為不必、不敢也不願奮鬥闖天下、好吃懶做的膽小鬼或廢物。讓孩子誤以為把書讀好就能得到一切；不查明實際狀況而無限包庇、姑息；用恐嚇方法讓孩子從小什麼都怕，孩子為了害怕及怕被拋棄而順行、說謊及逃避責任；教孩子不尊重服務

人員……6 大金剛家長的強勢包辦、包庇及包養結果會培養出缺乏信心與能力、習慣「陪伴」、不愛運動工作的「媽寶爸寶」、長大後會成為離婚短婚閃婚一族及敗家的弱者。

7 不要說交換條件的話

「你不如何如何，我就如何如何」是「恐嚇」，「你如何如何，我就如何如何」則是「交換條件」。以「好處」來交換行為；訓練孩子以「乖順」「讀書」「分數」甚至「偽裝」來換取鈔票、寵愛、好處或特權；畫大餅的承諾，或是不兌現的吹牛，會讓孩子變得不務實、現實功利、短視及不感恩、不孝順。聰明的孩子甚至會因此變成懂得用條件來操控父母的一方，交換條件的錯誤教養有以下 14 種後遺症：

1：讓本來就該做的事變成籌碼（同時讓孩子沒機會自動做個好孩子）。

2：養成孩子習於「向金錢（物質）低頭」與很小就與物質掛勾的功利主義

3：養成期望心理（而失望總是因為期望而來）。

4：讓愛心付出的美意變質變味。

5：孩子看穿你並不是真的欣賞他的成就。

6：得到過後，就不稀奇也不稀罕。

7：要求的獎賞水漲船高，條件升級。

8：達不到「不合理的期約」會帶來挫敗感、無力感與壓力。

9：「大人沒有實現承諾」造成他對大人的失望。

10：為了獎賞而造假。

11：反向談條件，他以拒絕交換或主動抵制為他的籌碼。

12：讓孩子懂得用需索與要求補償或勒索父母。

13：孩子把父母變成「討價還價」的對象！

14：孩子成為操控大人的一方。

15：孩子在你沒有資源時成為理直氣壯不孝順的人

8 不要說增加不必要壓力的話

重複、嘮叨、比較、翻舊賬、預言災難的話，都會製造不必要的壓力。不管孩子是內向或外向，如果在任何場合都會持續聽到好意的表達愛意、老套的叮嚀、嘮叨、比較、翻舊賬、預言（預防）災難……孩子在「收聽疲勞」中承受壓力，產生「被愛逃離症」。過度強調表現及學習成績；判刑終生或怕被直呼名字；一次說太多主題或太長的溝通時間……這都會讓子女在壓力下成為膽小、害怕、想逃避、對父母厭煩、討厭讀書學習、甚至產生精神病的人。

9 不要說挑撥離間的話

挑撥離間手足、激起孩子誤認父母「偏心」；挑撥離間家人、要孩子選邊站；在配偶之間挑戰教養責任，讓孩子感到尷尬與負罪；肯定別人而否定他；挑撥、否定他朋友；讓孩子對學校不信任；挑撥社會貧富階層；強化重男輕女思想……讓子女對親情懷疑，且被強化手足不和、偏心及親人矛盾的誤會，同時也強化了仇富、嫉妒、及兩面人的性格。

10 不要說讓他無所適從的話

以拐彎抹角的問句方式指出孩子的缺點進行揭短；針對他的行為向他挑戰、挑釁；以嘲笑、挖苦、諷刺、雙關語、幸災樂禍、既褒又貶的「三明治說法」讓孩子困惑；夫妻較勁鬥氣波及兒女；出爾反爾、此一時彼一時、前後不一、爸媽態度不一；不讓孩子主張，幫他表達他的意願、強行把大人的意志套在他頭上；用名字、小名、綽號、外號來攻擊他的生理、長相、美醜特質……這些質問、質疑、挖苦、諷刺、幸災樂禍式的複雜語言及父母的錯亂角色，會造成孩子對身份及價值觀的混淆，因而成為定位迷茫或人格分裂者。

11 【結論】

效能親子溝通乒乓球

輕鬆做父母，快樂做兒女
「除弊」重於「興利」「演練」重於「理論」！

寫書近 200 本，從來沒有像寫這本《父母不可以說的 10 種話》這麼糾結過，因為，它的內容太負面了，我是一面皺著眉頭一面寫著、修正、整理、三度校對……長達 6 年才定稿，且定稿後糾結著是否要出版又 2 年。寫完之後，連我自己都太訝異了。想像不到「不可以說的 10 種話」竟然能有近 20 萬字的內容，且剖析到民族劣根性這麼深？可見我們忽視的日常負面語言實在是太多了，問題太大，根源太深了。在此再次總結，建議大家：

不要說拒絕溝通的話→ 別吵我。

不要說否定他的話→我恨不得沒生過你！

不要說暴力攻擊權威的話→ 罵你打你怎麼了？我都是為你好。

不要說情緒勒索的話→爸爸辛辛苦苦賺錢，你知道嗎？

不要說讓孩子看不起你的話→爸媽對不起你。

不要說創造弱者的話→你乖乖就好，聽話就是好寶寶！

不要說交換條件的話→你洗一次碗，給你 10 元。

不要說增加不必要壓力的話→ 又考壞了？是吧！我早就說過！

不要說挑撥離間的話→你最喜歡誰？是你那不顧家的爸還是我？

不要說讓他無所適從的話→你去啊！你去啊！你有膽就去試試看。

口 暴力語言不合教養邏輯

正如我在前言所說：良言一句三冬暖，惡語傷人六月寒！親子本來應該是世上最親密的關係，如何保持親密關係，很簡單，不必有非常好的口才，只要不說「不該說」的話就好。這本書、這個課程的目的，只是要讓親子之間輕鬆生活對話，不要說廢話、說唇槍舌戰的話而製造不必要的後遺症。傷害性語言之所以行之多年，是因為孩子在小時候人在屋簷下，無法對抗，是因為孩子愛父母，不會對抗，但反彈及起副作用是遲早的事。傷害性言語，及各種懲罰性教養的共同特徵，就是先傷害他，讓孩子感覺自己很笨、很糟、很爛，先讓他順從聽話，再期望他馬上成為很聰明、很棒、很好的孩子。基本上這是邏輯不通、非常奇怪的教養法。父母是全世界最願意犧牲給孩子的人，也因此，在付出之餘，求好心切之下，才會說出 10 種傷害性的言語。

口 先「除弊」再「興利」：《笑能家教 之 親子乒乓球》

總之，建議勞苦功高的父母，做父母要有的底線：我們可以沒有說「有效果」的話，但至少不要說「有反效果」的話。請警覺「禍從口出」的道理，不要因不自覺的、傳統延續下來的說話壞習慣造成「沒有功勞只有苦勞」的結果。「一卡車的知識，不如一公克的行動」。先「除弊」再「興利」，只要我們不再說負面的傷害性語言，學習說「有效」的話，我保證每個家庭都能養出有能力、幸福快樂的下一代。是的，好消息是：雖然錯誤的、有傷害性的、負能量的話有很多種，而說對的、有效果的、正能量的話很簡單，只有幾招而已。，所以，大家一定要在完成《不該說的 10 種話》的課程後，快速進入《笑能家教 之 親子乒乓球》的口才課程。父母要學習說建設性的「效能語言」「溝通式語言」「愛的語言」「快樂言語」。我保證：從此不再需要用到「懲罰」，不會出現「溺愛」，能讓親子之間充滿著「笑容」與「孝道」。

【結論】 效能親子溝通乒乓球

□ 共同的任務：終止「打罵孩子的千年傳統」及它造成
　 的不良性格

不說這10種暴力語言，趕走人人討厭這些性格：「偽君子、鄉愿、小人、兩面人、奴才、馬屁精、邀功精」。請和我一起來做這件事，在21世紀裡，終止打罵孩子的千年傳統，這個工程，由終止家庭裡的10種傷害性語言開始。家教裡的傷害性語言，一定要徹底消除，這是家長的責任，能夠不說這10種話，基本上已經是在把孩子的性格調整得更美好。在此祝福大家，「除弊」重於「興利」、「演練」重於「理論」，輕鬆做父母，快樂做兒女！

《附錄 1》《乒乓球訓練》之有「球」必
　　應的《10 到溝通法》
《附錄 2》 8 種元素
《附錄 3》 4 部曲
《附錄 4》 非語言溝通：和語言一樣有威力
　　的肢體語言、身教及境教
《附錄 5》 只要做「父母」不要做孩子的
　「朋友」及「老師」
《附錄 6》 語言的力量：
　　語言就是訂單

《附錄 1》

《乒乓球訓練》有「球」必應的《10 到溝通法》

本書《父母不可說的 10 句話》的功能為「除弊」，建議了家長要去除的負面語言；同步要上的課為「興利」的「妹妹書」：《親子乒乓球》。《笑能、效能、孝能溝通》的 12 堂課 (12 個流程 & 方法) 溝通課及《不可說的 10 種話》，共 40 萬字的教材，在此為大家再做一次整理，濃縮成「乒乓球」之「親子溝通 10 到法」、「8 種元素」及「4 部曲」。溝通技巧「到位」後，保證雙方都會感覺打「乒乓球」是一種美好的、有效能的對話模式。是的，有話好好說，好話慢慢說，先不產生衝突，美好的結果必定在望。祝大家樂在其中，享受「乒乓球」！

1 感情到位 (心到 / 情緒到)

乒乓球的先決條件是要感情好，感情好時，隨便講、講錯了也能溝通。感情不好時，你怎麼講對方都能把你解釋成錯的、惡意的。心到了沒有？沒有心的話，怎麼會有感情？接著注意，情感不等於情緒，即使你真的很愛孩子，但情緒沒準備好時，若和孩子溝通，一樣會滑鐵盧。

2 善意到位 (微笑到位)

感情好，也要情緒好，情緒靠表情傳達。要表達善意，善意由何查覺？由「微笑到」「眼神」及「表情」上得知，善意的證據就是笑容及關注的眼神。要把目光放在對方身上，觀察對方有沒有把眼光放在你上，這些到位時才有溝通基礎。即使你很生氣、很焦慮，記得開口說話時，臉上一定要有笑容。這不容易做到，但一定要做到。你無法了解他，所以得想辦法讓他來幫助你去了解他。我反對單方面的「同情心」與「同理心」，因人心深似海，又波濤萬千，要一個大人要去體察幼童、要一個老師了解全班同學的心意？根本就是天方夜譚。

不要自以為是、單方面去了解對方,只要釋出善意表示期待對方來讓自己了解他,或,即使雙方不了解彼此也無妨。能否溝通,能否交流,必需表情先「到位」,不然,再好的口才也會被拒絕。若不調整聲調與表情,大聲地說「我是很愛、很愛你的」也沒有用。心中要接受「不同不等於不對」、沒有負面的語言或表情出場,就不會影響溝通的順利。打乒乓球,必須在聽到自己不同意、不喜歡的想法時,不立即反彈批評或否定,而讓對方透過你的笑容輕鬆捕捉到你真的有善意。要練習即使聽不懂、不同意,也準備要接受異見、接納對方的不同想法。杜絕負能量的想法與說法,開口就要謹記正能量的表達法。預期衝突,不怕差異,只要善意(微笑)到位。

3 身份到位

要把乒乓球打好,就不要角色錯亂或角色多重。可別一會兒是朋友,一會兒又變成教官。別做沒大沒小的家長,要保握位差身份,才不會努力做到了一切,卻因位置弄錯了、角色混亂了而吃力不討好。接受「代溝」、不排斥「斷層」,讓雙方都有迎接差異的興趣及誠意。要強調:人和人的想法一定不一樣,三代之間一定有代溝。我們若覺得孩子態度不好,不是父母認可的,可能就是因為我們和他對話時,自己的角色就是錯的,他們讓你不高興的原因是你的錯誤角色招引來的。

4 身體語言到位

善意到了,表情到了,角色對了,同步肢體表達也要到位。打「乒乓球」時,必須身體語言與口語內容一致。一面拿著家法(板子、鞭條……),一面說:「我會聽你說的!」「我讓你好好說啊!」「我是很關心你的。」……誰會敢、誰會想和你說啊?專注的眼光是看著電腦或手機,閃爍的眼神是飄向窗外時,你說「我一切都是為你好」「有啊,有啊,我在聽啊……」……哎喲,騙誰呢?講話時表情不耐煩、身體及腳尖都是朝向反方向;或是不斷地接電話、時不時的喝開水或上衛生間……一大堆隨時要離開逃走的訊號,這種騙不了人的「高

爾夫球」態度，談什麼溝通呢？連小孩也騙不了的。要確認彼此的肢體、動作都在「接收」的位置上，這才算到位，這才適宜開始溝通。

5 時間地點到位

有效的「溝通」，快樂的乒乓球，重點不是口才或演講才能，而是各種條件的聚合。如果在溝通之前，沒注意時間不對、地點不對、身體語言不對、音量分貝過當、語速太快、頻率太高、語言種類不同或是人不對的話，那麼所說的話，都是白講。我看過一位媽媽當街罵小孩，她一面讓小孩子試穿衣服一面說：「我是會幫你買很多件衣服的，可是我看到你的房間就有氣，每次都不整理！」不管旁邊有沒有外人，她的那些話可能也教訓得對，可是小孩子會不會接受？不會，他只會悶不吭聲垮著臉試穿那幾千塊的衣服。就算媽媽終究買了給他，他也是不會領情的，原因是，父母教訓小孩子的時間及場合都不對。家人溝通有衝突，原因？孩子明天要考試，爸爸今天剛丟了工作，媽媽的「大姨媽」來了……這都是時間不對。人在 2 個房間外，正在用廁所，在對方的背後一出聲就嚇到對方……這都是地點不對。

6 耳朵到位

身體語言到位了，但不代表耳朵到位。因為唯有真正在「聽」，溝通才開始「通」。正確打乒乓球必須：在解釋、說明、說服之前，先讓雙方感到雙方的耳朵都已準備好，願意先聽好再講話。一個聽人說話的人，通常是站定或坐定的，不應該是眼睛及耳朵都沒擺放在「接受」的位置，甚至是一面走路一面吃東西、一面打電話、一面看文件的狀態。耳朵一定要靜止地朝向對方，在孩子面前千萬不要跪下來蹲下來，但要把臉對著孩子，可以把孩子抱起來，即雙耳都能接收孩子的聲音的位置，就是各就各位的「溝通」位置。「耳到」，包括不急著發話、打斷插入對方的說話。要聽，就要聽完整的一段話，遇到話不中聽、浪費時間的對話時，如何等到適合的中斷處，再運用技巧再轉話題？則是另一種技巧。

7 口到到位

不管同意不同意，當下搭腔、迅速回應。把「頂嘴」當做好訊息，「打乒乓球」就是要不斷「出球」，一定要「出聲」，不要啞吧式的點頭搖頭或唯唯諾諾而已。不能說「我們是一家人」「都是自己人」「不用說你也能懂」……以這種單方面的肯定斷定，就認定對方已知道自己的意思，因為這是不合理的想法。買 500 本書給孩子閱讀，在幼兒園建立圖書館，找專業的人讀繪本給他看……都是很好的條件，但是如果沒有「人」跟他「說話」，這就不算是「效能溝通」。現代家長因為忙碌，不得已讓孩子自己聽故事錄音帶、看繪本、玩遊戲機、玩手遊……，甚至連說故事都是看著本子用「念」的，這樣失去了「說故事」的味道了。不知由何時開始，父母把「說故事」變成「讀繪本」了？傳統的孩子聽到的故事，都是由長輩在樹下、在門前、在打穀場上口述出來的歷史、文化情節。那時候的說故事，沒想到要認字、看圖，但反而更是栩栩如生、充滿想像力。所以，我們要先讓孩子「聽」到「人」說話、講故事、說道理，而不是一開始就抱著一本外國人設計的繪本，由老師、由外國作者用文字和圖畫來說外國故事及人物給他聽。我贊成運用網路、電子筆來閱讀，增加學習的效率及豐富性，因為我們不可抗拒趨勢，借重科技，雙管齊下，我們的孩子才會學得更快更豐富，但要提醒自己，孩子的真正溝通，由「真人真話」的交流開始。

8 問句到位

善用「問句」，而且是開放式的問句，不要讓《父母不可以說的 10 種話》出場破壞溝通的可能。要發出真正的問句，而不是經過包裝的抱怨或攻擊。乒乓球的關鍵性工具，就是雙方的問句而已。

9 工具到位

訓練童年的孩子，可以搭配遊戲、玩具及手勢，這些在幼兒園及遊戲課裡都有融入的教材教具可參考。比如，戴不同的帽子，就是告訴孩子大人正處在什麼狀況。前面提到，我有一張卡片，上面是一幅阿蟲畫的人物水墨畫，寫著《不

是沒有嘴吧，只是不想說話》的書法，我只要把這個小卡片「掛牌」在桌上，孩子就知道媽媽今天要閉口關了。當我一把「閉口關」牌子取走時，他們就馬上衝上來講他們要講的話、要他們要的東西。這種察言觀色、配合別人的方便、延遲滿足的訓練，肯定將來會幫助他們迎接社會上的挑戰。工具，還包括越來越方便的手機裡的音頻、視頻影片、聲音帶、優酷、直播、line、微信、抖音……等等。聽故事、看節目長大的孩子，口語能力特別好，聽得快又抓得住重點，說話的詞彙豐富，句子長而有變化，往往能遠超過同年齡的孩子。「聽」與「說」的本領，讓他能把看到的事情很傳神的說給家人聽，這都是良好的社會生存能力。

10 感謝到位

乒乓球訓練法的最後的一個方法，就是訓練孩子懂得說謝謝！而大人也要說謝謝。不管結果如何，無論談話過程順利不順利，結束談話時，都要說「謝謝」，結束電話時也是如此。留得青山在有柴燒，不苛求當下有具體結論，打乒乓球最終一定會有好結果。用各種方式、用非語言的、身體語言、工具及科技，送給雙方一份真誠的感謝，這就是打乒乓球的最圓滿結果。

《附錄 2》

《乒乓球訓練》8 種元素

綜合以上，說服孩子、改變孩子的行為，與他打乒乓球的方法有很多，

在互動時，記得你的內容及表情要表達《乒乓球訓練》要傳達的這 8 種元素：

1 接納

聆聽及回應。比如：一直聽他說話並點頭，或說「哦，你現在不想吃飯。」

2 贊同

肯定孩子,並加以讚許。比如:「我覺得你好可愛。」「我相信你會收拾好玩具的。」「這件事你做得好。」「媽媽小時候和你一樣很愛哭。」

3 安慰

說同情、支持孩子的話,就能使孩子心情慢慢擺脫沮喪與難過。比如:「每個小孩都會碰上壞同學。」「牙痛很快就會沒有的。」「小方打你,可是其他小朋友很喜歡你呀!」

4 分析

協助孩子找到問題。比如:「會不會是他今天生病才罵你?」「是因為你的功課不好,還是學校不好?」

5 建議

進一步提供孩子建議或忠告,告訴他解決問題的方法。比如:「我建議你和老師談一下。」「我覺得你可以請小方到我們家玩。」「我們明天要不要去看牙醫?」「要不等下學期我們再決定是否要去補習。」

6 教誨或指令

明白告訴孩子應該怎麼做才是對的。比如:「小孩子必須學習做家事。」「過馬路一定要看紅綠燈」「你不應該這樣講話,說話要像個晚輩!要尊敬長輩。」「能夠負責整理家務,長大後才會有責任感。」

7 曉以大義

運用一些歷史故事、新聞見聞、父母的經驗來影響孩子。比如:「你有聽過那個誰誰說過,要把夢想說出來啊!」「你看留美名的是忠臣,留醜名的是奸臣。」「爸爸小時候就考試落榜過,現在還不是一樣過得不錯!」

8 說故事

舉出他聽得懂的故事來借鏡。比如:「三隻小豬的房子就被吹走了。」「你看孟子不好好學習,他媽媽就得搬家。」「我今年運氣這麼好,都是因為……」「當

年我追你媽媽，追得好苦哦。」

《附錄 3》

《乒乓球訓練》4 部曲

打乒乓球的濃縮模組：4 部曲表達方式！孩子的表情與口氣，往往是大人的表情與口氣的投射。若大人老是用責備的口吻說：「你又闖禍了」「不可以這樣…」「你是怎麼搞的」「你怎麼會…」「你總是…」的時候，肯定你的表情也是負面的。所以，要先糾正雙方的負面表情及口氣，不允許孩子態度沒分寸，不讓他養成習慣。唯有在正面的態度之下，我們才進行以下的互動 3 部曲，也就是打乒乓球的流程，這 3 個正能量的流程很簡單：

1 是接收他的訊息；

2 是表達你的感受；

3 是讓他說出他的意圖（主張或需求）

3 是輔導他進入解決情緒或問題的境界。

【舉例】

1、以回應（不必是同意或答應）接收他的訊息：「哦，老師今天打你了！」「你現在在生氣是嗎？」「我聽到了。」「我忙完等下你再跟我講。」

2、接收他的情緒，也別怕表達你的感受：「我今天很累，現在想要去睡一下，等下我們再來處理你的問題。」「哇，你被打了心情一定不好，我聽了也很不好受。」「我希望你不要發脾氣。」…

3、引導他說出他的意圖：「到底是怎麼回事，你說說看…?」「讓我聽聽你的想法…」

4、表示接收訊息及討論後續：「那麼你覺得現在該怎麼辦？」「我們可以怎麼

做？」「你想怎麼辦？」⋯⋯

情緒需要的是接收，並不須要標準答案。溝通過程不要陷入「解釋」的陷阱，西方的「心理輔導」的功能是鼓勵人說明、回憶、解釋問題，但這個步驟不宜過長過多過久。話說出口時要選擇正面的說法與建議，目的是要有正面的結果。因為發生了任何事，我們的最終目的就是解決它而已。整個流程，你要以平和的表情及語氣打球，這樣才能糾正他的態度。記住，先糾正了表情及態度，後面的行為溝通、也就是行為管理流程才能順暢。即，明確接收分享情緒後，快速完成解釋的過程（越短越好），進入「解決」的流程才是最好的溝通結果。

《附錄 4》

《乒乓球訓練》非語言溝通 和語言一樣有威力的肢體語言、身教及境教

口 並不是所有的溝通都靠語言

看完這本教材，有些父母可能會覺得：自己真的不擅長言詞、也不喜歡聊天，更大的可能是，確實是在外面忙碌營生實在太累、回了家往往累得已不想說話，所以擔心打乒乓球的學習太辛苦。因此，我要特別強調：這不會是問題，因為並不是所有的溝通都靠語言或文字，有更多的溝通是不靠語言的。最有威力、最高境界的交流，最美的溝通，是沉默無聲的，是無言的薰陶。比如：父母用深情的眼光、溫暖的笑聲關注著兒女。沒有語言的家教，但孩子一樣感受得到。不擅長言語的家長，可以善用無聲的溝通，比如：摸摸孩子的頭，把孩子抓來摟摟抱抱親親、為他煮上他愛吃的食物，或是，一兩句簡單的話「今天一切都好嗎？」「我今天好累哦！」「我們等爸爸回來後一起去散步。」這些三言兩語

加上肢體動作，也都是溝通。溝通，最糟的是完全不互動，聲音沒有之外，連動作也沒有，表情也沒有。在家裡，話少不是問題，只要角色不錯亂，一面靜養喉嚨，一面笑咪咪地如浴春風，用「身體語言」溝通最輕鬆。只要讓孩子知道關心的存在，懂得不多話的默契就好。

口 不會說話的小天使小菩薩一樣能溝通

口語溝通是水到渠成的，沒說話，不表示就沒在溝通。父母常常忘記了，親子溝通，早在「會說話」之前。在眼睛還見不清東西時，小嬰兒已經會聞媽媽的味道、感受到媽媽的擁抱而笑得咯咯咯的。我記得在孩子幾個月大時，常常抱著他，面對面，雙方就咿咿啊啊……的開始說「話」，他說的是嬰兒話，我說是大人話，雙方咿咿喉喉啊啊地對唱對說，兩個人的眼睛看著眼睛，這真是無比幸福啊！我們如此相愛著，如此可以「說」上半個鐘頭呢。我的孩子都早已成年，但我永遠記得那種非正式語言交流的甜蜜。我真的感覺，一歲以前的小孩是小菩薩是小天使，天使即使不說話，但永遠在傳達愛與快樂。

口 孩子的每一吋肌肉都會說話

小菩薩小天使不會講話，可是他的眉毛、眼睛、鼻子、臉部、手腳的每一吋肌肉都在「講話」。各位爸媽，還記得這種時光嗎？我曾為孩子畫了一本《不要忘記他的可愛》的畫冊，就是提醒自己，不要在他們長大後，只看到他們的行為與表現，而不記得曾經有過的、無聲溝通與無比的圓滿幸福。我好懷念和兒女非語言相處的那段時間，因為那種嘴巴以外的溝通，真是好棒、好甜蜜、好原始。親子交流不必言傳，眉目之間就在傳訊息，甚至是安靜無聲的，這就是最高的境界。如果默契無間，大家可以不用語言來確認彼此的存在，用微笑而不用語言，就活得非常自在的證據，而這種境界是非常美妙的，因為，孩子的每一吋肌肉都會說話！很可惜，當我們的嘴巴開始會「講話」、手會「寫字」後，

眉毛、眼睛、鼻子、臉部、手腳這些器官就都停止「講話」了。

口 要重視語言溝通，但更要重用《非語言溝通》

由於我是華人世界寫書演講最多的女作家、商場歷練數十年的企業家，我熟悉社會、人性與商業。我長期演練說明、談判、交易的口才，所以這本教材，應該是坊間談到溝通、親子溝通中最入世、最落地、最能運用的一本。但是在進入親子口語溝通的世界之前，要提醒也要重視、善用《非語言的親子溝通》。我重視口才，但認為和口才一樣重要的是無聲的感受。父母不必擔心沒有豐富的話題或卓越的口才，因為親子溝通可以靠非語言溝通的工具與途徑。非語言的、身體的生物化學反應，會幫助情感的發生與加強，情感不是虛幻縹緲的，要有非常多的接觸才有更多的感應。由感情好到肢體溝通、表情溝通、都是溝通好工具，非語言的家教，就是身體語言 (身教、境教) 的家教。

口 非語言溝通補足語言溝通：家教與文化水平沒有絕對正相關

識不識字不是最大的問題，做父母的不要擔心自己的文化程度不高，因為世上許多人才的爸媽是文盲、是農工階級，所以不要用自己學歷不高當做學不會溝通的藉口。要意識到自己的所有言行都是在教養小孩、都是幫助孩子學習的工具，也就是說，父母給子女的包含身教與境教，而這都與一個人的文化水平沒有絕對的正相關。口才不好，甚至完全沒有口才、沒念過四書五經、說不出學術專業名詞、不懂心理學為何物的父母養出的兒女，人才比比皆是。我的父母是一對不識字的文盲裁縫，但他們的辛勞及勤奮的身教，造就了我以奮鬥為理所當然的積極人生態度，且成為華人世界寫書演講繪畫最多的女作家，我的親身示範，就是不要以背景來自我設限。以為請最高貴的老師給孩子上課，孩子就會成為貴族？不會，因為父母的身教才決定他能否成為貴族。想想吧，啞巴家庭一樣在進行親子溝通、並能養出能力人格都正常的兒女。

□ 感受大於語言：意會比言傳更神秘與深刻

非語言溝通，就是「身教」與「境教」，就是身體語言的舞台。溝通，是人間最難的事之一？是嗎？也許是，但，親子溝通其實是所有溝通中最容易成功，也最甜蜜的。因為，有血親關係與肌膚之愛做後盾，溝通怎麼會不成功呢？父母，是教孩子身體語言溝通的最佳人選。沒有說話的舞蹈也能感動人心，比如，我在雲南看張藝謀的「印象麗江」表演就曾落淚，可見非語言的溝通力量之大。比如：釋迦牟尼在靈山傳道，沒有說話。他拿了一朵鮮花，眾弟子猜不透何意，但大弟子迦業尊者「噗哧」一聲笑了出來，釋迦便把他的道傳給了他。因為他看懂了「拈花」的含意，「拈花微笑」就是最高境界的教導。依照我的婚姻理論：「遇情才合，遇理必分」，親子溝通也是如此，是感受大於語言。父母要善用比語言更有威力的身教、肢體語言及境教。乒乓球訓練，是把你的感受及情感，最大化地、高密度地傳達給對方（孩子、家人、客戶……），並快速造成交流及得到共識。請放心，非語言溝通可以補足語言溝通，因為，感受大於語言、意會比言傳更神秘與深刻。

□ 真正的「身教」：孩子須要身體語言，不是身體處罰（體罰）

傳統的家教有沒有「身教」？有！但有些家長運用的是這一種錯誤的「身教」，就是用家法來教小孩，用打他的身體來教他。但，孩子須要的是身體語言，不是身體處罰（體罰），如果已對子女又打又罵又精神虐待，還想要子女和你親密溝通？無話不談？簡直就是提籃打水、緣木求魚。真正的「身」教，是身體語言，是言行舉止，而不是打痛他的肉體，羞辱他的身體。

□ 《環境 & 習慣決定論》：「身教」「境教」即「榜樣」「示範」 與「氛圍」

在孩子聽懂話、認得字、會看「課本」之前，力量最大的教育，就是「身教」與「境

教」。「教育」的另一代義詞，就是「榜樣」與「示範」「氛圍」。

效能學習方法有 3 種方式：

第 1 種，思想模仿，即言教；

第 2 種，榜樣模仿，即身教；

第 3 種，環境模仿，即境教。

要想讓孩子成為快樂的人的捷徑之一，就是父母首先成為快樂的人。要想讓孩子成為英雄的捷徑之一，就是父母首先成為孩子敬仰的英雄。要孩子習慣清潔，就讓他從小生活在乾淨的家庭中、讓他打掃成習慣，日後他到了任何地方都會立即做好衛生工作。成長於窗明几淨的家庭，孩子不知髒亂為何物；成長於麻將家庭的孩子，一定視賭博為日常生活。父母給孩子什麼環境，有什麼互動，就是教養，不須形諸於口語或文字。家裡常常說話，孩子就喜歡溝通；親人很少講話，孩子就沒有機會練習表達。什麼環境，會決定結果。一個國家的民族性，由其地理位置及氣候決定。一個孩子的性格及習慣，會由家庭氣氛決定。看過的才學得會，沒見過的怎麼學？最典型的境教實例，就是國際機場，任何國家的人，即使自己平時是亂丟垃圾、隨便吐痰的人，但只要到了機場，神奇的是這個人就自動不會丟垃圾、把痰吐在地板上，這就是環境的力量：境教。

口 沒事就要打乒乓球：經常的感情交流

從小就密切溝通，成長過程中沒事就要打乒乓球，這種經常的感情交流，無聊的呼喊，雖然有點像念經般重覆單調，但這就是無目的、但有效能的溝通，這就是打乒乓球。若從小親子能這樣持續地打乒乓球，保證任何時段你要求他做事或指導他時，孩子必定會立即回應，因為他已經養成習慣，一叫就應，有聲音就反應，成為一種本能的、生物性的反射，這就是效能家教，而且是雙贏的家教。如果平常沒事都不講話，當你想講話時，孩子就會害怕、就有壓力，因為在他的經驗裡，父母一開口，就代表有麻煩、有壓力了，這就是孩子不喜歡

溝通、不主動溝通的原因。

口 不勞「說話」：強於長篇大論的無聲密碼

肢體語言行得通時，就不必一定要語言出場，這就是乒乓球的先決條件中的「感情好」及「情緒好」所指的重點。善用肢體語言，它們就是具體的暗示，比如：特定的臉部表情、保持沉默、看手錶、準備起身離開的姿勢角度、我們用肢體來傳達，也要觀察彼此的訊息，比如孩子有坐立不安的樣子，做父母就應該打住當下在說、或做的事。大人與小孩都要學會知道：察顏觀色，決定何時應該開口、何時該封住嘴巴。神祕、有趣又威力的非語言溝通，就是肢體的表情、動作、觸摸。類似這類的小動作真是很有趣，尤其是在幼童年代，這些動作做得越多，溝通的基礎就愈好。我們要鼓勵並欣賞彼此的身體創意，而不要嫌孩子麻煩囉唆，自己也要耐煩懂得小動作的情趣。身體語言，具備生活中的鏡子功能，誰都沒有講話，但都溝通到位了。是的，這也是溝通，這不需要口才，這種默契強於長篇大論。有深層關係的人們，應該盡量多多悄悄地互動，不勞「說話」。習慣用這種非語言的訊息來溝通，效果就是：孩子是一叫就動，溝通無礙。在用密碼暗號溝通時，外人在旁看得一楞一楞的，搞不清楚是怎麼回事，但是親子溝通很圓滿。

口 善用親子祕碼、默契與暗號：有效管教無須大吼大叫

童言童語、非語言溝通多有趣？多麼多元？多麼有效？非語言的溝通的方式，太多太多了。請看：打暗語、叫綽號、喊暱稱、叫名字、擠眉弄眼……花招太多了，家長要善用它們。口語以外的溝通方式，傳達強烈的暗示及情感意味，比如拍肩摸頭、擠眼弄眉，若不是家人，就容易被誤解，只有親子和夫妻之間的溝通，可以善用這些身體語言的方式而無往不利。指手畫腳擠眉弄眼：身體與動作都是乒乓球，管教小孩，不一定要用「說」的。最容易成功的家人溝通，

就是不費唇舌、不噴口水、不動手、不動腳、不動怒、不猜疑，雙方都放輕鬆的生活學習。親子溝通，可儘量用四肢、表情及默契暗號。親子生活中有很多可用資源，可以培養彼此的暗號。想要和你的幼童相親相愛巧溝通？趕快發明專屬於你們家的秘密溝通密碼吧。但要注意，父母設計溝通祕碼，不要角色錯亂，不要大人低姿態、矮化自己和小孩「玩遊戲」，更不是「陪伴」他，而是有效能地與孩子「相處」與「溝通」，目的是「交流」與「教養」，可不要讓自己成為沒大沒小的「玩伴」。有效管教無須大吼大叫，請善用親子祕碼、默契與暗號。

口 用聲音動作教養孩子：密碼範例

比如，輕輕摸他的頭，或擠眉弄眼一下，就表示你在讚許他、愛他、欣賞他。當你在講電話、他們在吵鬧時，只要面帶微笑把食指放在唇上，他們就知道不要講話或講話要小聲。哪需要大吼大叫呢？想要建立默契，也可以不出聲，比如：把手輕點在孩子手臂上，就是表示他正在說的你不認同，要他馬上停止繼續說。或手掌稍微用點力輕壓或捏他的肩膀，就表示非常不認同他當時的行為，要他馬上停止。比如：悄悄地比出 2 隻手指前後滑行的姿勢，就表示我們等下就要離開了。就如同我在錄影時，工作人員看到我們事先約好的某些動作，就知道我已經可以開始、或準備結束錄影了。肢體語言自古以來就是溝通工具，交通警察不必開口就能在街上指揮所有的人與車，家長要學習一下，不要大吼大叫喊破嗓子。比如：發出帶有疑問口氣的「嗯」，就讓孩子懂得去查看他有什麼事做得不妥當而自動去糾正呢？比如：孩子小時候看了「環遊世界 80 天」的卡通，知道了「打電報」這件事，覺得很有意思，所以自己發明了一套送電報的遊戲，天天和我在房間裡送電報來，送電報去。在沒有智能手機及 line 和微信時，孩子會在我的辦公室送傳真到爸爸辦公室去，在爸爸的辦公室送傳真到我的辦公室，那時孩子還不會寫字，傳真紙上寫的、畫的都是原始的符號，然後

他會問我看得懂嗎？我就假裝看得懂而加以翻譯，說出好聽的話而皆大歡喜。比如：孩子小時有一陣子喜歡看恐龍，他就用恐龍走路的樣子和我溝通；有一陣子他又喜歡看企鵝家族，每次我叫他的時候，他不回答卻以「ㄏㄨㄧ－ㄏㄨㄧ－ㄏㄨㄧ－」「ㄅㄧㄢˇ ㄅㄧㄢˇ」的聲音來應我，起先我看不懂，後來知道他是學企鵝時，我就去看影片中的企鵝媽媽是如何和牠的小孩溝通的，結果我也跟她一樣，回以「ㄏㄨㄧ－ㄏㄨㄧ－ㄏㄨㄧ－」來，「ㄅㄧㄢˇ ㄅㄧㄢˇ」。比如：出門時我們設定暗號，那就是在手牽手時，過馬路因太吵不好說話，只要在他的手心上按一下，就是「快！」按兩下，就是「謝謝」；按三下，就是「我愛你」。彼此就像是在打摩斯密碼、發電報一樣。我按過去，他按過來，然後彼此一句話都沒有說而相視而笑，這就是乒乓球，這也是乒乓球。比如：兒女看電視看得有些呆呆的苦相，我只要跑到他面前，萌萌地指指我的嘴角，就是提醒她「不要苦瓜臉、八字紋、要菱角嘴」；我的朋友又犯了老毛病、低頭用手機時，我會用手機發個「27」給他，一句話也沒說，他就懂得了，我是在告訴他「低頭時頸椎的壓力是 27 公斤」，他就立即改變姿勢，免得繼續壓力。現在有了手機及微信，還有現成的表情包，非語言的溝通就更容易更快了，好好善用吧。比如：表情嚴肅地、掌心朝外地向孩子擺手，是「走開」「離我遠一點」「我現在想一個人靜一靜，你不要過來！」的「拒絕」訊息，這時即使你說「我是很愛你的」，他也會覺得你是在騙人，或是很害怕接受你的愛，因為壓力太大了。相反的，面帶微笑，手心向著自己，左右擺著表示「我現在沒有空」的話，孩子就不會有被拒絕、被冷落的感覺，而且會體貼地就不來找你。比如：用嚷嚷的不會讓孩子安靜，試著帶著微笑把食指豎在嘴唇上，看孩子會不會立即接受要安靜的指令。比如：對孩子舉起雙手比著大姆指，點個 3 次，就表示給對方 3 個讚。比如：可以改編童歌，比如改編《兩隻老虎》《生日快樂》的歌詞；你問我答；猜謎語；名詞接龍；看圖說故事；錄下他哭或笑的聲音，再放出來讓他聽聽自己的聲音再親子一起討論；扮「家家酒或醫生看病」的遊戲；用玩具

布偶來假裝對話……這些有趣的溝通遊戲，在許多幼教書中都有介紹，如善加運用，你的孩子就會有與人互動及溝通的基礎，做媽媽的也因此享受育兒的豐富趣味而不會出現「家庭主婦症候群」。

□ 親密密碼：用各種暱稱呼喚兒女

名字，是一個人一生最早、最重要的密碼。在沒有外人的私底下場合裡，我就會以暱稱喚著兒女，即使他們已經是青少年了，叫小名就是我們重溫舊夢的密碼，雙方都會非常的快樂。當我在叫小女兒「小心肝」的時候，也不忘喚兒子為「大心肝」。別以為只有小幼童才喜歡有趣的神秘溝通，已成年的大孩子也需要父母的暱稱與寵愛。暱稱能強化親密感覺，它同時也是創意表現，除了傳統的心肝、寶貝之外，我的孩子還有棉被、干貝、果汁、牛肉汁、小馬、丫頭等暱稱……，如果把他們的所有綽號都加起來，有 20 個之多。那些小名，就是我們之間的暗號。很多時候我忙著寫稿或辦公，孩子在一邊玩著，當下什麼事情都沒有，我們也會很忙著溝通：我會偶而大聲喊他「心肝」，他也心電感應，馬上回說「媽咪」；我若喊他「寶貝」，他會也回聲「酷媽」……我們有默契：叫他，不代表麻煩、管教、要他做事、或是教訓時刻。雖然這些美好都已過去，孩子成年後我們已非常疏離，但那些美好都曾經有過，就很好。

□ 效能教養：多叫孩子全名！

還有，叫孩子的全名，也是神秘、有趣又威力的非語言溝通工具。效能家教溝通語言，主張在孩子小時候善用非語言溝通，長大後再善用語言溝通。有外人在的場合裡，我一定叫孩子全名，不會叫寶貝、親愛的……之類的，更不會叫他小名。我認為，不必在外人面前秀親熱。要享受親密，在家裡的時間多得是。我喜歡叫孩子全名，要讓他們有「自我意識」。可不要平常都是「寶貝」「心肝」叫個不停，有事時就叫出「全名」，這樣，保證孩子聽到全名就會打哆嗦。

口 訓練孩子自己與自己對話

乒乓球不一定要透過說話，甚至不必雙方一起說話。記得有一次，我因身體不舒服，一個下午都躺在床上。懂事的孩子看完卡通及畫好圖後，覺得無聊了，就在床上我的身邊滾來滾去，接著開始不停地講話，妙的是，所說的全是「對話」。因為我沒有與她對話、她就模擬我的語氣，一句來一句往地說個不停。我心感抱歉，對她致歉：「媽媽生病了，說不出話。」女兒一點也不見怪，神情愉快地說：「沒關係。你不必跟我講話，我幫妳跟我自己講話。」就這樣，她在我身邊，持續自問自答，令我深為感動，印象深刻至今。我感覺到她對我的愛，因為她知道我沒力氣講話。我確知，她只要在我的身邊就感受到我的愛，所以她就自在的「自我對話」了足足半個鐘頭之久，這種彼此的接納與親密，親子這種無聲勝有聲。這也是一種實質乒乓球，沒有對話，但是也是人類最高境界的溝通模式。自我對話與溝通的能力與自在，我真是好佩服與欣賞。後來我再想想，這種自我對話、溝通，不就是「思考」嗎？只是「思考」較嚴肅且沒聲音，「自己與自己對話」說出話來更溫馨且。所以，喃喃自語，不是件壞事。

口 效能雙向溝通工具：讓孩子幫助我別再苦瓜臉

溝通密碼不是單向的，我嚴格要求孩子一叫就應，隨時保持微笑。所以兒女看電視或做功課時，出現呆呆的苦相時，我就會來到他面前，萌萌地指指我的嘴角，就是提醒他們：「不要苦瓜臉、八字紋、要菱角嘴」。但，效能家教是雙向的，我告訴孩子，我也需要他們的協助，因為有時候我在寫稿，也會寫到苦瓜臉都跑出來，我要兒女也來向我比比同樣的暗號，警告我不要苦瓜臉，我也會立刻以笑臉致謝。

口 密集溝通就在童年

千萬不要在孩子小的時候不溝通，等他大了再來怪他不溝通。腦子的記憶是永

恒的,重要的溝通關鍵期在童年期。要溝通,就在他們童年期,不要要求孩子少年期忙著讀書、成年期忙著工作打拼時,再要求他們與父母密切溝通。

親子溝通,何難之有?只要沒有錯過身體語言的基礎訓練期。以前的孩子是被揹在背上或胸前,跟著媽媽的勞動,感受媽媽的呼吸及體溫長大的;現在的孩子是被放在高級嬰兒床、車上兒童專用椅子推車裡的,和父母肌膚相親時間已大幅減少。自己帶大的孩子好管教,為什麼?因為這種非語言溝通的記憶豐富,即使爸爸有點威嚴,媽媽沒管教的能力,但孩子一樣能接收隱藏著溫情的溝通及教導。

口 不要錯過身體語言的基礎訓練期

親子溝通,何難之有?非語言的溝通基礎打好了,長大了後再用語言,文字的方式,就更好溝通了。千萬別「還不會走,就跑」;不跟他說故事,讓他一開始就是看繪本;「非語言溝通」做得很少,就忙著「語言溝通」;「生活對話」沒有,就開始「功課對話」;「家人對話」很少,就催他「外人對話」;中文沒講好,就讓他學英文;中國的名勝古蹟還沒認識夠,就讓他去國外留學讀外國人的歷史……。不明白非語言溝通的功能而錯過基礎訓練期,等他長大了再回頭強行做「行為訓練及溝通訓練」,父母就有苦頭可吃了,因為如果欠缺親密感、溫暖感、默契和信任,再好的口才,再多的努力和善意,都可能面臨孩子的質疑、拒絕、對抗、敵意和較勁。

口 感謝孩子童年期曾經的親密溝通但不留戀

孩子小時,我與他們都有最大量的交流,老大是讓他跟著我上班,老二則是隨我去巡迴演講。那時,我、老媽和孩子3代同堂的「3朵花巡迴演講團」經常地在火車上、飛機上、在演講廳及各地美景中共同旅行生活,經常把她抱在腿上,面對面地微笑、看風景、講話、吃盒飯,而老媽則在旁嘮嘮叨叨,那真是我人

生最幸福的一段時光。想想這種眼睛近距離的相處相對，這種基礎，讓彼此的溝通無障礙。孩子現在早都長大，遠住國外，走自己的人生路，彼此無溝通了。但我認為這是最好的結果，我永遠會記得他們小時候的「可愛」，但他們成年後都走自己的路，我也有自己餘生的幸福路，我一點也不想、不願做綁住他們的繩子或籠子。父母須要這種理念：「只要曾經擁有親密，不必天長地久相守」，因為新時代裡，孩子的世界的舞台是無限大的，這是孩子大了還死不放手的父母要有的新觀念。「父母在，不遠遊」，是封閉兒女前途的封建思想。每到過年，網路上就有許多孩子突然歸鄉給父母驚喜時，老父母崩潰式的歡喜，就令人落淚。但這是沒辦法的事，兒女的工作未來不太可能就在故鄉舊地，身為長輩的我們，只能感謝曾經有過的親密溝通，但不留戀。讓孩子高然遠走吧，要溝通，時間在他們的童年。

《附錄 5》

《乒乓球訓練》
只要做「父母」，不要做孩子的「朋友」及「老師」

□ 溝通不良始於「角色錯亂」

親子溝通的基礎是父母說話像父母，而非「老師」。父母不是「言教」的「教學老師」，是「身教、境教」的「教養家長」。當代社會倫理的崩壞，始於「和孩子做朋友」這句不宜的話，其次就是「父母是孩子的老師」這句話。想想吧，為何這麼重視家教的年代，親子關係卻未必比以前更親？管教更有效？原因很簡單：有些父母專注用「語言」教導子女「功課」，因而失職了「教養」的身教境教。父母不管「教養」管「教學」，且過度使用泛濫的「語言教學」，這個現象是如何發生的？是因為在我們在教育機會普遍後，專家過度強調「父母

也是老師」之後造成的。更糟的是，老師會要求家長在家裡「考核」孩子的作業、考卷，硬是把父母的角色加上了「教學老師」的角色了。須知，在教室裡才是「言教」的場合，教育者是「老師」。而家庭終究不是教室，家庭是孩子「學習生活」的地方，它不是「學習英語數學……」的課堂，而是生活空間。所以，認定家長是孩子的第一任老師的說法，須要說得更精細點：家長是孩子做人處世、生活智慧性格的「教養」的家長（未必是老師），而不是「教學」的老師。最幸福的孩子，是家裡有「教養」的父母，教室裡有「教學」的老師，而不是家裡有「時而是生活的父母，時而是課本的教師」的這種多重角色的複雜人物。當前家教的最大問題：父母不管「教養」管「教學」，功能重疊、角色錯亂、資源浪費！這就是當前家教失能、失效、變質的原因之一。父母們，你們是生活的父母，不是「學業」的「老師」，不要角色錯亂了。請以

□ 父母就是父母，不是一個居家的「老師」

過度重視「老師」角色讓父母喪失溝通的優勢。為什麼會親子溝通不良？為什麼父母努力卻沒好結果？原因很簡單，許多現代父母錯把自己當成教師，過度重視「老師」角色，和孩子討論數理化國英語久了，就喪失了「非語言溝通」的威力。太多父母忘了小孩的真正需求，把自己變成免費的導師及義務的家教了。可惜，有些父母忘記了，急著做孩子的「教師」，急著「說話」「教導」而忘了自己的「本業」。每個結婚的人，都不會想找一個「導師」「治療師」或「演講者」，而是想找一個「共同生活」與「靈肉相處」的人吧？可惜太多人一結婚完婚、一生小孩，就把自己變成全家的精神導師及教師。每個孩子，都不會想在家裡還有一個「班導師」「訓導主任」或「補習班大師」，他們期待父母是可信賴的、相親相愛的避風港、親人而非罵他粗心考壞了的又一個老師。每個子女期待的是個菜香加奶香的媽咪及像一個座山一樣罩著他的父親，而不是一個長駐在家、24 小時全年無休的「老師或導師」。吸引人回家的，是

飯香及溫情，不會是一堂又一堂的「管教課程」或是「考卷校正」「分數會審」，對吧。過度重視「老師」角色的父母，讓親子間充滿「教學語言」，讓夾雜出現的「情感語言」顯得虛假功利，這嚴重地讓父母喪失「非語言溝通」的威力，損失了原本的親情力量。

□ 多重角色的問題：父母身兼教師造成親子不親蜜

總之，多重角色一定帶來困擾及阻礙，正如一個主管喜歡做「大家長」時，時而主管、時而老板、時而家長的角色，對一個公司的效率及管理，其實是一種困惑。同理可推，太認真做孩子的「老師」的父母，把放回來休息想放輕鬆的家，變成嚴肅而得不到喘息的「第二個教室」後，父母有時是慈愛的家長，有時是校正答案的老師，搞得孩子不知何時可以表達親密？何時該規規矩矩做個學生？這就是當代親子不如古代那般親密的原因之一，這也是現代家教產生許多後遺症的重大原因。上乘的家教，不是說教、言教或課本教，而是身教及境教。父母不是「言教」的「教學老師」，是「身教、境教」的「教養人」！前者親子關係很複雜、不容易親密；後者比較輕鬆，關係又正常。父母身兼教師造成親子不親密，損失很大。

□ 「社會溝通」靠口才，與「家人溝通」靠關係

為什麼家長角色錯亂？因為被「社會溝通」誤導，被「口才教育、演說教育」誤導到以為親子對話也要靠口才。所謂溝通，我們常以為就是用嘴巴的「口頭溝通」「語言交流」。其實，用嘴巴溝通只是具體顯現的一部份。要學口才，通常是為了五倫以外關係的外人，因為不能與外人有過當的、積極的肢體溝通，只能用嘴巴、用說話、用文字、用PPT、用投影儀、用視屏影片，所以就要學會口才。我的工作是演講，就是說話，那是為了善盡職責。「社會溝通」「人際溝通」和「家人溝通」不同，後者始於肌膚之親，靠的是關係身份，且能大

量使用身體語言的溝通工具。

口 寧可做好「父母」，不要做孩子的「老師」

這裡有一個邏輯：如果你只是做了「父母」而沒有做「老師」，你就不算失職，也不會有人怪你，你就得到了感情很好的親子關係，通常晚年也會得到子女的反饋及孝順。如果你只是做了「老師」而沒有做「父母」（或是老師的角色強烈到兒女不感覺你們是父母），那你就算失職，你將得不到感情很好的親子關係，通常晚年也會得不到子女的反饋及孝順，因為，沒有人會把「老師」當做人生的長久伴侶。老師可以滿街找，父母卻只能有這一雙。在古代，文盲家長也會得到孩子的敬畏，父母要讓孩子受教，不需要有學歷及文憑，不需要會教孩子做功課。過去是這樣，未來也會這樣。小心防範多重角色的問題吧，父母身兼教師的誤區讓親子之間，因為學習的壓力而缺少親情對話。我的兩個孩子，我從來沒看過他們的教科書，他們的學業由小學第 1 天就是自己負責的，我們沒有讓學業語言侵入我們的親子語言，因為親子語言是感情，不是功課。角色不要錯亂重疊，別讓強行溝通及大量的作業語言，讓孩子又愛又怕你。我的叮嚀：寧可做好父母，不要做孩子的老師！家庭並不是教室，父母不必是老師！

【附錄】 乒乓球訓練

《附錄 6》

《乒乓球訓練》語言的力量：語言就是「訂單」！

你說什麼，你就是什麼！ You Are What You Speak ！

口 幼兒教育國際排名倒數第 4 位？

歷史悠久的、標榜禮教的國家，在幼兒教育質量上的國際排名是第幾位？請你

猜猜看！大家會猜測，總該是前幾名吧？但事實是：被評為全球第41位，也就是：竟然是全世界倒數第4名。古文明大國啊，怎麼會怎樣？相信你和我一樣，都會大吃一驚。而第1名是哪個國家？是北歐的小國家芬蘭。是的，在21世紀裡，全球評鑑最好的幼兒教育系統，不是我們接收得最多的美國式幼教系統。但是這個評鑑的標準為何？公信度有多少？我們不得而知，也覺得可能評選的角度有著東西方文化的切入點不同所致，即，未見得公平。但是抱著謙虛的原則，我們不妨按照它給於我們的警惕來思考，來見賢思齊。因為我們必須跟上時代，參考學習較好的教育。

口 家教是教育成敗的關鍵

幼教素質在國際上排名列後的原因？我認為是與家教裡溝通不良有關。想想，開車、做律師都要有證照，而做父母呢？不必考證件也沒有執照可考。父母最愛的人就是兒女，最期盼的就是孩子能成功、能幸福、能健康。父母要覺察當前我們的幼教系統確實有問題，要警覺必須經過訓練才能給孩子「有效能」的家教。做父母及做老師的，對孩子的一生的影響是巨大又關鍵的，所以，效能家教系統整合出一個新的體系、為當代的幼教及家教，提供一些值得參考的觀點及建議。計劃要由「親子溝通」開始，和大家一起來深入地、落實地改善家教的效能。

口 「說話」是家教的最重要元素

所以，《笑能家教》的第一課，就是口才（溝通）課！我們從小上過很多課，英文、數學、歷史、地理、甚至還有音樂、舞蹈……但是即使是博士生，也都沒有上過一堂「口才課」、沒有語言溝通的課程。由家庭到學校，都沒有。而整個世界的運轉，基本上就是透過口才來運轉的，在現代社會，不管市農工商，都透過「說話」展現能力。國家領導人發表文告；企業主管在召商會上召募加

盟商；愛人精心策劃求婚詞……這都必須用到口才。每個領袖及總裁都具有的本領：透過演說來激發士氣，凝聚團隊向心力。成功的企業家都知道這個道理：總裁要不斷地公眾演說，老闆要持續做推銷公司產品的業務員。各行各業，各種職業都需要說話，都要靠高明的口才來運轉生活及營運事業。即使是在網上發廣告詞，表面上是文字圖片，但那些表達的背後也是口才，只是用平面文圖來表現而已。即，文案就是你說的話。

口 唯有文化傳承千年：文化傳承靠語言

金錢權力軍事都過眼雲煙，文化才能傳承千年。而傳世的文化都是「說」出來的。孔子周遊列國，用一張嘴去說服各國君主，孔子沒有寫書，他的弟子把他說的話編成「倫語」，並由72門徒傳承，就成為千年的思想核心。基督也沒有寫書，他說的話及事跡，成為「聖經」。富不過三代，史上富豪的子孫往往下落不明，唯有「文化傳家」的儒學及宗教千年不滅。多少成名企業家，最早四處募資金都是靠口語溝通，他們出書都是日後成功的事。即，口才好的人，就佔了成功的先機。再有才華或夢想，若沒有「說話」的能力，就無法展現才華及抱負。21世紀裡，再好的商品若沒有人說出來、在網絡上寫出來，在媒體上沒有傳播出來，那麼就等於黃金藏於深山的泥土裡。正如同再深的感情沒有表白，沒有好好地表達出來、「愛在心裡口難開」的話，這份愛就等於不存在。世上，所有的成就都由「說話」開始，所以，成長過程中，不給孩子專業的語言培訓，是嚴重的缺失。所以，教育工作者，一方面自己要學習好好說話、並且運用示範自己的口才來教導孩子，讓孩子學習到《笑能家教》的乒乓球溝通能力。

口 所有的衝突都是因不當的「說話」爆發的

夫妻之間一定有個性不合的地方，但通常是在口語上引發正面衝突；工作團隊一定有意見分歧的地方，但通常是在口語上引發現場衝突；親子溝通一定有代

溝，但通常是在口語上引發情緒衝突；國與國之間一定有利益衝突之處，但通常是在談判桌上溝通失敗才引發戰爭……請警覺！語言，載舟覆舟！如果話能說得好，矛盾就算還是存在，但彼此還能維持關係，還是可以繼續合作相處；如果話說得不好，即使矛盾並不大，也會「因小失大、小事變大」，破壞了原本的平衡，讓日子過不下去。

口 言為心聲及長相：You are what you say ！

全世界的動物，只有人類會說話，只有人類靠著有效溝通來合作協同，這也是我們會成為萬物之靈的重要原因之一。思想家愛默生說：「一個人整天在想什麼，他就變成什麼。」中國古話也說：「太初有道，言為心聲。」指的就是所思所言，也就是一個人從早到晚與自己內在的「自我對話」，會決定你是什麼樣的人。而一個人的自我對話，當然就會決定他與人對話的內容。語言決定你是誰，語言決定表情與長相。前幾年我專心研究健康，寫了幾本有關減重的書（只要會吃就會瘦、走路泡湯也會瘦、無毒一身一定瘦），其中最重要的一個觀念就是：「You are what you eat 。」現在我想說的是：「You are what you speak ！」「You are what you say ！」因為你的身體健康、腸道健康別人看不見，但是你的言語別人馬上聽得到、你的說話表情馬上看得到，且會立即產生結果。說得好，會有「笑果、效果」，說得不好，會有「惡果」。我們一定要好好學習說話，因為語言決定你是誰！決定產生什麼後果！一個表情會讓一個人得到安慰；一張照片會讓人愛上另一個人，因為語言是有能量的。

口 怕醜的人就不要說負面語言

語言決定你是誰，決定你的表情及長相：You are what you say。自從我覺悟這個道理後，就不敢說負面的語言，因為我很愛漂亮，我怕醜。我知道，我在罵別人的同時，我臉上的表情就很難看。愛人之間也要懂這個道理，心中想的是

愛，但口中說得若是毒物，愛就不見了。親子關係，更是如此，孩子還小，他看不到父母內心的愛，他看到的是臉上的表情，聽到的是語言！父母說的話就是「訂單」，開口閉口都對孩子說「你長得不好、你很笨」的父母，孩子可能會漂亮、聰明嗎？即使本來長得很漂亮很聰明，但是因為心情的不佳，會顯得長得不好看、表現得越來越笨。開口閉口都說「我長得不好、長得醜」的人，可能會漂亮嗎？即使本來長得很漂亮，但是因為心情的不佳，會顯得你長得不好看。是的，你說什麼你就是什麼，你就會長得那樣！我常被讚美漂亮，但我心知肚明，我到這個年紀還不太難看，靠的是我「活」得好，而非「長」得好。我愛美及生活的心，讓我不顯老。

有魔法的語言：身心連鎖循環由語言開始

小心，負面語言會嚴重影響你的健康。言語的內容，會升高或降低血壓和心跳。在不同的心情之下，脫口而出的話，就呈現當時你的心情，接下來又會改變你血液中的化學物質。惡的循環、或是善的循環？關係向左走，還是向右走？都因你的語言內容而決定方向。說話影響自己，當然也影響別人。「我很醜」「我害怕」……這樣的話，會讓身體產生負能量的連鎖反應，因為它們的背後都是壓力、焦慮、恐慌和緊張。這種負面字眼，甚至會讓一些人當下莫名其妙地出現嚴重的身體不適現象，比如頭痛、胃痛、頭暈、心悸、手腳發軟。自己對自己說負能量的話，內心對自己說否定的話，身體就會產生負能量；如果是別人對你說，當然也會有同樣的壞結果！身心連鎖循環由語言開始，它們互為因果。

負面的言語讓雙方軟弱

我的親身經驗：曾經因為前一天和家人不愉快，開口說了生氣的話，結果心中懷著耿耿於懷的惡劣心情竟延續到第二天，因為一大早做那最基本的「拜日式」瑜珈體位法時，連最簡單的「倒三角式」姿勢都做不起來。當天，只見兩隻撐

不住我的身體的手，不斷地發抖……天哪，最簡單的動作都做得東倒西歪……看著我發抖的兩隻手臂，我感到全身的軟弱無力。「負面的情緒，是有毒素的。」原來這句老生常談，果真是真理。我心懷著對家人的怨恨，就讓我全身有如中毒般的軟弱。當下，我明白了，心裡想的、嘴裡說的，真的會決定我的「體質」與「狀態」。我是強壯的、還是軟弱的？由我當時心中的念頭是什麼而決定。這次教訓給我莫大的啟發，之後，我就不敢隨便說負面的話了，因為負面的思想與情緒真的是有毒素的。只要出現在心中，只要開口說了，自己先中毒先受害。說了出來後，負面語言等同於噴出來的濃縮毒液，對方是否中毒已不重要，因為自己先中毒了。從此我知道，心中一產生負能量的語言，立即就先讓自己中毒，等於我自己給自己射箭，讓自己受傷，好可怕。當然，負面語言會聽的人跟著中毒，真是禍害漫延。提醒常說負能量的話的人：負面的言語讓雙方軟弱，失衡或憤怒，雙方都受傷中毒，何必呢？所以，隨便罵小孩的家長們請深思，說了不該對孩子說的話後，是雙方都受害的。親子教育，是雙贏或雙輸的局面，全看語言內容。

口 正面語言啟動正面思考

天天生日快樂！這是我的口頭禪！意思是：「有生之日，就是生日！」而在line及微信裡收到我這條訊息的人，第1種反應是「誤以為當天就是我的生日」，往往會回信祝我生日快樂；第2種反應，是「以為我誤會了當天是他的生日」，告訴我當天不是他的生日；第3種反應則非常有趣的是，對方是好訝異地回信：「啊，你怎麼知道，今天(或昨天、明天)就是我的生日？」；第4種反應，是回信息也祝賀我「天天生日快樂」，因為他理解了我的意思：當天不是我的生日，也不是他的生日，而是我們都還活著的「生」日。無論是那種回應，因為這句話是正能量的傳遞，所以就會有各種正面的聯想，可見正面語言帶來正面效應。

□ 1/5 正能量 VS 4/5 負能量的語言

可惜，專家們研究所知：平日我們說的話之中，只有 1/5 是正面的，而負面的佔 4/5。讓我們先講正能量的語言，舉例如下：

★正能量的語言有那些？請觀察，快樂成功的人都在說：

「我是…」「我想要……」「我能…」「我們可以…」「現在景氣不好、就表示將來會好。」「我們可以再努力一下。」「你也可以和哥哥一樣用功。」……你平時常常說的是哪幾句？如果是這些充滿正能量的句子，那麼你就是正能量的主人了！

★負面的語言有那些？看看它們是否是你的口頭禪？你是否不覺得它們是負面語言，認為只是一種習慣？你認為掉以輕心之下說了它們不代表什麼？請觀察，憂鬱憤怒失敗的人是不是都在說這類的話？

「我不是…」「我沒有……」「我不能……」「你應該……」「你為什麼沒有……」「早知道…」「你又……對不對」「我猜你是……」「我早就說過……」「真糟糕呀你。」「流年不利。」「唉……」「沒錢？說什麼都沒用。」「你為什這麼笨？」「你總是不用功。」「你從來都不聽我的話……」「你為什麼不像哥哥那樣用功？」「我看你是沒救了。」「我可能會被裁員。」「不是想要就會有，唉。」「我不敢。」「我就知你不敢……」「不要太天真。」「他不可能答應我的。」「何必那樣呢。」「絕沒有可能的。」「氣死我了。」「好煩呀。」「這都是命。」……

你平時常常有說這樣的話嗎？如果是，請即日避免再說這些充滿著批評、恐懼、憂慮、生氣、煩惱、批評的字眼了吧！因為它們充滿了對未來的恐懼及不確定，未來的發展方向已被這些話封閉了。

口 會離婚的人的語言特徵

我的本科是社會學、社會工作，工作包括了諮商輔導，所以對諮商者的狀態及能量非常敏感。正如前面提到的、我的口頭禪是「天天生日快樂」，它得到的幾種反應都是正面的；而負能量的話，就預言了負面的結果。我在輔導個案時，只要聽對方說以下這幾種字句，就可以判斷對方潛意識裡是想維持救婚姻，還是根本就是想要離婚。因為，老是說：

「都是他(她)……」「還不是因為……」「我以為……」「不過……」「但是……」「難道……」「可是……」「早知道……」「我真是後悔……」「其實……」「你不知道，我的狀況跟別人不同……」「我怎麼這麼命苦……」「他(她)根本就是……」……開口閉口出現這些字句的人，我就知道了，這個人的婚姻，八成不保！因為，開口所說出來的「訂單」都是否定的、推諉的、抱怨的負能量。如果已經把婚姻導向負能量的方向，通常當事人就會不由自主地「努力」產生「心想事成」的結果。

口 立即清除說話軟件中的毒素

正面的語言使自己幸福，負面的語言使自己不快樂、抑鬱、憤怒……。你放入電腦的方程式是哪種，演算出來的就是預知的結果。想要讓電腦有良好的功能，你就要放進好的軟體。如果自己腦子裡的程式是負面的、如果你潛意識已認定了事不可為，反而會越努力越壞事，因為你潛意識裡已決定要往壞的方向走了。父母的心都是充滿了愛的，都是對孩子關愛的，但是如果使用的語言、口氣、表情不對，那就適得其反了。小心，語言是極其有威力的。電腦、手機跑得慢時，我們會怎麼做？關機！清除軟件中毒！改變負面語言，也要暫時關機、排毒、清毒！

口 啦啦隊彼此帶動語言的力量！

人生有苦有樂，要苦中作樂，要離苦得樂！苦樂往往由內在的意念、外發的語言決定，所以要小心負面語言。想要正能量？你必須做自己的啦啦隊，要常用「正能量語言」來鼓勵、激勵自己。如果你能自我激勵，就不用花錢去上請別人來激勵你的昂貴課程。目前這種激勵課、身心靈課非常受歡迎，原因就是許多人自己能量低落，沒法自動發電。當家人關係有矛盾、交流有滯礙時，就要透過語言，運用正能量或超能量的語言來排毒消毒，讓自己做自己的啦啦隊！也要教會孩子做做自己的啦啦隊！最終最好的結果，是做彼此的啦啦隊！《效能家教》乒乓球課程，就是要把這一份語言的力量送給大家。請大家學習「效能語言」，協助彼此運用語言的力量。為了教養孩子，同步有讓自己受益，學會語言的駕馭與運用，請家長們趕緊來學習《效能家教乒乓球》吧！

口 語言是決定人生成敗的軟件

天下父母望子成龍成鳳，助父母實現心願的《笑能家教》，必先談語言。語言決定結果，因為它是一種軟件，而這軟件決定所有的作業流程及結果。當你的思想是負面時，脫口而出的話，通常也是負面的。反之，亦然。一個人的心和嘴，都是一種容器，你「注入 Input」什麼，就會發現它會「流出 Output」什麼。你每天排出的東西，都是由你吃進去的東西決定的。Input 的內容和 Output 的成分是相關的。衝口而出的壞話、負面語言，都是注入的負能量所致。別人在沒拿到你的名片之前，先看到的是你的表情，先聽到的是你的言語，而這些就是你下的「訂單」。自我對話、和與人對話，你嘴裡吐露出來的「話」，就是你給這個世界的「訂單」，因為你用的「字眼」都會左右接下來發生的事，都會決定成敗。載舟覆舟，成敗都是語言。為人處世，不過就是懂不懂說話而已。

口《父母先修班》的第一堂課：《笑能家教乒乓球》

在孩子的所有能力中，我認為「語言能力」，也就是「表達能力」「說服能力」最重要，因為它是讓其它能力能夠被人發現、接受、能夠有機會表現及發展的基本能力。「語言能力」是最有功能性的家庭教育，尤其是家教，言教、身教、境教都是家教，經歷過幼童期的非語言溝通（餵乳、擁抱、親吻……）階段後，「言」教就是最直接、最立即、最快速、也最長期（由小學到研究所）的教育工具。既然父母和老師都是透過語言來教導、說服兒女與學生，都要用「語言」完成「溝通」、來達到彼此的目的及交流的話，那麼我們怎麼可以不把學習溝通、語言列為《父母先修班》的必修課程呢？如果父母和老師都把良好的溝通技巧教給了孩子，就是給了他一生最有功能性的教育。為了達到這個目的，父母就要先把學習溝通、語言列為「父母先修班」的第一堂課，因為，唯有父母學會了，才能示範給孩子看，才能教孩子。越是對孩子的未來有高度期望，就越要早早運用「言教」讓孩子學會「說話」、甚至是「演講」，因為會說話的人才能做好溝通、說服，才能實現他的夢想、爭取他的權益。不管一個人的夢想是立德、立業還是立功，我認為，有真才實學以外，要搭配上「口才」，才是如虎添翼，才是通往夢想與目標的大道。「語言能力」是最有功能性的家庭教育，《父母先修班》的第一課。

口 父母說的話就是「訂單」：表情與語言，就是人生的「訂單」

人生沒有「祕密」，我們的老祖宗早就告訴了我們：「心想事成」「境由心造」「相由心生」！人生沒有祕密，人的一生就是「訂單」。關鍵詞就是：

你嘴巴裡說出來的話，及臉上的表情，
就是你向「宇宙百貨公司」下的訂單。

人生沒有祕密，人生只要下訂單，那就是幸福的祕碼。聰明的密碼在那裡？幸福、成功、健康、富有的密碼公式是什麼？想要聰明？從「說」開始！想要善用頭腦及語言，從小開始。無厘頭有原因，變聰明有方法！表情及語言可以改變一切。語言及表情就是人生下的訂單。一個口吐蓮花的人，表情必定美麗；贈人玫瑰，手有餘香。一個責怪怨恨兒女的人，表情必定獰獰；總是相贈「增言」的父母，會讓孩子想到父母就心有餘悸，讓他們心存永遠的傷痕。要知道，表情與語言，就是人生的「訂單」，說出來的話是會實現的。

口 要持續學習簡單的「笑能」溝通技巧：語言改變一切！

江湖一點訣，說破不值錢，想要幸福？其實祕訣是超級簡單的。人類越來越聰明，但未必越來越幸福。人類已在知識的追求、生命智慧的研究上累積了許多成果，但，最終我們需要的幸福之道，其實只是簡單的技術。想要幸福、成功、致富？我們只要學會這個簡單的本領：語言溝通本領。你不必和腦神經學家一樣，懂得腦結構；也不必像武術大師一樣，懂得穴道的精確位置；學會語言比這些功課簡單得多。溝通模式的改變，是有具體方法的。《笑能家教溝通法》不是大腦的解剖學，也不是實驗報告，它只是驗證有效的簡單觀念：改變你的表情及語言，就能改變一切。再加上 12 個步驟的演練，學習溝通如此簡單。

口 世上沒有喝了永遠就不渴的水：持續學習

世上沒有喝了永遠就不渴的水，家教也是如此。正能量語言不能停止，孩子的成長是動態的，父母只能非常努力，持續以正能量的語言帶領孩子成長。效能家教，必須是一直持續有效的家教，靠的是家長持續成長。孩子在成長，家長的招式也得與時俱進。語言有魔法，會使用、會駕馭語言的人就是魔術師。教育者的必修科之一，就是如何運用語言！沒有語言能力及教學方法，無從談教育。我們期待青出於藍：讓孩子回過頭來教大人，我們都相信並期待，《效能

【附錄】乒乓球訓練

家教》提供的各種方法,是帶動親子互相學習的。不用的方法就是垃圾,不用的知識是負擔,《親子溝通乒乓球 12 招》的每一個篇章,都是能實用能落地的方法,運用才有效能。有生之年,我會努力完成以上貢獻。聰明的父母,一定要想辦法訓練孩子懂得感謝、感恩及報恩,運用以上方法,為國家養出養出懂感謝、感恩、會孝順、也有能力的下一代吧。從今天起,不再說《父母不該說的 10 種話》,開口只說《效能乒乓球》的語言,以我們的優美家教創造幸福的下一代!